TRAITÉ

DE

LA LÉGISLATION

DES THÉATRES.

a

PARIS, IMPRIMERIE DE AUGUSTE MIE,
Rue Joquelet, n°.9, place de la Bourse.

TRAITÉ

DE LA LÉGISLATION

DES THÉATRES

OU

EXPOSÉ COMPLET ET MÉTHODIQUE

DES LOIS ET DE LA JURISPRUDENCE

RELATIVEMENT AUX THÉATRES ET SPECTACLES PUBLICS;

RENFERMANT

1° Un traité des droits et obligations des directeurs, auteurs, acteurs et autres personnes attachées au théâtre, dans leurs rapports avec l'autorité et le public et dans leurs intérêts privés;

2° Le texte des lois, décrets, ordonnances, réglements et circulaires;

PAR M. VIVIEN,

Avocat à la Cour royale,

ET M. EDMOND BLANC,

Avocat aux conseils du Roi et à la Cour de cassation.

Deuxième Édition.

PARIS,

BRISSOT-THIVARS, ÉDITEUR,

RUE DE L'ABBAYE, N° 14;

Mme CHARLES-BÉCHET, LIBRAIRE,

QUAI DES AUGUSTINS, N° 59.

1830.

TABLE DES MATIÈRES.

FIN DE LA TABLE.

INTRODUCTION.

Le théâtre français, à son origine, ne présente aucune organisation régulière. On sait que les *troubadours* ont été les premiers comédiens de la France. L'histoire n'a conservé le souvenir que de leurs jeux indécents qui les firent proscrire en 789 par Charlemagne. Les églises étaient leurs salles de spectacle, et des farces scandaleuses le sujet de leurs pièces. Ils étaient à la fois auteurs et acteurs.

Aux troubadours succédèrent les *jongleurs*, chassés d'abord du royaume par Philippe-Auguste, puis tolérés par les rois ses successeurs. Ils ne donnaient point de spectacles dans un théâtre ouvert au public : ils n'étaient que des hommes à gages, qu'on *louait* pour les fêtes et les assemblées de plaisir.

Alors, l'état de comédien était entièrement libre : le règne du privilége n'était pas encore venu. Les seuls réglements publics qui aient été conservés, leur prescrivaient les devoirs qu'ils avaient à remplir envers ceux qui les appelaient, et les règles de décence qu'ils étaient tenus d'observer. La profession du théâtre jouissait de l'indépendance ; comme toutes les autres, elle posséda la liberté avant de tomber dans les liens du despotisme.

Mais bientôt une compagnie vint usurper le privilége de cette industrie, et, chose assez bizarre, les premiers établissements dramatiques qui furent régulièrement organisés adoptèrent une forme religieuse, et furent exploités par une confrérie placée sous l'invocation de la *Passion de Jésus-Christ*.

Malgré ce caractère, ils ne tardèrent point à éprouver des difficultés de la part de l'autorité religieuse. Le curé de Saint-Roch demanda qu'ils ne fussent autorisés à donner leurs représentations qu'après vêpres : ils résistèrent, en offrant toutefois de ne commencer qu'à trois heures sonnées : Un arrêt du parlement du 20 septembre 1577 accueillit cette transaction.

Pendant ces discussions, une troupe de comédiens qui, depuis long-temps, jouaient les pièces de Jodelle et autres poètes du temps, dans les provinces où leur industrie n'était encore soumise à aucune entrave, vint s'établir à Paris, y donna des représentations et obtint un succès prodigieux : les confrères réclamèrent. Un arrêt du parlement du 6 octobre 1684 fit fermer le nouveau théâtre.

Quelques années après, deux autres troupes,

l'une de Français, l'autre d'Italiens, voulurent s'établir à Paris : de nouveaux arrêts du parlement leur défendirent de représenter, sous peine de *punition corporelle*. Mais, comme le dit un historien auquel nous empruntons ces détails, ces défenses ne rendaient point les pièces des confrères moins ennuyeuses, et tous les honnêtes gens, rebutés de leurs farces grossières, avaient abandonné leur spectacle. Ils se déterminèrent à céder leur privilége à une troupe qui s'établit à l'hôtel de Bourgogne.

Les accroissements de Paris déterminèrent les nouveaux comédiens à jouer sur deux théâtres. Ce fut alors que Corneille et Molière donnèrent à notre scène un éclat qui lui était inconnu et qui devait assurer sa supériorité sur celle des autres nations.

En 1680, Louis XIV réunit en une seule les deux troupes qui existaient encore : cet ordre consolida leur existence : les comédiens prirent le titre de *comédiens du roi*, 12,000 fr. de pension leur furent attribués, et ainsi se forma la *Comédie-Française*, qui a porté si haut la gloire de notre théâtre, par le concours des acteurs célèbres qui s'y sont succédé jusqu'à nos jours.

Depuis cette époque, l'histoire des établissements dramatiques ne présente que le tableau des entreprises de la libre concurrence contre le monopole : placé sous la protection du roi, enrichi par le génie de Lully, heureux collaborateur de Quinault, *l'Opéra* n'éprouva aucun obstacle de la part des Comédiens Français, que sa concurrence ne pouvait inquiéter. Le privilége se trouva partagé entre ces deux grands théâtres.

Les augmentations de la population et l'empressement du public rendirent bientôt nécessaires de nouvelles entreprises. Elles ne purent se former qu'avec le consentement des privilégiés. Chacun des genres de spectacles que firent désirer les progrès de l'art ne s'établit d'abord qu'à prix d'argent : l'industrie théâtrale était devenue tributaire de *l'Opéra* et de la *Comédie-Française*. Le parlement, investi d'une juridiction administrative, se trouvait sans cesse appelé à réprimer les empiétements de chaque entreprise nouvelle sur les droits des deux seigneurs suzerains de l'art dramatique. Le théâtre réduit à la pantomime n'observait pas assez rigoureusement le silence prescrit à ses acteurs : les figures de bois des marionnettes jouaient des pièces trop régulières, la *Comédie-Italienne* ne chantait pas assez, une autre parlait trop ; *l'Opéra* vendait le privilége de *l'Opéra-Bouffon*, prélevait un impôt sur tous les théâtres, et même sur tous les musiciens du royaume ; un droit de cen-

sure était accordé à la *Comédie-Française* sur les
pièces jouées aux autres spectacles : la féodalité,
morcelée par les progrès des lumières et des institutions, conservait sa tyrannie, ses exigeances et
son insatiable avidité dans tout ce qui concernait
les théâtres, constitués d'un bout à l'autre de la
France les vassaux de *l'Académie royale de Musique.*

La révolution détruisit ces abus : l'industrie dramatique, comme toutes les autres, reconquit la
liberté dont elle avait joui d'abord et que lui avait
enlevée le règne des priviléges, des corporations
et des maîtrises. L'*Assemblée nationale* reconnut à
tout citoyen le droit d'élever un théâtre : les entreprises dramatiques rentrèrent dans le droit commun et cessèrent d'être soumises à aucune entrave.
Cette libertée illimitée ne fut pas de longue durée.
Le principe seul avait été proclamé : il périt bientôt comme la plupart des droits publics reconnus
par la *Constituante,* faute de lois destinées à en régler l'exercice. Les représentations de la scène ont
trop d'influence sur le peuple, pour que tous les
gouvernements n'en usurpent pas la direction : la
Convention, qui prétendait consolider une extrême
liberté par un despotisme extrême, laissa les municipalités s'emparer des représentations théâtrales, et exerça par la terreur un pouvoir mille fois

plus redoutable que les priviléges et la censure : le *Directoire* employa le même moyen d'influence pour une autorité faible et compromise ; non seulement les théâtres furent frappés de prohibitions rigoureuses, mais encore leur répertoire fut réglé et leurs représentations dictées par le gouvernement lui-même : le *Consulat,* adroit prologue de l'*Empire,* rétablit la censure, confia aux préfets une autorité suprême sur les théâtres, et prépara la constitution que l'industrie dramatique devait recevoir dans les décrets impériaux des 8 juin 1806 et 29 juillet 1807, par lesquels le nombre des spectacles fut réduit et limité, et toute la direction de ces établissements abandonnée au gouvernement.

Ces décrets composent, avec quelques réglements qui les ont suivis sous le gouvernement impérial et depuis la restauration, la législation actuelle des théâtres : le Traité que nous livrons au public a pour objet d'en développer toutes les dispositions et d'en déterminer l'esprit et les conséquences. Nous avons accepté les lois comme elles nous gouvernent et évité de mêler des discussions de théorie aux explications graves et doctrinales que nous avions à présenter ; qu'il nous soit permis, dans cette Introduction, d'exposer quelques idées générales sur ce sujet intéressant.

Les théâtres doivent-ils être libres? telle est la première question que fait naître l'examen de la législation qui les concerne.

Les traditions du passé, l'habitude du régime actuel, l'exemple des législations étrangères qui consacrent aussi le privilége, préoccupent tous les esprits et les conduisent à penser que la liberté ne peut être accordée à ce genre d'industrie. Mais ce préjugé doit céder devant l'examen approfondi du droit en lui-même.

L'art dramatique, considéré soit comme l'exercice d'un talent, soit comme l'objet d'une spéculation, est le développement d'une faculté de l'homme. Or, l'homme ne reçoit point ses facultés de la loi : la loi peut en régler l'exercice et les soumettre à des restrictions quand l'intérêt public l'exige, mais elle ne peut pas plus les détruire qu'elle ne les crée, et les limites qu'elle leur impose ne sont jamais que des exceptions, qu'un droit secondaire et restrictif, qui doit puiser sa justification dans quelque considération impérieuse et puissante. Cette justification ne doit pas se trouver dans les abus que peut entraîner l'exercice d'un art ou d'une industrie, car il n'y aurait pas une de nos facultés qui ne pût être enchaînée au même titre, et la liberté de l'homme tomberait tout entière dans le domaine des gouvernements.

Elles ne peuvent donc être asservies que si cette mesure est commandée non pas par une simple convenance, mais par une nécessité absolue et inévitable : il faut qu'aucun autre moyen ne puisse garantir l'intérêt public contre les dangers dont il est menacé.

Il est inutile de s'appesantir sur un principe déjà reconnu pour la plupart de nos libertés, principe assez puissant pour avoir assuré l'affranchissement de la presse, cette industrie presque aussi féconde en périls qu'en bienfaits.

L'industrie théâtrale ne peut donc être enchaînée que si elle compromet l'ordre public, les mœurs ou les autres principes conservateurs de l'ordre social. Hors de là, elle est placée sous la protection de notre droit commun, et jouit des garanties qu'il a consacrées.

Les partisans des priviléges dramatiques allèguent les avantages attachés au patronage du gouvernement. On a dit que Louis XIV voyait créer à ses ordres Athalie et Versailles, et l'on s'est mis à penser que la littérature dramatique et les théâtres étaient un apanage de la couronne. Les *comédiens du roi* ont été dotés sur la cassette, investis du droit exclusif de jouer les ouvrages de nos grands maîtres, et le public ignorant a pensé que la gloire de notre scène se liait à la protection du trône. Il est inutile de rechercher ce que cette opinion peut avoir de vrai, si le privilége n'a pas été plus nuisible que la concurrence, et si la perspective des subventions royales n'a pas souvent ralenti l'activité industrielle. En supposant que la munificence publique pût produire d'heureux fruits, ce motif ne suffirait pas pour justifier la servitude des théâtres : l'état pourrait accorder les mêmes secours à toutes les industries ; aurait-il donc le droit de s'en emparer et de vendre son patronage au prix de toutes les libertés? d'ailleurs sa protection est-elle inséparable de la servitude, et le théâtre affranchi ne pourrait-il pas continuer à profiter de ses dons?

Une autre objection plus sérieuse est dirigée contre la liberté des théâtres. On craint qu'avec elle il ne se forme un trop grand nombre d'entreprises, et que l'on ne voie ainsi des fortunes particulières compromises, et la dignité de la scène méconnue. Ces craintes ne sont pas fondées. Sans doute la concurrence sans restriction a ses inconvénients, mais le privilége en offre de plus nombreux encore. Quelle spéculation est à l'abri des revers attachés au défaut d'équilibre entre les besoins publics et les moyens de les satisfaire? Voulez-vous donc rétablir ces corporations qui étouffaient le génie, paralysaient l'exercice de toutes

b

les professions, et rendaient stationnaires les arts et l'industrie ? Ne voyez-vous pas tous les vices du système établi sur les théâtres ? Malgré vos entraves, de nombreuses faillites ont signalé la ruine de vos directeurs. Plusieurs ont attribué leurs pertes aux liens dont vous les aviez serrés. Tous les capitalistes dont la fortune avait été altérée par ces désastres vous ont accusé de leur ruine : le privilége, insuffisant pour assurer le succès des entreprises, avait suffi pour inspirer une confiance trompeuse ; et sur la foi de cette protection si vantée, les capitaux se sont jetés dans des spéculations que vous aviez su permettre, mais que vous n'avez pas su soutenir. Laissez à l'industrie théâtrale la liberté qui lui appartient : les spéculateurs apprendront bien à se régler sur les besoins du public ; du moins ceux qui hasarderont leur fortune sauront qu'ils doivent examiner eux-mêmes les garanties qu'ils peuvent espérer, et les chances de succès qui leur sont ouvertes.

Les théâtres ne nous paraissent différer des autres branches d'industrie que par les dangers attachés à une réunion considérable de citoyens, et à la représentation publique de compositions littéraires où pourraient se trouver quelque atteinte aux mœurs ou au bon ordre. Mais restreindre le nombre des théâtres, exiger un privilége pour leur érection, ne détruit pas ces inconvénients; et les précautions prises pour en garantir les entreprises autorisées par le gouvernement, pourraient l'être aussi à l'égard de celles qui se formeraient librement. La police, proprement dite, est préposée au maintien de l'ordre partout où des rassemblements ont lieu; son intervention, dont on verra plus tard le caractère et les droits, suffit au maintien de la tranquillité publique. La censure, que nous croyons nécessaire (*V*. p. 88 et suiv.), prévient les abus de la représentation; ainsi l'intérêt général se trouve à l'abri de toute espèce de désordre.

Il n'y a donc aucun besoin public, nous dirons plus, aucune convenance qui exige le maintien des priviléges ou l'obtention d'une autorisation du gouvernement pour former un établissement de théâtre, et nous aimons à penser que quelque jour la France obtiendra l'affranchissement de cette industrie, restée presque seule dans la servitude.

Nous avons parlé de la censure dramatique, et nous déclarons franchement qu'elle nous paraît indispensable; que, par conséquent, d'après le principe même que nous avons posé, elle doit être maintenue. Mais cette institution ne doit pas dégénérer en un instrument d'oppression contre les citoyens. Nos lois réclament impérieusement des garanties contre les abus d'une autorité qu'elles ont constituée sans la régler, et qui, rétablie par Napoléon, porte l'empreinte de son absolutisme administratif. Soit que l'on confie la censure à une juridiction mobile, à un jury littéraire, à une magistrature réelle, il importe qu'elle ne soit point exercée au nom et selon les caprices de l'autorité, qu'elle repose en des mains responsables, et ne conserve point le caractère et les formes d'un saint-office littéraire.

Nos lois, loin d'attacher aucun caractère fâcheux à la profession du théâtre, ont cherché à la protéger contre la déconsidération. Une déclaration de Louis XIII, du 16 avril 1641, veut *que l'exercice des comédiens, qui peut innocemment divertir les peuples de diverses occupations mauvaises, ne puisse leur être imputé à blâme; ni préjudicier à leur réputation dans le commerce public.*

L'art. 19 du réglement du mois d'août 1814, déclare *susceptibles d'obtenir des marques de satisfaction de la part du ministre, les comédiens qui se conduisent bien et qui font preuve de talents distingués.*

Une discussion solennelle de l'assemblée nationale, où Mirabeau se fit entendre, consacra le

droit des comédiens à réclamer le titre de citoyens.

Aucune exclusion, comme on le verra plus
tard, n'est prononcé par nos lois contre les acteurs; mais il faut reconnaître qu'en ce point
la législation est plus libérale que les mœurs. Une
profession qui exige des travaux assidus, des études
continuelles, qui se lie intimément aux progrès
de la littérature, qui peut exercer une influence
utile sur les mœurs et les habitudes de la nation,
une pareille profession doit être encouragée, et
n'est pas indigne de la considération publique.
Les Grecs estimaient leurs comédiens, et ne les
flétrissaient point par un mépris immérité. L'Angleterre honore les organes de sa muse tragique;
mais la France a encore conservé le préjugé qui
plaçait les acteurs dans un rang inférieur, et les
frappait presque de déshonneur. Ce préjugé, injuste dans son principe, est encore dangereux
dans ses conséquences. Les comédiens, exilés de
nos sociétés, contraints à suivre des habitudes à
part, ne peuvent adopter nos usages, observer
nos convenances, et trouver parmi nous les modèles de cette délicatesse de mœurs et de conduite qu'on se plaint de ne point rencontrer en
eux. Le théâtre n'étant point honoré, beaucoup
d'hommes hésitent à en embrasser la profession.

Que les acteurs retrouvent la considération à laquelle ils ont droit, et bientôt on les verra aussi fidèles observateurs des vertus domestiques, des bonnes mœurs, et de toutes les convenances du monde, que tant d'hommes qui les poursuivent de leurs hypocrites censures ; on verra la scène illustrée par tous ceux que leur génie y porterait, si une flétrissure odieuse ne les y attendait pas. Nous pouvons citer, à l'appui de cette opinion, les artistes des théâtres de la capitale. A Paris, une civilisation plus exercée a presque entièrement effacé le préjugé qui frappe les comédiens : ceux des grands théâtres surtout jouissent souvent d'une estime méritée. On les voit remplir avec honneur les devoirs de la famille, respecter les obligations les plus rigoureuses de nos habitudes sociales, et offrir de justes titres à la bienveillance publique.

Les comédiens sont, en quelque sorte, des hommes publics : sur le théâtre ils se présentent aux regards de tous, et deviennent justiciables de la critique. On aurait dû espérer que les gens de lettres, constitués les organes de l'opinion des spectateurs, auraient traité avec égards, avec justice, une profession qui touche par tant de points à la littérature, et que les préjugés de l'ignorance ne trouveraient point place sous la plume d'hommes instruits, indépendants et éclairés. Cependant, nous le disons à regret, quelques journalistes se sont montrés durs et injustes à l'excès envers les acteurs. Nous ne parlons pas de ces vils écrivains qui ont fait un infâme trafic de la littérature, et honteusement vendu leurs éloges et même leur silence ; trop de mépris devait s'attacher à un pareil commerce, pour que ces aristarques vénaux conservassent quelque autorité. Mais parmi les écrivains qui ont respecté la dignité des lettres, on en a vu quelques uns, on en voit encore qui oublient envers les acteurs les lois ordinaires de la bienséance. La critique doit être juste et bienveillante, et non brutale et amère; elle doit éclairer et non flétrir : si l'on veut que les comédiens suivent ses leçons, il faut les leur donner avec modération et convenance : si l'on veut rendre à une profession injustement décriée la considération dont elle a besoin, on doit commencer par respecter dans ceux qui l'exercent les droits du citoyen et le caractère de l'homme. La critique doit surtout s'arrêter là où elle pénétrerait dans la vie privée : si l'acteur lui appartient sur le théâtre, il cesse d'être son justiciable à l'instant où il quitte la scène.

En parlant des préjugés qui restent attachés aux acteurs, il est difficile de ne point dire un mot des censures ecclésiastiques. L'église continue à pour-suivre tous les comédiens d'une excommunication que l'on sait n'avoir été portée que contre les *bate-leurs* et les *baladins*, dont les représentations im-morales pouvaient justifier cette condamnation. Malgré les progrès des lumières et l'amélioration incontestable de la scène, le clergé français per-siste à repousser du sanctuaire les hommes voués au théâtre. On a vu dans ces derniers temps plu-sieurs actes d'intolérance, restes douloureux de l'esprit de persécution des siècles précédents. Il ne nous appartient pas de combattre ces traditions aveugles ; nous rappellerons seulement que la charité, cette première vertu du christianisme, a toujours été généreusement exercée au théâtre. Les pauvres ne se sont jamais adressés en vain aux comédiens, et, dans le dix-septième siècle, on voyait la *Comédie-Française* soutenir, par ses sub-ventions annuelles, des corps religieux qui ne craignaient point d'invoquer les secours d'une compagnie qu'ils appelaient *illustre*, et dont quel-ques uns réclamaient *l'honneur* d'être les voi-sins(1).

Un jour les théâtres recouvreront leur liberté ;

(1) DÉSESSART, *les Trois Théâtres*, Paris, 1777, p. 53 et 54.

soumis aux lois générales, ils accepteront toutes les précautions que l'ordre public pourra commander, mais ils échapperont aux entraves qui les serrent aujourd'hui de tous côtés.

Les comédiens aussi reprendront parmi nous le rang qui appartient à une profession honorable et utile. La considération publique les entourera : la critique littéraire se montrera juste et modérée à leur égard, et l'église elle-même, éclairée par les avertissements de l'opinion publique et par l'exemple de nos mœurs, les relevera des peines qu'un autre âge a prononcées contre d'autres hommes.

Déjà quelques unes de ces améliorations se signalent. Les comédiens viennent de fonder à Paris un journal, organe de leurs vœux et soutien de leurs droits; le succès obtenu par cette utile entreprise atteste les progrès de l'opinion et justifie l'espoir d'une réforme complète.

Au moment où s'annoncent, dans un avenir plus ou moins éloigné, les réparations de nos lois et de nos mœurs, nous avons pensé qu'il convenait de retracer la législation relative aux entreprises de théâtre et à tous ceux qui y sont attachés, et de donner ainsi l'état exact des droits et des devoirs de chacun. Nous souhaitons que ce travail, imparfait mais consciencieux, contribue à prévenir quelques unes des contestations qui, dans ces derniers

temps , ont troublé la paix des théâtres ; notre but
sera rempli si nous avons pu étouffer les procès
qui enlèvent à de précieuses études des hommes
qui se sont voués au soin d'occuper nos loisirs
par de nobles et agréables délassements.

TRAITÉ

DE

LA LÉGISLATION

DES THÉATRES.

TRAITÉ

DE

LA LÉGISLATION

DES THÉATRES.

~~~~~~

DIVISION DE L'OUVRAGE.

1. La législation des théâtres se présente sous deux aspects entièrement distincts.

La nature de ces sortes d'entreprises, et le droit spécial et exceptionnel qui les gouverne, les placent dans la dépendance de l'autorité publique, dont elles tiennent leur existence et avec laquelle elles se trouvent perpétuellement en contact.

De nombreux intérêts privés se rattachent à leur exploitation ; un personnel considérable y est employé ; des contrats de divers genres naissent d'opérations qui se renouvellent chaque jour.

2. Les droits qui résultent de cette double position seront examinés dans deux parties différentes.

La première traitera des théâtres dans leurs rapports avec l'administration publique.

1

La deuxième s'occupera de leurs rapports privés.

Enfin, une troisième partie sera consacrée aux auteurs dramatiques.

PREMIÈRE PARTIE.

DES THÉATRES

DANS LEURS RAPPORTS AVEC L'ADMINISTRATION PUBLIQUE.

TITRE PREMIER.

De l'autorisation d'ouverture d'un théâtre ; ses conditions accessoires ; priviléges attachés à quelques entreprises.

CHAPITRE 1.

De l'autorisation.

3. Tout citoyen peut élever un théâtre public, en faisant, préalablement à l'établissement de son théâtre, sa déclaration à la municipalité des lieux. *Loi du* 19 *janvier* 1791, art. 1er.

4. Cependant le théâtre doit être autorisé par le gouvernement. *Décret du* 8 *juin* 1806, art. 1er.

5. A Paris, l'autorisation doit être donnée par le roi, sur le rapport du ministre de l'intérieur. *Idem*, art. 1er.

6. Dans les départements, l'autorisation doit être

1.

donnée, pour les troupes stationnaires, par les
préfets, et pour les troupes ambulantes par le ministre de l'intérieur. Art. 7 et 8 (*Voy.* ci-après,
n° 42).

7. Les formes à suivre pour demander l'autorisation sont purement administratives. La déclaration à laquelle l'entrepreneur est tenu, aux termes de la loi du 19 janvier 1791, reproduite par le
décret de 1806, consiste à faire connaître à l'autorité municipale, exercée à Paris par le préfet
de police, et dans les départements par les maires,
l'intention d'élever un nouveau théâtre. Cette déclaration n'est soumise à aucune forme particulière;
elle doit seulement indiquer la nature du théâtre
projeté, le lieu où il doit être établi, et les autres
circonstances qui touchent les différents intérêts
que le pouvoir municipal est chargé de surveiller.
Cette mesure a pour objet de donner au ministre
chargé de faire le rapport pour les théâtres de
Paris, et dans les départements au préfet qui doit
autoriser, le moyen d'obtenir tous les renseignements nécessaires sur l'utilité et la convenance du
nouveau théâtre. Il faut qu'ils sachent si l'entreprise ne compromet point la sûreté publique, si
elle sera située de manière à ménager la liberté de
la circulation, et qu'ils puissent procéder à cet égard
comme lorsqu'il s'agit d'élever les établissements
industriels dont la création doit être précédée
d'une enquête *de commodo et incommodo*.

Après cette déclaration, l'entrepreneur doit
adresser sa demande, à Paris, au ministre de l'in-

térieur, qui fait ensuite son rapport au roi, dont l'autorisation spéciale doit être obtenue ; et dans les départements, au préfet.

8. La disposition du décret qui veut qu'à Paris l'autorisation soit accordée *par le roi* n'est point exécutée. Les nouveaux théâtres élevés dans la capitale depuis 1814 n'ont été autorisés que par le ministre de l'intérieur, sans que le roi ait donné sa signature. On doit signaler cette irrégularité. La loi exigeant l'autorisation du roi, sur le rapport du ministre, celui-ci ne peut s'attribuer le droit de conférer lui-même l'autorisation. L'intervention du chef de l'état est une garantie qui corrige les vices du décret de 1806 ; et sans doute, si la marche légale eût été suivie, on n'aurait pas vu dans ces dernières années des concessions d'autorisation qui n'étaient point justifiées par l'intérêt général, que le décret semblait vouloir servir.

9. Malgré l'absence de la signature du roi, on ne saurait prétendre que les autorisations données par le ministre de l'intérieur pussent être annulées. Elles forment toujours un titre pour ceux qui les ont obtenues, et comme la nullité ne pourrait être prononcée que par l'administration seule, il ne serait pas possible qu'elle opposât aux titulaires un vice de forme qui serait de son fait.

10. L'entrepreneur qui sollicite une autorisation est tenu de justifier des moyens qu'il a pour assurer l'exécution de ses engagements. C'est la disposition formelle du décret de 1806, et du ré-

glement ministériel de 1814, qui permet en outre
d'exiger un cautionnement en immeubles des entrepreneurs de théâtre dans les départements. Cette
disposition est remarquable, et semble tout-à-fait
étrangère à l'administration. En effet, les intérêts
privés ne sont pas de son domaine, et l'on ne conçoit point que, pour l'industrie théâtrale, plus que
pour toute autre, elle ait le droit de s'immiscer dans
l'examen des ressources des entrepreneurs, et de
s'occuper des garanties qu'obtiendront ceux qui
traiteront avec eux. Si l'on accordait un pareil
pouvoir à l'autorité publique, il n'y aurait point
de spéculation où elle ne pût porter ses regards, et
dont elle ne fût maîtresse d'arrêter l'essor. Cependant, il faut reconnaître qu'une pensée louable
a dicté cette mesure. On a voulu que l'autorisation ne fût accordée qu'à des entrepreneurs capables de suffire aux charges de l'entreprise, et
avec lesquels les tiers pussent traiter en toute sécurité. Ceux qui sollicitent une autorisation doivent
donc indiquer quels sont les moyens pécuniaires
dont ils peuvent faire usage. Il arrivera souvent
qu'à l'instant où l'autorisation sera sollicitée, l'entrepreneur n'aura pas encore réuni toutes les ressources auxquelles il se proposera de recourir.
L'autorisation pouvant être refusée, il serait im-
prudent de réaliser à l'avance les fonds nécessaires
à l'exploitation du théâtre. Mais l'entrepreneur
peut indiquer quelle est sa fortune personnelle,
quelles mises de fonds il espère réunir, le mode
d'exploitation qu'il se propose d'adopter, et pré-

senter ainsi le tableau de tous ses moyens d'exécution.

11. Le pouvoir donné au gouvernement d'autoriser ou de refuser l'établissement des théâtres a
été envisagé sous deux points de vue différents.
Les uns considèrent l'administration comme propriétaire, pour ainsi dire, de l'industrie dramatique, chargée d'en concéder une partie à tel ou
tel citoyen, et pouvant à ce titre apposer toute
espèce de condition à ses concessions. D'autres ne
voient dans le droit d'autorisation réservé à l'autorité qu'un pouvoir de surveillance et de protection, délégué au nom de l'intérêt public pour la
sécurité des citoyens.

12. Nous n'hésitons point à embrasser cette dernière opinion. Le principe de la liberté des industries est dans toutes nos lois; des considérations
particulières ont seules fait conserver quelques
monopoles. Mais ce n'est point à titre de monopole que l'industrie théâtrale est placée sous l'influence du gouvernement. En effet, le monopole
consiste dans l'exercice d'une industrie par un seul
à l'exclusion de tous autres, et le gouvernement
n'exploite point par lui-même et à son profit les
entreprises de théâtre. On ne voit point d'ailleurs
à quel titre et par quelle raison cette industrie
pourrait être considérée comme sa propriété. Il
est vrai que diverses sommes sont fournies par le
budget à certains théâtres royaux, et particulièrement à l'Opéra; mais prétendrait-on que ces dons
de la munificence nationale, ces tributs payés à

la splendeur et à l'éclat de notre scène, attribuent
au gouvernement le monopole de l'industrie dramatique? Cela ne pourrait être sérieusement allégué. La liste civile n'est pas plus propriétaire des
théâtres qu'elle entretient que les municipalités
des départements de ceux auxquels elles accordent
des subventions; et quand même ces secours pourraient attribuer quelque droit sur l'entreprise particulière à laquelle ils s'appliquent, on n'en saurait
conclure qu'il en résulte aucun sur le genre d'industrie auquel cette entreprise appartient. L'état
de la législation sur les théâtres exclut l'idée que
le gouvernement ait aucun titre de propriété sur
ce genre de spéculation. En 1791, la liberté d'ouvrir des théâtres avait été consacrée par une loi.
Toutes celles qui précédemment avaient adopté
des règles différentes ont été abrogées et ne doivent plus être d'aucune considération. D'après
cette loi, il est certain que tous les citoyens pouvaient former des entreprises de théâtre, sous la
seule condition de l'observation des réglements de
police. Ce genre d'industrie était donc rentré
alors dans le domaine public, et le gouvernement n'avait plus aucune attribution qui ressem-
blât à un privilége. Le décret de 1806, modi-
fiant cet état de choses, a exigé l'autorisation du
chef de l'état. C'est seulement une condition nouvelle qu'il a imposée à l'exercice du droit que la
loi de 1791 avait donné à tous les citoyens; mais
le droit n'a pas cessé d'exister, malgré l'existence
de cette nouvelle formalité. On trouve dans nos

lois plusieurs exemples de spéculations qui ne peuvent se former sans l'autorisation du gouvernement. Elle est nécessaire pour la création de certaines usines insalubres ou incommodes, pour la formation des sociétés anonymes, pour l'exercice de plusieurs professions; elle le fut pendant quelques années pour l'établissement des journaux politiques. Or, il est bien constant que le gouvernement n'a jamais le monopole des objets pour lesquels son autorisation est exigée. La nécessité de cette autorisation ne prouve donc point que l'industrie pour laquelle on la requiert soit sa propriété.

13. Quelle est donc la nature du pouvoir réservé à l'autorité publique relativement à l'ouverture des nouveaux théâtres? Il importe de présenter sur ce point une explication nette et précise. Dans tous les cas où l'autorisation du gouvernement est nécessaire pour la formation d'un établissement quelconque, cette dérogation au principe général de la liberté des industries n'a pour objet que l'intérêt public qui fait fléchir l'intérêt particulier. Ainsi, les établissements insalubres et incommodes présentant des dangers ou de graves inconvénients, l'intérêt public voulait qu'ils ne pussent pas s'élever inconsidérément; les sociétés anonymes n'offrant point de garantie personnelle contre ceux qui en font partie, l'intérêt public voulait que leurs conditions d'établissement fussent soumises au contrôle du gouvernement; à l'époque où les journaux ne pouvaient pas s'établir librement, on présentait aussi l'intérêt public comme compromis

par des publications non autorisées. C'est encore
cette considération qui a dicté le décret de 1806.
Nous croyons qu'elle n'était point susceptible d'être
invoquée pour les établissements de théâtres, mais
nous constatons le fait, sans examiner le mérite
de la loi. On a pensé qu'il ne fallait pas permettre
que des théâtres fussent ouverts en trop grand
nombre, parce que des entreprises qui ne seraient
pas en proportion avec les besoins ou les goûts
du public devraient ou ne point réussir, ou ren-
verser celles avec lesquelles elles viendraient se
mettre en concurrence; que des spéculations de
ce genre exigeant le concours d'une multitude
d'individus, et entraînant des dépenses considérables, il était nécessaire de s'assurer à l'avance
des ressources de ceux qui s'y livraient; qu'enfin
le théâtre exerçait une influence trop directe, trop
active sur les masses de la population, pour qu'il
n'y eût pas utilité publique à n'en permettre l'entreprise qu'à certaines conditions. Les précautions
que ces pensées indiquaient ne pouvaient être
prises que par le gouvernement, c'est à lui qu'a
été remis le soin d'autoriser l'ouverture des théâtres. Tel est l'esprit du décret de 1806.

14. De ces considérations il résulte que l'autorisation donnée par le gouvernement n'est point
un privilége. C'est à tort que ce nom a été adopté
par l'usage et employé par l'administration. Le
décret de 1806 parle d'une *autorisation spéciale*,
et non d'un *privilége*. Sans doute, n'étant donnée
qu'à quelques entrepreneurs, l'autorisation a pour

eux tous les effets d'un privilége. Mais pour l'autorité qui fait la concession, l'autorisation est autre chose que le privilége. L'autorisation n'est que le consentement de l'autorité à l'ouverture du théâtre. Le droit de l'entrepreneur se trouve dans la loi, l'autorisation lui en concède l'exercice. Le privilége au contraire semblerait une faveur, une concession de bienveillance et presque un don. Or, tel n'est point le caractère de l'acte qui autorise; il ne donne rien, il ne fait qu'accomplir une formalité que la loi exigeait pour l'ouverture du théâtre. L'autorisation donnée, l'entrepreneur est soumis aux dispositions de la loi et non aux caprices de l'autorité.

15. Les concessions faites par l'autorité n'étant point des priviléges, les théâtres établis ne seraient pas recevables à se plaindre des autorisations données à de nouveaux théâtres. Cette question s'était engagée devant le conseil d'état sur la plainte formée par les théâtres de Paris à l'occasion de l'ouverture du *théâtre de Madame;* elle ne fut pas jugée, le pourvoi ayant été écarté par un moyen de forme. Mais il semble évident que cette réclamation ne pouvait être admise. En donnant une autorisation, le gouvernement ne s'interdit point la faculté d'en concéder d'autres; il serait déraisonnable de soutenir que son droit s'épuise par les concessions qu'il fait, et que les entrepreneurs qu'il admet se trouvent investis de l'exercice exclusif de l'industrie dramatique. Le seul engagement qu'il contracte est, comme on le verra, de maintenir l'au-

torisation ; mais de la nécessité même où il se trouve de respecter les droits qu'il a concédés, peut résulter celle d'établir des entreprises nouvelles qui viennent au besoin exciter, par l'aiguillon salutaire de la concurrence, les entrepreneurs autorisés. A la vérité le décret de 1806 et celui de 1807 avaient limité le nombre des théâtres de Paris et des grandes villes des départements, mais cette limitation était seulement réglémentaire et toujours sujette à révocation. Elle n'a donc en rien altéré le principe qui vient d'être exposé.

16. L'administration publique est investie du droit absolu d'accorder ou de refuser l'autorisation, et son refus d'accéder à la demande qui lui est adressée ne peut jamais être l'objet d'aucun recours. Elle ne doit compte de ses motifs ni de ses mesures à personne, et aucun pouvoir n'aurait le droit de la contraindre à donner l'autorisation. Dans toutes les matières qui sont abandonnées sans limites à l'administration, l'usage qu'elle fait de son autorité ne peut jamais donner lieu à une action de la part des particuliers. Sans doute de graves abus peuvent être commis, mais ils ne trouveront leur punition que dans le blâme de l'opinion publique ou dans le contrôle des chambres, averties par la voie de la presse ou par celle des pétitions. D'ailleurs, le refus d'autorisation ne cause jamais un préjudice réel et matériel, il n'est point une atteinte à des droits acquis, à une propriété établie, et sous ce rapport on ne voit point quel recours réel il pourrait motiver.

17. De la nécessité d'obtenir l'autorisation pour l'ouverture d'un théâtre il résulte qu'aucun théâtre ne saurait être élevé sans cette autorisation. En cas d'infraction, quelle est la peine prononcée contre les entrepreneurs? Cette peine se trouve indiquée, comme par hasard, dans un décret du 13 août 1811, tout-à-fait étranger à cet objet, puisqu'il ne concerne que la redevance établie au profit de l'Opéra. A la suite de plusieurs dispositions toutes spéciales à cette redevance, se trouve un article ainsi conçu : « Toute contravention *au « présent décret*, en ce qui touchera l'ouverture « d'un théâtre ou spectacle sans déclaration ou « permission, sera poursuivie devant nos cours « et tribunaux par voie de police correctionnelle, « et punie des peines portées à l'art. 410 du Code « pénal § 1er (un emprisonnement de deux à six « mois et une amende de 100 fr. à 6000 fr.) » La rédaction de cet article annonce une grande légèreté. On y considère l'ouverture d'un théâtre sans autorisation comme une contravention à un décret tout-à-fait étranger à cet objet : mais, tout irrégulière qu'elle est, la disposition existe. Peut-elle être appliquée? Nous penchons pour la négative. Quelque force que la jurisprudence ait attachée aux décrets de Napoléon, elle n'a jamais été jusqu'à décider qu'ils aient pu régulièrement créer des peines. Plusieurs arrêts ont même refusé d'appliquer des dispositions de telle nature. On peut citer pour exemple le décret du 15 décembre 1813, que la cour de Paris a déclaré inapplicable dans

ses pénalités. Or, nul autre acte législatif ne punit les entrepreneurs de spectacles non autorisés : ils ne peuvent donc être soumis à aucune peine, mais le théâtre non autorisé peut être fermé par l'autorité comme ouvert en contravention aux lois.

18. En admettant que ce décret pût être considéré comme légal en ce point, sa disposition peut-elle concerner la réunion que formeraient des amateurs, certains jours de la semaine, dans une maison particulière, pour jouer la comédie ? Cette question s'est présentée au mois de juin 1828 devant le tribunal de police correctionnelle de Paris, et elle a été résolue négativement en faveur d'un sieur Beunier qui, avec quelques amis, avait donné chez lui des soirées où l'on représentait des comédies et des ballets. Un arrêt de la cour de Paris du 22 octobre 1829 a également déclaré que le sieur Doyen, si connu par ses théâtres de société, avait pu jouer la comédie en famille, sans contrevenir aux lois, parce qu'il n'était point établi « que le public fût admis au spectacle qu'il don- « nait dans sa propre maison pour son amusement « particulier et pour celui de sa famille et sa so- « ciété ; que ce spectacle n'était jamais annoncé « au public par les journaux, ni par des affiches, « et qu'il n'était point établi que des billets fussent « distribués au public pour entrer dans le specta- « cle du sieur Doyen. »

CHAPITRE II.

Conditions accessoires de l'autorisation.

19. Le droit conféré à l'autorité par le décret de 1806 est une exception au principe général de liberté industrielle reconnu par la loi de 1791. Sous ce rapport, ce droit ne peut être étendu. Toute extension qui lui serait donnée constituerait un excès de pouvoir. Le gouvernement ne peut donc apposer aucune condition à son autorisation. Il lui appartient d'examiner s'il doit ou non autoriser l'ouverture du théâtre : quand il juge qu'il peut donner l'autorisation, et qu'il la concède, il déclare seulement par cette concession que rien ne s'oppose à l'entreprise projetée, et son droit ne s'étend pas au-delà. Ainsi, il ne pourrait imposer à l'entrepreneur l'obligation de payer certaines redevances, de remplir certaines formalités, de se soumettre à des obligations particulières qui ne lui sont point prescrites par la loi, en tant toutefois que ces obligations n'auraient pas trait à l'intérêt public; car, si cet intérêt commandait certaines mesures, soit pour prévenir des accidents, soit pour assurer la liberté de la circulation, ou tout autre objet analogue, il serait incontestablement du droit et du devoir de l'autorité de les prescrire à l'entrepreneur.

20. Cependant, le gouvernement s'est mépris sur le caractère de son droit, et l'on a vu des autorisations accordées sous des conditions évidem-

ment étrangères à l'intérêt public, comme celle
d'acheter une salle appartenant à un propriétaire
que l'on voulait favoriser, d'entretenir des engagements souscrits avant la nouvelle entreprise, de
se laisser enlever ses acteurs par les théâtres royaux,
dans le cas d'un ordre de début. On peut demander
si les entrepreneurs sont obligés de remplir de pareils engagements. La solution de cette question
est subordonnée à la manière dont l'engagement
a été pris. Si la condition apposée à l'autorisation
concerne des tiers, et que l'entrepreneur ait contracté avec eux, il ne pourra point se soustraire
aux obligations qu'il aura souscrites à leur profit.
Les contrats étant passés d'une manière régulière
et librement consentis, l'entrepreneur ne saurait
opposer aux tiers aucune objection fondée. Mais si
les tiers n'ont reçu aucun titre, si l'affaire n'a point
été réglée avec eux, si l'autorité seule réclame
l'exécution d'une condition ajoutée illégalement à
l'autorisation, l'entrepreneur aura le droit de se
refuser à remplir les charges qui lui auront été
imposées. L'administration n'ayant pas qualité pour
les stipuler, et ne pouvant les ajouter comme prix
à une autorisation qui doit être pure et simple,
l'entrepreneur ne sera pas engagé. Quoi qu'il en
soit, il est impossible de donner à cet égard une
solution complètement absolue, le droit pouvant
être modifié, soit par les stipulations des actes,
soit par la nature des conditions, soit enfin par
d'autres circonstances qu'il est impossible de prévoir.

21. Mais il est plusieurs conditions qui sont prescrites par les réglements, imposées aux entrepreneurs et exécutées par eux, et dont il est nécessaire de présenter l'énumération et d'apprécier la légalité. Elles seront le sujet des paragraphes suivants.

§ I. — Fixation du siége de l'entreprise et du ressort de son exploitation.

22. Le pouvoir conféré à l'administration sur les théâtres lui donne le droit de fixer le lieu où l'entreprise doit être exploitée. Ce lieu est un des objets qui intéressent davantage le public, et qui par conséquent appellent le plus directement l'attention du gouvernement. L'entrepreneur est donc obligé de suivre ce qui lui est indiqué à cet égard, et le théâtre qu'il éleverait ailleurs que dans le lieu prescrit par l'autorisation pourrait être fermé comme non autorisé.

23. Cette condition de l'autorisation ne concerne pas seulement la ville où le théâtre doit être ouvert, mais encore le quartier où l'on a décidé qu'il serait élevé. Ainsi, à Paris, les divers entrepreneurs de spectacles ne pourraient point, sans la permission de l'autorité, quitter la salle où ils exploitent leur autorisation, pour se transporter dans une autre. On conçoit en effet qu'il importe au public que tous les théâtres ne soient point réunis sur le même point, et que les diverses parties de la capitale obtiennent les avantages, ou soient as-

2

sujetties aux inconvénients qui s'attachent au voisinage d'un théâtre.

24. A Paris, les autorisations indiquent l'emplacement que doit occuper le théâtre, et ils se trouvent partagés entre les diverses parties de la ville. L'art. 3 du décret du 29 juillet 1807 défend aux entreprises de théâtre de déplacer leur troupe d'une salle dans une autre sans une autorisation du roi.

Dans les grandes villes de province, la même règle est suivie, et les divers théâtres sont assujettis aux mêmes obligations.

Relativement au reste de la France, l'ordonnance du 8 décembre 1824 renferme plusieurs dispositions sur cet objet. Les entreprises de théâtres sont divisées en trois classes : troupes de comédiens sédentaires, troupes de comédiens d'arrondissement, troupes de comédiens ambulants.

Les troupes sédentaires sont placées à poste fixe dans les villes auxquelles elles appartiennent.

Les troupes d'arrondissement parcourent les divers départements qui leur ont été désignés. Elles doivent se rendre au moins une fois tous les six mois dans chacune des villes qui dépendent de leur arrondissement, et donner au moins quinze représentations à chaque voyage. Les autorités des villes doivent être prévenues, huit jours à l'avance, de l'arrivée de la troupe.

Les troupes ambulantes exploitent : 1° les théâtres des villes qui ne font partie d'aucun arrondissement ; 2° les théâtres des villes que les troupes d'arrondissement n'auront pas désignées comme devant être desservies par elles ; 3° les théâtres des villes dans lesquelles les troupes d'arrondissement auront été plus de six mois sans donner quinze représentations ; 4° lorsque deux foires se trouvent à la même époque dans le même arrondissement théâtral, la troupe ambulante se transporte dans celle où la troupe d'arrondissement ne va pas. Elles peuvent en outre, sur la demande des autorités, remplacer les troupes d'arrondissement, lorsque celles-ci auront donné les représentations fixées par leur itinéraire.

Aucune troupe ne peut s'écarter du ressort qui lui est fixé, et pour assurer la surveillance des autorités, les préfets et le ministre de l'intérieur doivent recevoir la désignation des villes dont chaque troupe se charge d'exploiter les théâtres, et l'indication des époques précises où les représentations auront lieu.

Deux troupes d'arrondissement et ambulante peuvent, si elles le jugent convenable, changer temporairement de circonscription, pourvu qu'elles obtiennent l'autorisation des préfets, qui en informent le ministre.

25. Toutes ces mesures placent les comédiens dans la dépendance la plus absolue de l'autorité ; elles sont tout-à-fait hors du droit commun ; mais elles résultent nécessairement de l'état de la législation sur les théâtres, et de l'extension illimitée donnée au droit d'autorisation ; tant que cette législation ne sera point réformée, elles devront recevoir leur exécution.

2.

§ II. — Fixation des genres.

26. L'art. 5 du décret de 1806, *contraire à l'article 1er de la loi de* 1791, donne au ministre de l'intérieur le droit d'assigner à chaque théâtre un genre de spectacle dans lequel il est tenu de se renfermer.

L'art. 4 dispose que le même ministre doit arrêter les répertoires des grands théâtres de Paris, et interdit à tous les autres la faculté de jouer sans leur permission les pièces comprises dans ces répertoires.

En exécution de ces dispositions, le réglement ministériel du 25 avril 1807 a divisé les théâtres de Paris en grands théâtres et en théâtres secondaires, et assigné à chacun un genre de spectacle. Des décisions particulières intervenues depuis, en autorisant de nouveaux théâtres, ont également fixé le genre de spectacle qu'ils pouvaient donner.

27. Il est défendu à aucun des théâtres de Paris de jouer des pièces qui sortiraient du genre qui lui est assigné. Mais lorsqu'une pièce a été refusée à l'un des grands théâtres, elle peut être jouée sur l'un ou l'autre des théâtres de Paris, pourvu toutefois qu'elle se rapproche du genre assigné à ce théâtre.

28. Lorsque les entrepreneurs de spectacle veulent s'assurer que les pièces qu'ils ont reçues ne sortent point du genre de celles qu'ils sont autorisés à représenter, et éviter l'interdiction inattendue d'une pièce dont la mise en scène pourrait

leur occasionner des frais, ils peuvent en déposer un exemplaire dans les bureaux du ministère de l'intérieur ; si la pièce ne paraît pas être du genre qui convient au théâtre qui l'a reçue, les entrepreneurs ou directeurs en sont prévenus par le ministre.

29. Les théâtres des départements sont régis à cet égard par le réglement du mois d'août 1814. Dans les villes où il n'y a qu'un seul théâtre permanent, et dans les communes desservies par une troupe ambulante, les directeurs peuvent faire jouer les pièces des grands théâtres de Paris et celles des théâtres secondaires. Dans les villes où il y a deux théâtres, le principal théâtre jouit du droit de représenter les pièces comprises dans le répertoire des grands théâtres de Paris ; le second théâtre jouit du droit de représenter les pièces des théâtres secondaires. Le réglement de 1807 les autorisait aussi, dans certains cas, à représenter les ouvrages du répertoire des grands théâtres ; mais cette faculté exceptionnelle ne se trouve plus accordée par le réglement de 1814.

Le même réglement permet de plus aux préfets, lorsqu'ils le jugent à propos, d'autoriser les directeurs des principaux théâtres à donner des pièces du répertoire des théâtres secondaires, et également, en de certains cas, d'autoriser les seconds théâtres à représenter des ouvrages du répertoire des grands théâtres.

30. Une décision récente du ministre de l'intérieur a étendu le droit de fixation des genres, jus-

qu'à interdire à certains théâtres la faculté de jouer
des pièces en vers. Cette prohibition a quelque
chose de bizarre, mais le style étant une dépendance du genre, nous pensons qu'elle a pu légalement être prise.

31. On a souvent vu se renouveler, dans ces
derniers temps, les discussions qui s'engageaient
autrefois entre les divers théâtres, à l'occasion des
empiétements commis par quelques uns sur le
genre de spectacle réservé à d'autres; il est certain que les entrepreneurs, obligés de se restreindre à un genre déterminé, ont sujet de se plaindre
des envahissements faits par d'autres, dont ils
ne peuvent eux-mêmes exploiter le genre. Mais
où doit être portée la plainte? à cet égard encore,
on a le regret de voir que l'administration est le
seul juge auquel on puisse s'adresser. L'entrepreneur qui joue une pièce attribuée par son
genre à un autre théâtre, ne commet point un
délit; il ne peut donc être poursuivi devant les
tribunaux correctionnels. Une action civile ne
pourrait être exercée qu'autant que le théâtre
dont on a pris le genre pourrait établir que ce
genre est sa propriété, et qu'il a éprouvé un
préjudice. Or, la décision du ministre qui fixe les
genres n'en donne pas la propriété aux théâtres
à qui il permet de les exploiter; et de plus, s'il
est possible que l'empiétement d'un autre théâtre ait nui au possesseur du genre, il ne sera jamais certain qu'il a nui réellement, et il serait
impossible de fixer avec justice les dommages-

intérêts qui pourraient être dus. Nous pensons donc que la seule voie de recours consiste dans la demande qui pourra être adressée au ministre, pour qu'il fasse exécuter la décision qui fixe l e genre de chaque théâtre, et qu'il défende la représentation des pièces qui n'appartiendraient point à celui de l'entreprise où elles seraient jouées.

32. Quand le genre d'un théâtre a été fixé, la décision rendue par le ministre est un droit acquis pour l'entreprise et ne peut plus être retirée. En effet, par suite de cette décision, des dépenses ont pu être faites, des engagements se conclure avec les auteurs et les comédiens, et il y aurait une véritable atteinte à la propriété dans la révocation de la mesure administrative rendue en faveur de l'entreprise. C'est ainsi qu'en 1807, lorsque le ministre de l'intérieur assigna pour la première fois le genre de chaque théâtre, il les autorisa tous à conserver leur ancien répertoire, quand même il s'y trouverait quelques pièces qui ne fussent pas du genre qui leur était assigné.

33. Il faut répéter, pour la fixation du genre, ce qui a été dit quant à l'autorisation; elle n'ôte pas à l'administration le droit d'accorder une permission pareille à un autre théâtre. Chaque entreprise ne devient pas plus propriétaire exclusive du genre qui lui a été attribué, qu'elle ne l'est du droit d'exploiter un théâtre.

34. Du reste, il ne faut pas confondre l'autorisation donnée par le ministre pour jouer un genre
déterminé, avec celle que les auteurs accordent
pour représenter leurs ouvrages. La décision du
ministre, entièrement administrative, est tout-à-
fait étrangère aux droits des auteurs, toujours
maîtres de leur propriété littéraire, comme il
sera expliqué dans la suite, et soumis à l'administration seulement en ce qu'ils ne peuvent faire
jouer leurs ouvrages que sur le théâtre admis à
représenter le genre auquel ces ouvrages appartiennent.

§ III. — Nomination d'un directeur par le ministre.

35. Les entreprises de théâtre ont besoin
d'être régies comme toute espèce d'entreprise :
s'il n'existe qu'un entrepreneur, il peut diriger
lui seul son exploitation ; s'il en existe plusieurs,
ils peuvent la diriger ensemble ou en confier la gestion à l'un d'entre eux ; enfin, quel que
soit le nombre des entrepreneurs, ils peuvent
choisir un tiers pour leur mandataire et lui remettre le soin de faire marcher l'entreprise. C'est
ainsi que les choses se passent dans les spéculations ordinaires, et aucun acte obligatoire de
la législation n'en a disposé autrement pour les
théâtres.

36. Peut-être la nécessité d'une responsabilité
plus étendue de la part des citoyens qui exploitent un théâtre, placé sous la surveillance de
l'autorité qui seule aura pu en permettre l'ouver-

ture, pourrait-elle autoriser ou l'établissement d'un gérant plus spécialement responsable, comme dans les entreprises de journaux, ou la nomination par l'autorité d'un commissaire public, comme dans la plupart des sociétés anonymes. Cette mesure étendrait les moyens de surveillance de l'autorité, et quoiqu'elle ne soit établie par aucune loi, elle pourrait, jusqu'à un certain point, être prescrite comme une condition de l'autorisation.

37. Mais l'administration va bien plus loin; elle s'est attribué le droit de nommer le directeur de toute entreprise de théâtre, en lui conférant une étendue de pouvoirs véritablement désastreuse. Il importe d'abord de démontrer que cette nomination d'un directeur est illégale; nous examinerons ensuite quels droits pourrait avoir ce fonctionnaire, en supposant que l'administration pût le nommer.

38. Le décret de 1806 est le seul acte ayant force de loi qui régisse les théâtres : il ne dit pas un mot des directeurs; il ne parle que de l'autorisation à obtenir, et des *entrepreneurs* qui peuvent la solliciter. Cette expression seule désigne dans plusieurs articles les personnes qui seront à la tête d'un théâtre. Le réglement du 25 avril 1807, rendu pour l'exécution du décret, se sert des mêmes expressions; il laisse les théâtres de Paris dans l'état où ils se trouvaient, sans leur imposer des directeurs, et il est certain qu'à cette époque aucun directeur nommé par l'autorité ne se trouvait à leur tête. Quant

aux théâtres de départements, il dispose que l'autorisation d'exploiter un théâtre sera donnée par le ministre aux *entrepreneurs de spectacles* qui rempliront les conditions qu'il indique. Il a si peu pour objet d'imposer aux théâtres un directeur nommé par l'autorité, qu'il déclare que « les « spectacles sont des amusements préparés et « *dirigés* par des particuliers qui ont spéculé sur « le bénéfice qu'ils doivent en retirer. »

39. Pour la première fois le réglement ministériel du mois d'août 1814 a disposé que les directeurs des troupes de provinces seraient nommés par le ministre de l'intérieur, et que nul autre que ces directeurs ne pourrait entretenir de troupes de comédiens. Ce droit nouveau a été maintenu par l'ordonnance du roi du 8 décembre 1824.

40. De graves objections s'elèvent contre l'application du réglement de 1814 et de l'ordonnance de 1824. D'abord ces deux actes n'ont pas pu abroger le décret de 1806. La jurisprudence a donné force de loi aux décrets de Napoléon, mais depuis l'établissement de la charte, il n'appartient ni à un ministre, ni même au roi par une ordonnance, de modifier une loi. Le décret de 1806 est donc toujours la seule loi obligatoire pour les entreprises de théâtre, et certes il est assez rigoureux pour qu'on eût pu se dispenser d'aggraver ses dispositions.

41. En second lieu, le réglement de 1814 et l'ordonnance de 1824 ne s'appliquent qu'aux théâtres de province : ils n'ont point innové relative-

ment à ceux de la capitale : il n'existe donc pour ces derniers aucun décret, aucune ordonnance, aucun acte de l'autorité, même illégalement porté, qui les oblige à recevoir un directeur nommé par le ministre de l'intérieur. Quant aux théâtres de départements, nous croyons que la disposition qui veut que leur directeur soit nommé par le ministre doit être entendue seulement dans le sens du décret de 1806 et du réglement ministériel de 1807, qui voulaient que les entrepreneurs de spectacles fussent autorisés par le ministre à conduire une troupe de comédiens dans les départements; que par conséquent cette disposition ne doit pas recevoir l'application dont nous allons parler.

42. Depuis plusieurs années, on a interprété les actes de 1814 et de 1824 de la manière la plus despotique. Dans les départements, il a été admis en usage qu'aucun théâtre, même autorisé, ne pouvait continuer ses représentations quand le directeur avait disparu, donné sa démission ou abandonné l'entreprise. On a tellement séparé la nomination du directeur de l'autorisation d'ouverture du théâtre, qu'une société anonyme ayant été approuvée pour l'exploitation du théâtre de Perpignan, l'ordonnance d'approbation du 3 juillet 1822 a imposé aux sociétaires l'obligation de faire nommer leur directeur par l'autorité. Ainsi l'on a ajouté au décret de 1806 une formalité qu'il ne commandait point : il n'exigeait que l'autorisation d'ouverture, on a imposé en outre l'acceptation d'un directeur nommé par le ministre.

43. Un article du réglement de 1824 a déclaré que les directions ne pourraient être données à des femmes : un autre a défendu aux directeurs d'avoir plus d'une seule troupe, et de vendre ou céder ce qu'il appelle *leur brevet*. Le terme de leurs fonctions est fixé à trois ans, et leur nomination réservée au ministre de l'intérieur, qui se trouve ainsi investi du droit d'autorisation que les lois antérieures plaçaient entre les mains des préfets. Toutes ces dispositions ajoutent au décret de 1806 des conditions qu'il n'établissait point, et qui ne pouvaient être créées ni par une ordonnance du roi, ni par un réglement ministériel.

44. A Paris, des excès de pouvoir encore plus graves ont été commis.

L'Académie royale de Musique est le seul théâtre royal qui soit légalement gouverné. Comme cette entreprise est soutenue par la liste civile, administrée en son nom, alimentée par ses capitaux, il est juste qu'elle soit placée dans sa dépendance absolue. Aucun reproche ne peut donc être élevé contre les réglements qui déterminent son mode d'administration, fixent le sort des artistes, et les soumettent à la surveillance et à l'autorité des fonctionnaires nommés par le roi.

Des autres théâtres royaux, la Comédie française a seule conservé son ancienne forme de société, mais avec toutes les restrictions établies en 1812 par le décret impérial daté de Moscou, et reproduites dans les ordonnances du roi des 14 décembre 1816 et 18 mai 1822. Ce théâtre est soumis à l'autorité spéciale d'un des premiers gentilshommes de la chambre du roi et à la surveillance d'un commissaire de S. M. Le premier gentilhomme est juge en dernier ressort des débuts, des admissions et des retraites, dispensateur suprême des récompenses, des peines et des amendes. Le commissaire est chargé de transmettre ses ordres aux comédiens, et de surveiller toutes les parties de l'administration et de la comptabilité. Les statuts ne peuvent être changés sans l'autorisation du premier gentilhomme, investi de pouvoirs très étendus sur l'admission des sujets, l'allocation des pensions, la composition des répertoires, la comptabilité et la discipline. On ne peut expliquer ce régime exceptionnel imposé à des comédiens, que par la puissance des habitudes qui ont fait penser que ce qui existait sous l'empire pouvait être conservé sous le gouvernement constitutionnel, et par le droit de propriété que la maison du roi s'imagine avoir acquis au moyen des subventions annuelles qu'elle accorde à la Comédie française. Quelque irrégulier que soit ce système, nous pensons que les comédiens ne pourraient s'y soustraire après l'avoir accepté et exécuté, et qu'ils doivent se borner à réclamer, dans le nouveau réglement qui, dit-on, se prépare, des garanties plus étendues de leurs droits, et moins de restrictions à la liberté d'industrie qui leur appartient tout aussi bien qu'au reste des citoyens.

Des réglements semblables avaient été portés pour les sociétés qui exploitaient l'Odéon et le théâ-

tre de l'Opéra-Comique. Les discussions qui se
sont élevées entre les sociétaires de ce dernier théâtre et M. Guilbert de Pixérécourt, directeur nommé par le premier gentilhomme de la chambre, ont
divulgué tous les abus qui s'attachent à ce régime
mixte où les comédiens ont des droits de propriété
qu'ils ne peuvent faire valoir, et où la maison du
roi achète au prix d'une subvention l'indépendance des sociétaires. Aujourd'hui l'Odéon, l'O-
péra-Comique, le théâtre Italien, ainsi que les
théâtres secondaires de Paris, sont entre les mains
de directeurs nommés par l'autorité.

45. Pour ceux de ces théâtres qui reçoivent des
subventions, la liste civile, qui en fait les fonds,
peut sans doute préposer un commissaire à leur
distribution, comme le pourrait tout particulier
qui serait intéressé dans l'entreprise, mais ce n'est
point dans ce but que le directeur est nommé.

46. La nomination du directeur est considérée
dans les divers théâtres de la capitale et des départements, dans ceux qui reçoivent des subventions
tout aussi bien que dans ceux qui n'en reçoivent
point, comme un droit de l'administration, indépendamment des intérêts pécuniaires. Dans ce
système, le directeur est un fonctionnaire public,
chargé de la suprême autorité dans le gouvernement du théâtre, révocable au gré du ministre, et
seul représentant de l'entreprise dramatique. Nous
avons déjà prouvé qu'aucune loi, aucune ordonnance, ne confère au pouvoir ministériel un droit
aussi étendu.

47. Mais en admettant ce droit, il a reçu un développement dont l'illégalité est flagrante.

Toute entreprise de théâtre a des intérêts de deux espèces différentes. Les uns concernent ses rapports avec l'administration et les obligations dont elle est tenue envers le public ; les autres se rattachent à ses intérêts privés, à la spéculation qui a fait former l'entreprise. Ces deux classes d'intérêts sont entièrement distinctes. La surveillance des premiers appelle les regards de l'autorité spécialement chargée du maintien du bon ordre ; les autres ne peuvent être soumis à son contrôle. Or, d'après les attributions dont se trouve investi le directeur, nommé par le ministre, cette distinction des intérêts de l'entreprise se trouve détruite. Le directeur ayant tout le pouvoir, se trouve appelé à tous les soins de l'administration, à la conclusion des engagements avec les comédiens, à l'ordonnancement des dépenses, à la gestion de tous les détails privés de l'entreprise : ainsi le théâtre se trouve tout entier dans les mains du délégué du ministre, et, par le fait, son pouvoir dictatorial descend jusqu'aux droits privés sur lesquels il n'a point juridiction.

48. Cette confusion a été portée si loin, qu'on a vu les actionnaires d'un théâtre obligés, pendant plusieurs mois, de subir l'autorité d'un directeur qu'ils avaient révoqué, et que les tribunaux eux-mêmes avaient déclaré indigne de continuer ses fonctions.

M. Bérard avait été appelé par les actionnaires aux fonctions de directeur du *Vaudeville*, en remplacement de Désaugiers, par des conventions du 26 novembre 1822. On avait donné avis de ce changement au ministre de l'intérieur qui, le 3o du même mois, avait pris un arrêté pour investir M. Bérard de la direction. Il paraît que cet arrêté, adressé à M. Bérard, n'avait pas été connu des actionnaires.

En 1824, de violentes discussions éclatèrent entre les actionnaires et le directeur. On reprochait à celui-ci une foule de contraventions à l'acte de société qui régissait le théâtre, et de nombreux attentats contre la propriété. Un jugement avait reconnu la réalité de ces griefs. Sur l'appel, un arrêt de la cour, du 14 mai 1825, fondé sur ce que Bérard était contrevenu à ses obligations par plusieurs actes arbitraires, déclara résiliées à son égard les conventions sous la foi desquelles il avait été appelé à la direction du *Vaudeville*, à la charge par les actionnaires de présenter un autre directeur à l'autorité administrative.

Cet arrêt ayant donné lieu à un conflit de la part de M. le préfet de police, un arrêt du conseil, du premier septembre 1825, reconnut que la cour avait pu annuler les conventions passées entre les actionnaires et M. Bérard, mais déclara non avenue la disposition de l'arrêt qui avait imposé aux actionnaires l'obligation de présenter un autre directeur à l'autorité administrative. Le motif de cette décision fut qu'*en imposant aux actionnaires l'obligation de*

présenter à l'autorité administrative un autre di-
recteur que le directeur actuel, nommé et établi
par le ministre de l'intérieur, la cour avait statué
sur une matière qui n'était pas soumise à sa juri-
diction. Les actionnaires se trouvèrent alors dans
la position la plus fâcheuse : les conventions qui
avaient fait appeler M. Bérard à la direction de-
meuraient annulées, et cependant M. Bérard restait
directeur : sans un acte du roi qui entendit leurs
plaintes et changea le directeur, ils auraient pu
être contraints de conserver celui qu'une décision
judiciaire déclarait coupable de violation de ses
conventions.

49. Un autre abus a été la suite de cette usurpation ministérielle : on s'est accoutumé à confondre
l'autorisation d'ouvrir un théâtre avec la nomination du directeur, de telle façon qu'on a rendu le
sort de l'entreprise dépendant de celui du directeur.

50. Le décret de 1806 portait que l'entrepreneur de spectacle qui avait fait faillite ne pourrait
plus rouvrir de théâtres. On a appliqué cette disposition aux directeurs nommés par l'autorité, et
sans égard pour les actionnaires, pour les co-inté-
ressés, ou pour les créanciers qui, après la faillite
du directeur, voulaient continuer l'entreprise, on
a déclaré l'autorisation révoquée. On peut citer
pour exemple de cet abus de pouvoir la décision
qui a retiré l'autorisation du *Panorama dramati-*
que, et celle qui a refusé aux créanciers de l'entrepreneur des théâtres de Bordeaux de continuer

l'exécution d'un bail qu'il avait fait pour leur exploitation.

51. Dans cet état de choses, un directeur qui donne sa démission expose le théâtre à un ordre de clôture : un directeur peut rester à la tête de l'entreprise contre le gré de toutes les parties intéressées ; cette faculté lui appartient à tel point, qu'on a vu des actionnaires de théâtres acheter à très-haut prix le consentement de leur directeur à recevoir un remplaçant.

52. Il est évident que la propriété privée des entrepreneurs ne peut pas être ainsi livrée à l'arbitraire. Il n'est pas moins certain que l'autorité n'a point le droit d'agir comme elle le fait, qu'à Paris rien ne l'autorise à imposer des directeurs aux théâtres, et que l'ordonnance qui lui accorde ce droit en province est illégale.

53. Mais en admettant que les entrepreneurs de spectacle soient obligés de se soumettre à un directeur choisi par l'autorité, il est incontestable que ce préposé ne reçoit de pouvoirs que dans l'intérêt public. Dès-lors l'entreprise ne peut être liée à lui ; qu'il tombe en faillite, qu'il donne sa démission, les propriétaires du théâtre ne peuvent pas en souffrir. Il n'a point qualité pour s'occuper des intérêts privés ; les entrepreneurs sont tout-à-fait indépendants de lui, ils peuvent diriger les détails intérieurs et particuliers de leur exploitation sans son concours et hors de son contrôle : ils demeurent maîtres de leur propriété, et le directeur n'est qu'un surveillant qui pourra bien

parfois être incommode et tracassier, mais qui du moins ne sera pas dans le cas de s'emparer de leur propriété et de compromettre leurs droits.

54. Ces questions n'ont point encore été jugées : car l'arrêt rendu dans l'affaire du *Vaudeville* a seulement décidé que la cour de Paris était incompétente pour annuler l'arrêté du ministre qui avait nommé le directeur, mais n'a point prononcé sur la validité de cet arrêté en lui-même.

55. Quel serait le moyen de faire reconnaître le droit des entrepreneurs, actionnaires ou autres qui auraient à se plaindre de la nomination ou de la révocation de leur directeur. Les tribunaux ordinaires seraient sans juridiction, comme on l'a jugé avec raison dans l'affaire du Vaudeville, parce qu'il s'agirait de prononcer sur un acte de l'autorité administrative ; mais l'action pourrait être portée devant le conseil-d'état, et nous ne doutons pas que si, comme il est facile d'y parvenir, l'illégalité de la marche suivie par l'administration était démontrée, la réclamation ne fût accueillie.

CHAPITRE III.

Privilèges attribués aux théâtres autorisés ou à quelques uns d'entre eux.

§ I. — Droit de location des salles de spectacle.

56. Il existe relativement aux salles de spectacles, deux dispositions conçues dans des vues directement opposées : à Paris, on semble avoir craint qu'il ne s'élevât un trop grand nombre

d'édifices consacrés au théâtre, et l'art. 3 du
décret du 29 juillet 1807 dispose qu'aucune salle
nouvelle ne peut être construite sans une autorisation du roi, sur le rapport du ministre de
l'intérieur : disposition évidemment nulle comme
contraire au droit de propriété, et dépourvue
de sanction. Relativement aux départements, on
paraît avoir voulu se mettre en garde contre le
trop petit nombre d'édifices consacrés à cet emploi, et la disposition suivante a été insérée dans un
réglement ministériel du 15 janvier 1808 : « Si
« les propriétaires des salles de spectacle, abu-
« sant de la nécessité où se trouvent les direc-
« teurs d'arrondissement de se servir de leurs
« salles à des époques déterminées, portaient le
« prix du loyer à un taux excessif, la principale
« autorité administrative du lieu fixera elle-même
« ce loyer, d'après les prix qui étaient perçus
« avant la nouvelle organisation des théâtres. »

57. L'intérêt public pouvant exiger, dans
certaines circonstances, le sacrifice des propriétés privées, on conçoit que l'administration soit
dans le cas de réclamer la jouissance d'une salle
qui serait la seule où le théâtre pourrait donner
des représentations. L'art. 10 de la charte lui en
donne le droit, mais il faut que l'utilité publique
soit constatée ; d'où il suit qu'à Paris, où il existe
plus de salles de spectacle que de théâtres autorisés, et où, dans tous les cas, il serait très facile
de faire construire une salle pour une nouvelle
entreprise qui se formerait, on ne pourrait pas

contraindre le propriétaire d'une salle à en faire
l'abandon malgré lui ; aussi l'arrêté de 1808 ne
parle-t-il que des départements. Mais si cet arrêté
est régulier sous ce rapport, c'est à tort qu'il
remet le soin de fixer l'indemnité à l'administration qui ne peut jamais être compétente à cet
égard.

58. Cependant on a vu plusieurs fois ces sortes
d'indemnités être réglées par l'autorité municipale:
la jurisprudence du conseil-d'état nous en fournit
la preuve. Un sieur Quillacq, propriétaire d'une
salle de spectacle à Calais, n'ayant pu s'accorder avec le sieur Romain, directeur du théâtre,
sur le prix de la location, un arrêté du maire
la fixa à vingt francs par représentation : cette
décision fut approuvée par le préfet, dont l'avis
fut confirmé par un arrêt du conseil-d'état du
8 mai 1811.

59. Mais, depuis la restauration, on a reconnu
que le réglement ministériel de 1808 avait à
tort chargé l'autorité administrative d'une pareille attribution, et que, si l'utilité publique
exigeait parfois que le propriétaire d'une salle
de spectacle en fît le sacrifice aux représentations
du théâtre, l'indemnité à laquelle il avait droit
ne pouvait être fixée que par les tribunaux:
Plusieurs arrêts du conseil-d'état l'ont ainsi jugé.

La dame Brunet Montansier était propriétaire
d'une salle de spectacle à Versailles : un arrêté du
préfet de Seine-et-Oise lui enjoignit de mettre cette
salle à la disposition du sieur Robillon, directeur

de la troupe sédentaire de cette ville, moyennant un loyer annuel déterminé par le même arrêté. Le conseil-d'état, par un arrêt du 4 juillet 1815, annula cette décision, par le motif que toutes les contestations relatives soit à la propriété, soit à la jouissance, et par conséquent au loyer d'un immeuble, sont de la compétence des tribunaux.

Un autre arrêt a été rendu sur une contestation semblable, élevée entre le directeur du théâtre d'Orléans et le propriétaire de la salle de spectacle. Le conseil-d'état jugea, le 10 février 1816, que « dans le cas même où des raisons d'u-« tilité obligent l'administration de requérir un « édifice ou une propriété particulière pour un « service temporaire, c'est aux tribunaux qu'il « appartient de régler l'indemnité due au pro-« priétaire, quand elle ne peut être établie de « gré à gré. »

Le même principe a dicté un dernier arrêt du conseil-d'état, du 19 mars 1817, qui a déclaré qu'aux tribunaux seuls il appartient de statuer sur les questions de propriété relatives au mobilier d'une salle de spectacle.

En présence de ces autorités, on ne doit pas penser que la compétence des tribunaux soit jamais contestée, et il serait superflu de présenter de plus longues observations.

60. Quant au mode de fixation de l'indemnité, aucune règle absolue ne peut être posée, et les circonstances particulières devront nécessairement être prises en considération. La compé-

tence des tribunaux réguliers étant reconnue , on peut s'en rapporter à leur indépendance , à leur habitude d'apprécier avec sagesse les intérêts et les droits des justiciables.

61. Une question transitoire , qui peut encore se reproduire , s'est engagée à l'occasion des salles de spectacle élevées avant la révolution par des capitalistes qui s'étaient réservé le privilége exclusif d'y donner tous spectacles et bals publics. Le préfet des Bouches-du-Rhône avait autorisé le directeur du théâtre de Marseille à user pour ses représentations d'une salle construite en vertu de lettres-patentes, qui avaient réservé aux propriétaires le privilége exclusif d'en jouir pendant soixante ans , pour y donner des spectacles. Les propriétaires se pourvurent contre l'arrêté , et réclamèrent l'exécution des lettres-patentes; mais un arrêt du conseil-d'état du 10 avril 1818 rejeta leur prétention , par le motif que « tous les privi- « léges , sans distinction ni exemption , ont été « abolis par la loi du 14 septembre 1791. »

La contestation ne resta devant le conseil-d'état qu'à défaut de réclamation de la part des parties , qui auraient pu proposer l'incompétence en vertu des règles que nous venons d'exposer ; mais elle y reçut une solution parfaitement juste, et si la question était portée devant les tribunaux , nous pensons qu'elle devrait être jugée de la même manière.

§ II. — Droit de l'Opéra à une redevance des théâtres secondaires
de Paris.

62. Avant la révolution, les théâtres du second
ordre et tous les petits théâtres étaient assujettis
à une redevance envers l'Opéra. Le privilége de
l'industrie dramatique ayant été aboli, comme tous
les autres, en 1791, les théâtres se trouvèrent
affranchis de cette rétribution ; mais un décret
du 13 août 1811 l'a rétablie, en y assujettissant
tous les théâtres du second ordre, les petits
théâtres, tous les cabinets de curiosité, machines,
figures, animaux, toutes les joûtes et jeux, et
en général tous les spectacles de quelque genre
qu'ils fussent, tous les bals masqués ou les concerts donnés par la ville de Paris, les panoramas,
cosmoramas, Tivoli et enfin le Cirque Olympique.

Cette redevance a été fixée, pour les bals, concerts, fêtes champêtres et autres du même genre,
au cinquième brut de la recette, déduction faite
du droit des pauvres, pour Tivoli au dixième, et
pour tous les autres spectacles et établissements
au vingtième, sous la même déduction.

63. Ce décret était évidemment illégal ; et,
quand il ne l'aurait pas été, nous pensons que,
depuis la restauration, il a cessé d'être obligatoire.

La force attribuée aux décrets de Napoléon par
la jurisprudence dont nous avons déjà parlé,
n'est ici d'aucune considération. La redevance dont
il s'agit est un véritable impôt, puisqu'elle est

prélevée sur des entreprises particulières au nom de l'autorité publique. Or, il n'y a d'impôts réguliers que ceux qui figurent au budget et qui sont votés par les chambres ; il n'importe que celui-ci résulte d'une loi particulière ; chaque année le budget contient dans un article spécial l'énumération de toutes les contributions qui pèsent sur les citoyens en vertu de lois particulières, et leur donne ainsi la sanction légale : celles qui ne sont pas comprises dans cette énumération ne sont pas établies régulièrement et ne peuvent être perçues. Or, l'impôt dont il s'agit n'a été validé par aucun budget, il n'a donc pas d'existence légale.

64. Vainement on prétendrait que la redevance au profit de l'Opéra est imposée comme une condition des autorisations données aux théâtres secondaires, et qu'en acceptant cette condition, ils ont contracté l'obligation de la payer. Sous le rapport du fait, il ne paraît pas que la condition de payer cette redevance soit insérée dans les autorisations, qui contiennent seulement l'engagement de se soumettre aux lois et réglements. Mais en droit, l'autorité n'a pas le pouvoir d'attacher une semblable condition à la concession de l'autorisation ; nous croyons l'avoir déjà démontré ; elle ne serait donc pas obligatoire pour les théâtres, en la supposant insérée dans les autorisations.

65. Cependant la question s'étant présentée, a reçu une solution contraire à l'opinion que nous venons d'énoncer.

En 1828, quelques uns des théâtres secondaires
de Paris ont refusé de payer la redevance de l'O-
péra ; ils ont attaqué comme inconstitutionnel le
décret de 1811, et soutenu que, dans tous les cas,
il avait été abrogé par la charte. La discussion
portée devant les tribunaux, dont la compétence
était fixée par le décret, un jugement du 2 mai
1828 a rejeté la prétention des théâtres secondaires, et décidé : « que le décret du 13 août 1811,
exécuté comme loi de l'état, depuis trois ans, à
l'époque de la restauration ; exécuté, sans réclamation, pendant treize années depuis cette époque, n'avait fait que rétablir une redevance créée
dans l'intérêt des beaux-arts, pour indemniser le
premier théâtre de France du préjudice que lui
avait fait éprouver l'ouverture des théâtres secondaires ; qu'une pareille redevance établie en faveur
d'un théâtre qui n'était pas une propriété de l'é-
tat, et dont le produit n'entrait dans aucune caisse
publique, ne portait aucun des caractères qui
constituent un impôt ; qu'enfin les tribunaux n'a-
vaient point à apprécier les motifs qui avaient pu
déterminer le rétablissement de cette indemnité ;
que, dès qu'elle ne constituait pas un impôt, le décret qui l'avait rétablie n'était point annulé par
l'art. 48 de la charte ; qu'il rentrait au contraire
dans l'application de l'art. 68, qui en maintenait
l'exécution jusqu'à ce qu'il y eût été légalement
dérogé. »

Les théâtres secondaires ont interjeté appel de
cette décision, et reproduit la plupart des moyens

invoqués devant les premiers juges. Mais le 18 août 1828 la cour a confirmé le jugement : «Consi-« dérant qu'aux termes des décrets des 8 juin 1806 « et 13 août 1811 qui ont acquis force de loi, les « théâtres secondaires de la capitale n'existent « qu'en vertu de l'autorisation du gouvernement; « que cette autorisation a été accordée ou renou-« velée à certaines conditions, notamment à celle « de payer une redevance à l'Académie royale de « Musique; que l'obligation qui en résulte, inhé-« rente à l'existence des petits théâtres, a été par « eux acceptée et exécutée avant et depuis la res-« tauration; que *librement* contractée au profit « d'un établissement particulier, elle constitue une « convention privée et non pas un impôt; qu'ainsi « elle n'a pu être annulée par l'art. 48 de la charte, « non plus que par les lois de finance postérieures.»

66. Nous ne pouvons admettre les motifs qui ont dicté ces deux décisions : les théâtres secondaires s'étant pourvus en cassation, la question est encore indécise; elle sera bientôt discutée de nouveau, et nous ne pouvons croire qu'elle ne soit pas résolue dans le sens de notre opinion. Elle pourra d'ailleurs être engagée par d'autres entreprises, et ce premier procès a eu l'avantage de faire reconnaître que de pareilles difficultés étaient du ressort des tribunaux, et qu'elles devaient être jugées en audience publique lorsque le droit est contesté en lui-même; du moins cette garantie appartiendra toujours aux théâtres qui voudront refuser la taxe de l'Opéra.

§ III. — Droit des grands théâtres de Paris sur leur répertoire.

67. Aux termes de l'art. 4 du décret du 8 juin 1806, les répertoires de l'*Opéra*, de la *Comédie-Française* et de l'*Opéra-Comique* devaient être arrêtés par le ministre de l'intérieur « et nul autre », ajoute l'article « ne pourra représenter à Paris des « pièces comprises dans les répertoires de ces trois « grands théâtres, sans leur autorisation, et sans « leur payer une rétribution qui sera réglée de « gré à gré, et avec l'autorisation du ministre. »

Le réglement ministériel du 25 avril 1807, reproduisant cette disposition, donne aux théâtres secondaires la faculté de jouer quelques pièces des répertoires des grands théâtres, « mais seulement « avec l'autorisation des administrations de ces « spectacles, et après qu'une rétribution due aux « grands théâtres aura été réglée de gré à gré, « conformément à l'art. 4 du décret du 8 juin, et « autorisée par le ministre de l'intérieur. »

68. Ces dispositions semblent reconnaître aux grands théâtres de Paris un droit de propriété sur toutes les pièces de leurs répertoires, puisqu'elles stipulent une indemnité à leur profit dans le cas où les pièces seraient jouées sur des théâtres secondaires. Mais nous pensons qu'on ne peut admettre cette opinion : les ouvrages dont les auteurs sont encore vivants leur appartiennent et sont régis par les principes que nous exposerons plus tard ; ceux qui sont tombés dans le domaine public ne sont la propriété d'aucune entreprise

de théâtre, sans en excepter même celles dans le répertoire desquelles ils se trouvaient compris. Le gouvernement n'a pas pu avoir l'idée d'aliéner à leur profit une propriété publique, et dans aucun cas il n'en aurait eu le droit.

69. On ne doit donc voir dans ces dispositions qu'une de ces mesures réglémentaires que l'autorité s'est attribué le droit de prendre à l'égard des théâtres, et à ce titre elles n'ont rien d'irrévocable et peuvent toujours être modifiées. Elles pourraient donc être réformées par l'administration, et les grands théâtres ne seraient point recevables à s'en plaindre. Considérées sous ce point de vue, elles rentrent sous l'empire des règles admises pour la fixation des genres, et doivent être soumises aux principes que nous avons exposés sur ce point.

§ IV. — Droit de certains théâtres aux bals masqués.

70. Une disposition analogue à celles dont nous venons de parler avait été insérée dans le décret de 1806, relativement aux bals masqués. Aux termes de l'art. 6, l'*Opéra* était le seul théâtre de Paris qui pût en donner. L'administration a reconnu que, comme nous l'avons dit, une semblable disposition était purement réglémentaire, et aujourd'hui plusieurs théâtres de la capitale sont admis à donner des bals masqués. C'est une extension du privilége, un retour au principe de la libre concurrence, et l'*Opéra* n'a point songé, que nous sachions, et dans tous les cas ne serait pas fondé

à former un recours contre les autorisations données sur ce point aux autres entreprises.

71. L'art. 9 du même décret porte que dans les chefs-lieux de département, le théâtre principal jouira seul du droit de donner des bals masqués. Le réglement d'août 1814 a renouvelé cette disposition par un article ainsi conçu : « Au temps du « carnaval, les directeurs jouissent du droit de « donner seuls des bals masqués. »

72. L'exécution de cet article a fait naître plusieurs difficultés.

73. On a demandé d'abord s'il pouvait s'appliquer aux villes qui n'avaient point le titre de cheflieu. Cette question, qui se trouve résolue par le réglement de 1814, a été jugée dans l'espèce suivante :

Le sieur Romain, directeur du théâtre de Calais, prétendait avoir le droit de jouir seul du bénéfice des bals masqués. Selon lui, d'après le décret de 1806, les bals étaient devenus le patrimoine des directeurs de spectacles. Le sieur Quillacq, propriétaire de la salle, combattait cette prétention, en soutenant que le décret ne concernait que les chefs-lieux de département et ne pouvait être appliqué aux chefs-lieux d'arrondissement. Le préfet se prononça en faveur du sieur Romain par cette considération assez bizarre, « que l'intention plus « d'une fois exprimée de son excellence le mi- « nistre de l'intérieur était que les entrepreneurs « de spectacle jouissent exclusivement du droit « de donner des bals masqués. » Le sieur Quillacq s'étant pourvu contre l'arrêté, un arrêt du conseil-d'état du 8 mars 1811 rejeta son pourvoi, par le motif que les dispositions de l'arrêté du préfet étaient conformes aux réglements du ministre de l'intérieur, approuvés par le chef de l'état.

74. On a élevé aussi la question de savoir si, dans le décret, les mots *bals masqués* devaient être pris dans leur signification restreinte, et s'ils ne comprenaient pas les *redoutes* et bals non masqués. Le même arrêt a confirmé l'arrêté du préfet qui avait décidé que le privilége ne pouvait être étendu à d'autres bals que les bals masqués.

75. Quelque extraordinaire que soit un régime qui enlève une branche d'industrie aux citoyens, et attribue à quelques uns le monopole d'une spéculation, il faut encore à cet égard obéir au décret de 1806 et à l'arrêté de 1807 qui, ayant été approuvé par Napoléon, a acquis également force de loi. Mais ni l'un ni l'autre ne peuvent empêcher les bals masqués que des particuliers donneraient pour leur plaisir sans exiger de rétribution des personnes qui y seraient invitées. (V. n. 18.)

§ V. — Droit des théâtres des départements à une redevance de la part des spectacles de curiosité.

76. Aux différentes mesures exceptionnelles qui viennent d'être énumérées et qui ne se conçoivent que sous le régime absolu de l'empire, le réglement d'août 1814 en a ajouté une nouvelle encore plus exorbitante du droit commun.

Aux termes de l'art. 21 de ce réglement, les directeurs des troupes stationnaires dans les lieux où ils sont établis, et les directeurs des troupes ambulantes dans les lieux où ils se trouvent exercer, sont autorisés à percevoir un cinquième brut des spectacles de curiosité de tout genre et quelle que soit leur dénomination, défalcation faite toutefois du droit des pauvres.

L'art. 11 de l'ordonnance du roi du 8 octobre 1824, sur les théâtres de province, dispose que les directeurs continueront à jouir de l'indemnité qui leur est allouée sur les spectacles de curiosité de quelque nature qu'ils soient, et ajoute que toute exception qui aurait pu être accordée à cet égard devra être révoquée.

77. Les réflexions que nous avons faites au sujet de la redevance établie au profit de l'Opéra s'appliquent à cette contribution imposée aux spectacles de curiosité en faveur des théâtres de province, et si la première a pu être approuvée par un arrêt, celle-ci nous semble entachée d'une irrégularité qui doit s'opposer à ce qu'elle soit payée. En effet, l'Opéra invoque deux décrets qui, selon l'arrêt de la cour de Paris, doivent être exécutés comme lois de l'état. Mais la redevance accordée aux directeurs n'a été établie d'abord que par un réglement ministériel qui évidemment ne peut être considéré comme obligatoire, et elle a été continuée ensuite par une ordonnance qui, sous le régime de la charte, n'a pu créer un droit de ce genre.

78. En cas de contestation, les tribunaux seuls

devront prononcer. Dans un procès engagé par les frères Franconi contre le directeur du théâtre de Reims, le tribunal saisi de la contestation avait jugé à propos de demander d'abord la décision de l'autorité administrative : ce jugement préparatoire ne fut pas exécuté; l'administration, par son silence, laissa voir qu'elle ne se croyait pas investie du droit de prononcer sur le différend, et en effet si elle eût jugé, il n'y aurait eu aucun moyen légal d'exécuter sa décision ; mais un arrêt du conseil-d'état du 25 avril 1828 a prononcé sur une difficulté semblable, ce qui prouve que l'administration se croit parfois compétente, relativement à l'application de l'ordonnance de 1824. Toutefois cet arrêt a seulement déclaré que le droit était exigible, et a renvoyé devant les tribunaux pour les difficultés qui pourraient s'élever sur la quotité de la somme due. La décision du conseil-d'état n'était donc, à proprement parler, qu'un avis, et les tribunaux chargés de prononcer en définitive pouvaient toujours, selon nous, se prononcer sur la légalité de l'ordonnance en vertu de laquelle la perception était réclamée.

79. Cependant le procès des frères Franconi ayant été porté de nouveau devant le tribunal, un jugement du 13 juin 1828 les condamna au paiement de la rétribution. Mais il faut observer qu'au lieu de dénier l'efficacité légale de l'ordonnance de 1824, les défendeurs se bornaient à prétendre que l'autorité avait introduit une exception en leur faveur et ne les astreignait qu'à un prélèvement du

vingtième seulement ; que cette exception n'avait pas été révoquée par l'ordonnance de 1824 ; qu'en effet on ne pouvait pas les ranger dans la classe des spectacles de curiosité que l'ordonnance assujettit au cinquième, et que, théâtre secondaire à Paris, leur spectacle ne pouvait changer de caractère dès qu'ils sortaient de la capitale. C'est cette question seule que le tribunal a jugée ; ainsi sa décision ne peut être considérée comme un précédent sur la légalité de la perception réclamée par les directeurs de province sur les spectacles de curiosité.

La même observation s'applique à une autre décision judiciaire rendue à l'occasion du droit dont il s'agit. Le sieur Bouzigue, directeur du théâtre de Nantes, étant tombé en faillite, son théâtre fût fermé. Le sieur Rovère vint donner dans cette ville des représentations de physique amusante. Les créanciers du directeur failli demandèrent le paiement du cinquième des recettes. Leur action fut portée aussi devant le tribunal de commerce, qui jugea que la faillite du directeur lui avait fait perdre son privilége et le droit de profiter de l'ordonnance de 1824. Cette décision nous paraît fort sage, et l'on doit remarquer que dans cette circonstance la légalité de l'ordonnance ne fut pas encore contestée, que par conséquent le jugement du tribunal de Nantes n'est point non plus opposé à l'opinion que nous avons énoncée.

80. Nous persistons donc à penser que les entrepreneurs de spectacles de curiosité peuvent se refuser à cette perception, et que la question présentée

nettement aux tribunaux devrait être jugée en leur faveur.

TITRE DEUXIÈME.

De la surveillance des théâtres après l'autorisation ; police des représentations ; censure ; impôt des pauvres.

81. Après l'autorisation donnée par le ministre ou les préfets, les théâtres dans l'exercice de leur industrie se trouvent soumis à l'autorité municipale : l'administration proprement dite ne conserve plus avec eux que des rapports fort éloignés. Ainsi l'article 11 du réglement d'août 1814 et l'article 7 de l'ordonnance de 1824 exigent que les directeurs de province envoient chaque année au ministre de l'intérieur le tableau de leur troupe, contenant les noms et prénoms des acteurs, actrices et employés à leurs gages, ainsi que leur répertoire. Le ministre conserve aussi, relativement à la censure des ouvrages, un droit qui sera expliqué plus tard. Enfin, il peut par ses agents inférieurs veiller à l'exécution des conditions apposées à l'autorisation : hors ces dispositions toutes spéciales, l'autorité municipale exerce seule une juridiction journalière sur l'entreprise. Les principes que nous avons exposés expliquent parfaitement cet état de choses : l'autorisation à prendre du gouvernement n'étant qu'une formalité imposée dans l'intérêt public, l'entrepreneur qui a rempli cette formalité n'est

4.

plus sous la dépendance de l'autorité administrative. Mais comme son exploitation rentre dans les attributions du pouvoir municipal et touche à plusieurs des objets confiés à la vigilance de la police, la surveillance constante de cette autorité doit s'attacher à ces sortes d'entreprises. De là résultent pour elles de nouveaux devoirs, des obligations toutes distinctes de celles dont il a été précédemment question. Leur exposé sera l'objet de ce titre.

CHAPITRE I.

Nature et limite de l'autorité confiée au pouvoir municipal.

82. Aux termes des lois des 24 août 1790, 19 janvier 1791, 14 août et 1er septembre 1793, et du décret du 17 frimaire an XII, la police des théâtres est confiée à l'autorité municipale.

Dans les départements, ce pouvoir réside dans les mains des maires et des adjoints. A Paris, il est exercé par le préfet de police, que l'arrêté du 12 messidor an XII charge spécialement de la police des théâtres de la capitale et de la banlieue, pour la sûreté des personnes et le maintien du bon ordre au dedans et au dehors.

83. Les théâtres se trouvent en outre sous la surveillance des commissaires de police, que leurs fonctions obligent particulièrement à tenir les yeux ouverts sur tous les lieux où il se fait de grands rassemblements d'hommes, et par conséquent sur les spectacles publics.

84. Aucun autre fonctionnaire n'a juridiction sur les théâtres ; les préfets notamment ne peuvent s'immiscer dans la police ou le gouvernement de ces sortes d'entreprises : représentants du ministre, ils ont le droit de veiller à l'exécution des clauses de l'autorisation ; mais ils sont sans qualité pour régler les représentations et exercer les attributions de police et de sûreté, exclusivement confiées aux fonctionnaires qui viennent d'être indiqués.

85. Les pouvoirs de l'autorité municipale ne sont déterminés avec précision par aucune loi. Celle du 14 août 1793 dispose que les maires *dirigent* les théâtres. Des expressions aussi vagues ne présentent point à l'esprit une idée nette, et il faut remonter à l'origine de ces pouvoirs pour en déterminer la nature et l'étendue.

86. La juridiction donnée aux municipalités dans les départements, et à Paris au préfet de police, sur les entreprises de théâtres, résulte d'abord de la nécessité d'une surveillance sur des établissements qui touchent de si près à tous les objets confiés à la police : des réunions considérables ont lieu dans les théâtres, des émotions vives y sont produites par les représentations, une foule d'intérêts s'y trouvent agités, et sous tous ces rapports la surveillance de l'autorité y est nécessaire.

87. D'un autre côté, dans le régime actuel des théâtres, la permission donnée à quelques entrepreneurs à l'exclusion de tous les autres, a pour eux tous les effets d'un véritable monopole. L'anéantissement de la concurrence pourrait avoir

des inconvénients, l'autorité publique est chargée
de les prévenir.

88. De ces deux considérations résulte le pouvoir attribué à la police municipale sur les théâtres.
Dans les villes où des avantages particuliers sont
accordés aux entrepreneurs, les maires chargés
des intérêts civils de leur commune peuvent aussi
faire valoir les droits que créent ces concessions ;
mais le pouvoir qu'ils exercent à ce titre ne leur appartient point en vertu des lois de police, il résulte seulement du contrat privé passé entre la
ville et l'entrepreneur : son caractère et ses effets
seront déterminés plus tard.

89. Nous examinerons seulement ici les pouvoirs que les municipalités dans les départements,
et à Paris le préfet de police, peuvent exercer,
soit dans l'intérêt de l'ordre et de la sûreté publique, soit par suite du monopole de fait établi à
l'égard des théâtres.

§. I. — Pouvoirs de l'autorité municipale dans l'intérêt de l'ordre
et de la sûreté publique.

90. Tout ce qui peut compromettre la sûreté des
citoyens doit être défendu sévèrement. D'après ce
principe, les objets suivants appellent spécialement l'attention de l'autorité municipale :

1° La solidité de la salle doit être constatée : le
théâtre ne peut être ouvert avant qu'il ait été reconnu que la construction ne présente aucun danger pour le public qui doit s'y rassembler ; à toutes
les époques, l'autorité a droit d'exiger les vérifi-

cations et les expériences qui peuvent donner à cet égard toutes les garanties nécessaires.

2° Des précautions perpétuelles doivent être prises contre les incendies. Ces précautions ont été déterminées d'une manière générale par un arrêté du directoire exécutif, du 1er germinal an VII. Elles consistent principalement à prescrire le dépôt des machines et décorations dans des magasins séparés des salles ; à forcer les entrepreneurs d'établir dans les salles un réservoir toujours plein d'eau, et de solder en tout temps des pompiers en nombre suffisant pour veiller constamment à la sûreté du théâtre et y porter les secours nécessaires. D'autres mesures peuvent encore être prises, telles que l'isolement des salles, l'emploi des pierres pour l'ensemble de la construction, la séparation par des murs entre la salle et le théâtre, l'emploi du fer pour les combles de l'édifice. Enfin, en cas d'incendie, l'autorité peut prescrire les mesures d'ordre propres à faciliter l'écoulement de la foule, et à prévenir le trouble et la confusion qui accompagnent souvent ces sortes d'accidents. Le droit des municipalités résulte des attributions générales qu'elles tiennent de la loi du 24 août 1790, et pour le préfet de police, de l'arrêté du 12 messidor an VIII, qui chargent ces fonctionnaires de toutes les précautions à prendre en cas d'incendie.

3° Des mesures générales doivent être prescrites pour faciliter l'entrée et la sortie du spectacle : elles doivent tendre à empêcher les accidents qui pourraient résulter du rassemblement d'un grand nombre de citoyens, et à disposer des localités de manière que les voitures puissent circuler sans danger pour les piétons, et sans encombrement de la voie publique. A cet égard les pouvoirs de l'autorité résultent des lois qui désignent à sa surveillance tous les lieux publics, et de celles qui lui confient la police de la voirie.

91. Le maintien du bon ordre et de la tranquillité, l'observation des mœurs sont aussi parmi les objets confiés à la même autorité : sous ce rapport, on peut citer les dispositions qui suivent comme susceptibles d'être prises :

1° L'heure de la clôture du spectacle, et par conséquent celle de son ouverture, peuvent être prescrites à l'avance.

2° Il doit être défendu aux entrepreneurs de distribuer un nombre de billets supérieur à celui des places, afin d'éviter les discussions qui pourraient être occasionnées par cet abus.

3° Les communications des spectateurs avec les coulisses et les loges particulières où s'habillent les acteurs et les actrices, doivent être fermées.

4° Tout ce qui pourrait interrompre le spectacle et troubler le public doit être interdit : la lecture des billets jetés sur la scène, la comparution du directeur ou autre employé devant le public peut être empêchée ou permise selon les circonstances ; mais ces mesures ne peuvent pas s'étendre jusqu'à enlever aux spectateurs le droit qui leur appartient d'exprimer leur opinion sur les pièces ou les acteurs, droit dont l'exercice illégitime ne doit être réprimé que par les autres spectateurs.

Telles sont, d'une manière générale, les dispositions qui peuvent être prises et qu'il serait impossible d'indiquer avec plus de détail.

92. Outre ces mesures, qui s'appliquent à toutes les représentations, des circonstances particulières peuvent prescrire des ordres exceptionnels : dans certains cas, les réglements généraux pourront fléchir devant une convenance du moment; dans d'autres il sera nécessaire d'ajouter aux réglements une disposition commandée par un fait imprévu.

Si la représentation d'une pièce, si la présence d'un acteur est une cause de trouble, la pièce pourra être défendue et le directeur contraint à congédier l'acteur.

93. On a vu dans une circonstance l'autorité municipale prescrire à des entrepreneurs de recevoir un acteur dont l'absence occasionnait le tumulte. Talma avait été expulsé par les sociétaires de la *Comédie-Française*, le public, admirateur d'un talent qui brillait déjà d'un grand éclat, demanda son rappel le 17 septembre 1790. On s'était porté en foule au *Théâtre-Français* pour le demander, la soirée avait été très tumultueuse; pour prévenir de plus grands désordres, la municipalité de Paris ordonna aux comédiens français de jouer avec lui; les comédiens ayant refusé d'obtempérer à cet ordre, la municipalité ordonna la clôture du théâtre, qui ne fut rouvert que quand la

société eut consenti à la rentrée de Talma. Il faut
avouer que dans cette circonstance le pouvoir
municipal porta très loin l'exercice de son autorité, mais nous pensons que le soin de la tranquillité publique lui donnait le droit d'exiger le
rappel de l'acteur congédié, et cet exemple fait
voir jusqu'à quel point ce motif peut autoriser les
mesures prises par l'autorité municipale.

94. Le principe qui doit être la règle des mesures de cette autorité a déjà été indiqué, et ne
doit pas être perdu de vue. Elle peut arrêter
toutes les dispositions qui sont commandées par
les intérêts confiés à son zèle ; mais elle ne peut
jamais s'immiscer dans les droits privés, et, en
ce qui concerne les spectacles, elle ne doit
en aucun cas s'occuper des intérêts particuliers
de l'entreprise : *elle ne peut*, dit la loi du 19 janvier
1791, *rien enjoindre aux comédiens que conformément aux lois et aux réglements de police ;* elle
serait donc sans droit pour intervenir dans les
contrats passés entre les propriétaires et les comédiens ; elle ne pourrait annuler, modifier ni
changer en rien leurs transactions pécuniaires,
prescrire la forme des billets, leur couleur, les
énonciations à y insérer, comme le fit, en 1829,
un adjoint du maire de Bordeaux, en un mot
s'occuper d'objets privés, si l'intérêt des citoyens
ne s'y trouvait pas attaché ; et les actes qu'elle
se permettrait ainsi hors de ses attributions
constitueraient un excès de pouvoir.

95. A ces attributions qui tiennent à la nature

de ses fonctions, l'autorité municipale réunit l'obligation de surveiller l'exécution des devoirs imposés aux entrepreneurs envers l'administration proprement dite : on peut citer, entre autres dispositions qu'elle est chargée de faire respecter par les directeurs de province, celles qui leur défendent de faire jouer des acteurs engagés à d'autres théâtres, sans congé ou après l'expiration de leur congé; d'engager des élèves de l'école de chant sans l'autorisation du ministre, et de traiter avec des acteurs qui ne sont pas porteurs d'un congé délivré par le directeur dont ils quittent la troupe.

96. Enfin il est un dernier pouvoir dont elle se trouve investie. Aux termes de l'art. 19 du réglement du 25 avril 1807, l'autorité chargée de la police des théâtres prononce provisoirement sur toutes contestations, soit entre les directeurs et les acteurs, soit entre les directeurs et les auteurs ou leurs agents, qui tendraient à interrompre le cours ordinaire des représentations, et sa décision provisoire peut être exécutée nonobstant le recours vers l'autorité à laquelle il appartient de juger le fond de la contestation. Le réglement de 1814 a reproduit cette disposition, sauf un changement de rédaction, qui évidemment n'altère en rien le sens de la disposition.

§. II. Pouvoirs de l'autorité municipale en raison du monopole de fait attribué aux entreprises de théâtre.

97. Le principe qui défend à l'autorité muni-

cipale de s'immiscer dans les détails privés des entreprises de théâtre, doit subir une modification, en raison des lois qui ont tué toute concurrence dans l'exercice de cette industrie. Avec la concurrence, le public ne serait point exposé à voir ses droits méconnus, ou ses plaisirs mal servis par une entreprise de théâtre : en effet, si l'entrepreneur établi venait à le mécontenter, une exploitation rivale pourrait à l'instant se former, et la lutte qui s'établirait afin d'attirer les spectateurs, tournerait au profit commun. Mais avec le régime de nos lois sur cette matière et l'application qu'elles reçoivent, le public serait entièrement à la discrétion des théâtres, qui, toujours certains que nulle autre entreprise ne se formera, et que seuls ils seront admis à ouvrir leur salle, pourraient abuser de ce monopole, si l'autorité publique n'intervenait point pour prévenir de semblables abus.

98. D'un autre côté, l'exploitation du théâtre, même dans ce qui paraît le plus toucher aux intérêts privés, peut se rattacher aux intérêts publics. L'établissement du monopole est apprécié par les spectateurs dans les conséquences qu'il peut produire à leur préjudice. S'il arrivait qu'une entreprise méconnût toutes ses obligations, causât de graves mécontentements, et ne craignît point de tirer parti de l'exclusion de toute rivalité, le public pourrait témoigner son déplaisir par des actes de désordre, et exercer contre les entrepreneurs des réclamations dont l'énergie et la

violence seraient de nature à troubler la tranquillité.

99. De ces considérations résulte, pour l'autorité municipale, le droit de prescrire toutes les
mesures susceptibles d'empêcher l'abus du privilége accordé aux directeurs autorisés, et de prévenir tout ce qui pourrait occasionner quelque
atteinte à la sécurité et à la paix publiques.

100. Envisagée sous ce rapport, l'autorité pourra
bien avoir parfois à jeter les regards jusque dans
des détails tout-à-fait privés, mais à cet égard
encore son pouvoir devra s'arrêter à l'instant où
le public n'aura rien à réclamer, soit dans l'intérêt de son repos, soit dans l'intérêt de ses plaisirs.

101. On peut citer comme exemples des pouvoirs réservés à l'autorité municipale sous le rapport dont nous nous occupons :

1º *La fixation du prix des places*. Quoiqu'il
s'agisse d'une question toute pécuniaire, il faut
que le théâtre ne puisse pas imposer au public
un tarif trop élévé, changer le prix selon les circonstances, et abuser de la nécessité où se trouveront les amateurs de spectacle de se rendre au
seul théâtre autorisé. Des prix exagérés pourraient être une cause de trouble intérieur, et
l'autorité, chargée par les lois de taxer certaines
denrées, peut aussi bien déterminer le prix des
places dans un théâtre où les citoyens vont chercher des émotions qui, pour quelques uns, sont
un besoin réel.

Lorsque les prix ont été une fois fixés, il est

62

bon qu'ils soient maintenus. Les réduire, ce serait
exposer l'entrepreneur à une diminution de produits à laquelle il n'aura pas dû s'attendre. Les
augmenter, ce serait courir le risque d'exciter du
tumulte parmi les spectateurs. Si particulièrement
l'acte de concession de l'entreprise par l'autorité
contenait la fixation du prix des places, il en résulterait, entre les directeurs et le public représenté par des administrateurs, un contrat qui ne
pourrait plus être changé.

Cependant, dans certaines circonstances, une
augmentation de prix pourra légitimement être
réclamée par les entrepreneurs : s'ils ont fait des
dépenses considérables pour une représentation
extraordinaire, si, demeurant en province, ils ont
appelé à grands frais, de la capitale, un artiste en
renom ; il est parfaitement juste qu'ils trouvent
une indemnité de leurs avances dans la perception d'une recette plus considérable, et que, donnant plus, ils touchent aussi davantage. L'autorité, en leur refusant cette compensation, nuirait
plus au public qu'elle ne le servirait, car elle
découragerait l'entrepreneur, et lui ôterait à la fois
le désir et les moyens de donner à l'avenir ces représentations extraordinaires.

Dans la plupart des villes de province, il est
d'usage que les corps militaires s'abonnent au spectacle moyennant un jour de solde. Cet arrangement convient en général et aux régiments qui
le proposent, et aux directeurs qui y accèdent.
Si ceux-ci n'y donnaient pas leur consentement,

nous ne croyons pas qu'il fût possible de les y contraindre. Le tarif concerne tous les citoyens, et nul n'a le droit de réclamer une exception en sa faveur. On ne peut pas invoquer dans ce cas la crainte du désordre ou de l'abus de la concurrence. Un traité de ce genre est donc parfaitement libre, l'entrepreneur doit y donner son acquiescement, et on ne peut le lui imposer que dans le cas d'une convention ou d'une réserve expresse stipulée par la ville en consentant des sacrifices locaux.

2° *La composition de la troupe.* L'entrepreneur, en sollicitant l'autorisation d'établir un théâtre, et en écartant, lorsqu'il l'obtient, tout autre concurrent, contracte nécessairement l'obligation de satisfaire aux besoins de la localité, et de composer une troupe qui soit en état de jouer le répertoire qu'il a annoncé en sollicitant l'autorisation. C'est pour que l'accomplissement de cette obligation soit garanti, que les réglements l'obligent à envoyer chaque année au ministre le tableau de son personnel, comprenant les noms de tous les artistes qu'il a engagés. La même considération donne à l'autorité municipale le droit d'intervenir dans la composition de la troupe ; elle peut exiger que de nouveaux artistes soient engagés si ceux qui l'ont été ne suffisent pas au service du théâtre.

3° *La composition du répertoire.* Chaque représentation se compose d'une ou plusieurs pièces dont l'indication peut être exigée à l'avance par l'autorité : il ne suffit pas que la troupe soit complète, il faut encore qu'elle s'occupe du soin de fournir aux plaisirs publics les aliments nécessaires : la communication du répertoire a pour objet de donner aux fonctionnaires municipaux le moyen de s'assurer de cet objet essentiel; ils peuvent ordonner que telle pièce nouvelle sera montée, et empêcher la représentation de celles qui, par leur ancienneté, ne seraient plus dans le cas de satisfaire les spectateurs.

4° *Le nombre des représentations.* La troupe composée, les pièces montées, il faut que les acteurs jouent exactement. L'entrepreneur du spectacle, en acceptant le privilége de donner seul des représentations théâtrales, s'est soumis nécessairement à un service exact. L'autorité municipale a donc le droit de prescrire le nombre des représentations, d'empêcher leur suspension, et d'assurer ainsi au public l'ordre et la régularité dans l'exploitation du théâtre.

Tels sont les divers droits de cette autorité, quant aux entreprises de théâtre soumises à sa surveillance; ils sont très étendus et lui donnent un pouvoir presque sans limite. Quelque extraordinaires qu'ils puissent paraître, ils résultent nécessairement de l'état de la législation sur cette matière.

102. Cependant l'autorité municipale ne doit user qu'avec une extrême réserve de cette puissance exorbitante. A Paris, où plusieurs théâtres sont autorisés et présentent au public les avantages d'une concurrence peu restreinte, l'interven-

tion du préfet de police, dans les parties du service dont nous venons de parler, est inutile, et ne peut par conséquent avoir lieu que fort rarement. Partout les entrepreneurs de théâtre, devant seuls profiter des bénéfices ou supporter les pertes de leur exploitation, sont les premiers intéressés à son succès. On peut donc généralement s'en rapporter à eux du soin de satisfaire le public, de l'attirer au spectacle, et d'obtenir ainsi les avantages attachés à sa présence. D'un autre côté, le public réuni au spectacle est un juge excellent de ce qui convient à ses goûts : il saura bien témoigner quels sont les artistes qui lui plaisent, les ouvrages qu'il aime, et donner à l'entrepreneur les avertissements propres à le guider. L'autorité municipale se méprendrait sur son caractère, si elle croyait pouvoir se constituer juge sans consulter les spectateurs : elle doit intervenir entre eux et le directeur du théâtre comme conciliatrice, pour ménager tous les droits et tous les intérêts; elle est investie d'un rôle de paix et de bienveillance, et s'exposerait à de justes censures si elle se livrait à l'arbitraire, et sacrifiait ses devoirs à des considérations privées ou à de sottes intrigues de localité. Un jour viendra sans doute où nos municipalités, soumises à un régime légal et constitutionnel, présenteront des garanties qu'on regrette de ne point rencontrer partout aujourd'hui; et alors le pouvoir qu'elles exercent sur les théâtres cessera de livrer, comme il arrive souvent, ces utiles entreprises aux ca-

prices et à l'ignorance d'une foule d'administrateurs subalternes.

§ III. — Mode d'action de l'autorité municipale. — Poursuites. — Clôture.

103. Pour tous les objets confiés à sa vigilance,
l'autorité municipale est autorisée à prendre des
arrêtés (loi du 22 juillet 1791 , titre 1er, art. 46).
Ces réglements , appelés aussi ordonnances de police , sont obligatoires pour les tribunaux et pour
tous les citoyens, tant qu'ils n'ont pas été réformés
par l'autorité supérieure , s'ils portent sur des objets qui rentrent dans les attributions légales de
la municipalité. Plusieurs arrêts de cassation l'ont
ainsi jugé.

104. Les ordonnances du préfet de police peuvent être l'objet d'un pourvoi devant le ministre
de l'intérieur ; celles des maires , dans les départements , peuvent être attaquées devant le préfet ,
et la décision du préfet devant le ministre : pour
les unes et les autres , la décision du ministre est
soumise au pourvoi devant le conseil-d'état.

105. Les arrêtés des maires pour être obligatoires n'ont pas besoin de l'approbation du préfet.
Toutes les fois que les officiers municipaux dis-
posent dans la sphère de leurs attributions, ils
usent d'un droit qui leur est propre, qui trouve
sa puissance dans l'autorité dont ils sont investis ,
et n'a pas besoin de recevoir l'approbation d'une
autre autorité.

Les préfets sont sans qualité pour prendre des
arrêtés sur les objets confiés à l'autorité des maires.

Ainsi le pensent les auteurs les plus graves , et notamment M. Henrion de Pansey. La cour de cassation semble avoir adopté une opinion contraire ;
mais sa jurisprudence peut être vivement contestée , et d'ailleurs elle n'accorde aux préfets le droit
de prendre des arrêtés que sur des objets relatifs
à la police de tout un département , ce qui ne leur
donnerait point le pouvoir d'en faire pour les
entreprises de théâtre, spécialement soumises à
l'autorité municipale de chaque localité.

106. Une sanction pénale est attachée aux arrêtés pris sur les théâtres par l'autorité municipale.

Les contraventions aux réglements de police sont
punies par le Code pénal de peines qui, selon les
circonstances , consistent dans une amende d'un
franc à quinze , et un emprisonnement d'un jour
à cinq jours.

Cette peine peut être prononcée contre les directeurs et les comédiens qui refusent d'obtempérer
aux arrêtés de l'autorité municipale. Elle l'est par
les tribunaux de police , et l'appel de leurs décisions peut être porté aux tribunaux de police correctionnelle , lorsque l'emprisonnement a été prononcé ou que l'amende excède cinq francs. Le
jugement de condamnation est exécutoire nonobstant l'appel.

107. Telle est la seule répression qui puisse
atteindre les comédiens ou entrepreneurs en contravention aux arrêtés de police. Les administrations municipales commencent à reconnaître que
nos lois n'autorisent plus les détentions arbitraires

que l'on infligeait autrefois aux comédiens. C'est
ainsi que l'on a vu entre autres un acteur du théâtre
de Besançon poursuivi, il y a peu de temps, devant le juge-de-paix, et condamné pour avoir contrevenu à un arrêté de police qui défendait tout retard dans le spectacle. (Voyez le journal des comédiens du 30 août 1829.)

108 Un arrêt de la cour de cassation a reconnu
le pouvoir de l'autorité municipale de prendre des
arrêtés pour tout ce qui concerne les théâtres.

Le 13 janvier 1806, le maire de Marseille avait
enjoint au directeur du théâtre de reprendre ses
représentations qu'il avait interrompues, et de les
continuer, sans interruption ultérieure, jusqu'à
la fin de l'année théâtrale. L'arrêté du maire, ayant
été publié et notifié, resta sans exécution. Le directeur fut cité devant le tribunal de police et
condamné à trois jours de prison. Le juge-de-paix
ordonna en outre l'affiche du jugement à cent
cinquante exemplaires.

Sur le pourvoi, la cour de cassation a rendu, le
11 août 1806, un arrêt ainsi conçu :

« Considérant que l'arrêté pris par le maire de
« Marseille, le 23 janvier 1806, pour enjoindre
« à Beaussier, entrepreneur du spectacle de cette
« ville, de continuer comme par le passé les spec-
« tacles du grand théâtre, jusqu'à la fin de l'année
« théâtrale, tient à l'ordre public ; que Beaussier,
« en n'ouvrant pas son théâtre, a contrevenu à
« cet arrêté qui avait été publié, affiché, et qui lui
« avait été même notifié ; que cette contravention

« donnant lieu à une peine de simple police, le
« tribunal de police de Marseille a pu infliger à
« Beaussier, en conformité de l'art. 606 du Code
« des délits et des peines du 3 brumaire an IV, tran-
« scrit dans son jugement, celle qui y est prononcée
« cée; que, la contravention étant publique, le
« tribunal de police n'a contrevenu à aucune loi,
« en ordonnant, sur la réquisition du procureur
« impérial, l'impression et l'affiche du jugement :
« la cour rejette le pourvoi. »

109. Pour ce qui concerne les autorisations demandées par les théâtres aux autorités municipales, les décisions qu'elles prennent ne peuvent donner lieu à aucun recours : le conseil-d'état a consacré ce principe dans l'espèce suivante. Un sieur Lerebours, ex-pensionnaire du Théâtre-Français, avait demandé au maire de Toulouse la permission de donner quelques représentations de tragédies sur le théâtre de la ville. Le maire avait refusé, le préfet avait approuvé ce refus. La requête présentée au conseil-d'état par le sieur Lerebours pour faire réformer cet arrêté fut rejetée, par le motif que « la police des théâtres appartient « aux maires, sous la surveillance des préfets ».

110. L'autorité municipale a en outre le droit d'ordonner la clôture du théâtre, qui ne doit pas être confondue avec la révocation de l'autorisation. La clôture n'est qu'une mesure provisoire, qui n'enlève pas au directeur l'autorisation qu'il tient du roi ou du ministre, et qui ne peut lui être re-

tirée que par l'un ou l'autre , dans le cas dont nous parlerons plus tard.

111. La clôture peut être ordonnée :

1° Lorsqu'un théâtre a négligé *un seul jour* de remplir les précautions ordonnées contre l'incendie. C'est la disposition de l'arrêté du 1er germinal an VII; elle nous paraît seulement comminatoire, et n'a jamais été appliquée.

2° Lorsque la construction de la salle ne présente pas une solidité suffisante aux spectateurs qu'elle doit recevoir.

3° Lorsque la municipalité juge que la clôture est nécessaire pour apaiser des troubles occasionnés par les représentations. (Arrêté du directoire du 11 germinal an IV.)

4° Dans le cas de faillite du directeur.

112. Les directeurs qui ont à se plaindre d'un ordre de clôture doivent se pourvoir devant l'autorité supérieure ; mais ils sont tenus d'obéir provisoirement.

113. Hors les cas qui viennent d'être indiqués, l'autorité municipale ne peut faire fermer le théâtre; et si elle se le permettait , elle usurperait les pouvoirs de l'administration supérieure, et compromettrait sa responsabilité personnelle.

§ IV. — Officiers de police. — Leurs pouvoirs.

114. Le rassemblement occasionné par les représentations théâtrales exige la présence continuelle d'un officier de police chargé de maintenir l'ordre et de prévenir le trouble.

115. A Paris, l'ordonnance du 12 février 1828, due au zèle éclairé de M. Debelleyme, et qui sera insérée à la fin de cet ouvrage comme un modèle de ces sortes d'actes, dispose qu'il y aura dans chaque théâtre un commissaire de police chargé de la surveillance générale ; qu'il y sera en costume, et que les officiers de paix qui lui seront envoyés pour le seconder et faire exécuter ses ordres auront aussi la marque distinctive de leurs fonctions.

Dans les départements, un commissaire de police est aussi généralement présent à chaque représentation avec son costume.

116. Suivant la loi du 19 janvier 1791, tout particulier est tenu d'obéir provisoirement à l'officier de police. En conséquence, tout particulier invité ou sommé par lui de sortir de l'intérieur de la salle, doit se rendre sur-le-champ au bureau de police pour y donner les explications qui pourront lui être demandées.

117. Tout individu arrêté, soit à la porte du théâtre, soit dans l'intérieur de la salle, doit être conduit devant le commissaire de police, qui seul peut prononcer son renvoi devant l'autorité compétente, ou sa mise en liberté.

§ V. — De l'emploi de la force armée dans les théâtres.

118. Aux moyens de police, aux garanties d'ordre public déjà retracés, il convient d'ajouter l'emploi de la force armée, moyen extrême, dangereux, et dont il est nécessaire de prévenir les excès ou l'usage illégitime.

L'art. 7 de la loi du 19 janvier 1791 porte : « Il
« n'y aura au spectacle qu'une garde extérieure
« dont les troupes de ligne ne seront point char-
« gées, si ce n'est dans le cas où les officiers mu-
« nicipaux leur en feraient la réquisition formelle.
« Il y aura toujours un ou plusieurs officiers ci-
« vils dans l'intérieur des salles, et la garde n'y
« pénétrera que dans le cas où la sûreté publique
« serait compromise, et sur la réquisition expresse
« de l'officier civil, lequel se conformera aux lois
« et aux réglements de police. »

A Paris, le corps de la gendarmerie est chargé du
service des spectacles par un arrêté du 12 vendémiaire an XI, reproduit par l'ordonnance royale
du 16 février 1816, sur l'organisation de la gendarmerie royale de Paris.

Une ordonnance du 31 décembre 1815 a confié la garde des théâtres royaux à la garde royale
à l'exclusion de toute autre troupe de ligne, en
déclarant que, pour la police tant extérieure qu'intérieure, cette garde serait sous la direction de l'autorité civile, et en laissant aux commissaires civils
et officiers de paix la faculté d'avoir à leur disposition un piquet de gendarmerie établi sous le péristyle et à l'extérieur.

On ne peut se dissimuler que cette dernière ordonnance contient une dérogation à la loi de 1791,
en chargeant la garde royale du service des théâtres,
et en l'appelant même au soin de la police intérieure. Cette dérogation nous paraît inconstitu-
tionnelle. Aussi, pour apprécier l'esprit de la loi

de 1791, nous ne nous arrêterons qu'à ses dispositions qui n'ont jamais été abrogées.

119. La nature des troupes désignées pour faire le service indique le but de leur présence et le caractère des moyens de surveillance et de répression qu'elles doivent employer. Les troupes de ligne sont exclues, sauf le cas d'une réquisition formelle, parce qu'on leur suppose une discipline et des habitudes trop sévères, et peu en harmonie avec la douceur et la bienveillance qui doivent présider à leurs actes. On peut conclure de ce premier soin de la loi, qu'elle a entendu obtenir dans les spectacles un service tutélaire et de protection, plutôt que la rigueur et les formes absolues qui appartiennent trop souvent aux troupes de ligne.

120. Cette garde doit être extérieure, c'est-à-dire qu'elle ne peut se poster dans la salle, s'attribuer un droit d'entrée gratuit, prendre place parmi les spectateurs, ni par conséquent s'occuper des détails intérieurs relatifs à l'occupation des places, à la distribution du public dans les diverses parties qui lui sont affectées.

121. Si, en contravention à cette disposition, des soldats pénétraient avec leurs armes et comme chargés de la garde publique, les citoyens auraient droit d'adresser leurs réclamations à l'officier civil qui doit assister au spectacle, et celui-ci ne pourrait refuser de les faire sortir, quand même il s'agirait d'un théâtre royal, qui n'est pas plus qu'un autre hors des dispositions de la loi de 1791.

122. Deux conditions doivent être remplies pour

que la garde établie au dehors puisse pénétrer dans l'intérieur de la salle. Il faut d'abord que la sûreté publique soit compromise, et, en second lieu, qu'il y ait réquisition expresse de l'officier civil présent au spectacle.

123. La sûreté publique est compromise toutes les fois que des voies de fait ou des violences s'exercent sur les personnes, et que des discussions entre les spectateurs ont provoqué des rixes et des luttes. L'officier civil est le juge de ces cas, et la loi s'en remet à lui du soin de déterminer les circonstances où la garde peut être appelée. Mais il ne doit employer la force armée que quand tous les autres moyens ont été tentés sans succès. Réclamer cet auxiliaire hors les cas de nécessité, ce serait le plus souvent occasionner de nouveaux troubles et compromettre la sûreté publique au lieu de la maintenir.

124. Quoi qu'il en soit, dès que l'officier civil a fait sa réquisition, il est du devoir des troupes d'y déférer, et elles n'ont point le droit de juger si l'appel est irréfléchi ou intempestif.

125. Mais quels sont les officiers civils qui auront droit de requérir la force armée? Ce droit appartiendra-t-il à tous les préposés de l'autorité qui assisteront au spectacle, et même aux agents de police introduits dans la salle?

126. Les théâtres étant placés, comme on l'a vu plus haut, sous la surveillance des maires, officiers municipaux et commissaires de police, c'est à ces fonctionnaires seuls qu'est dévolue la faculté d'ap-

peler au soutien de l'ordre la garde extérieure du spectacle.

127. Ce droit n'appartient pas aux divers employés de la police, porteurs ou non d'une carte qui indique leurs fonctions, qu'ils prennent le titre d'officiers, d'inspecteurs de police, d'agents, ou toute autre dénomination adoptée par l'autorité.

Ces employés n'ont point de pouvoirs publics : leurs fonctions sont essentiellement occultes et administratives, elles ne constituent point cette magistrature légale, seule investie du droit de se servir de la force armée; il n'y a pas une loi qui leur confère ce droit, et l'administration qui les nomme sans contrôle, sans restriction dans le nombre, sans garanties dans l'institution, n'est point compétente pour le leur attribuer.

L'ordonnance du roi du 17 juillet 1816, relative à la garde nationale, établit leur impuissance à cet égard. En effet cette ordonnance énumère avec détails tous les fonctionnaires investis du droit de requérir la force armée, elle les énumère en entier pour les dispenser du service de la garde nationale, parce que la qualité de soldat est incompatible avec celle de magistrat requérant; dans cette énumération se trouvent les maires et adjoints, et les commissaires de police; mais on n'y voit point les agents, inspecteurs ou officiers de police : ils ne sont pas exempts du service de la garde nationale, ils n'ont donc point le droit de requérir jamais la force armée.

Les officiers des troupes devraient donc se re-

fuser à toute réquisition qui leur serait donnée
par ces hommes, et en y déférant ils s'exposeraient à agir d'une manière irrégulière, et se char-
geraient d'une grave responsabilité.

128. Aux termes de la loi, l'officier civil qui
requiert la force armée, doit se conformer aux
lois et aux réglements de police.

129. L'introduction de la force armée indique
l'exécution de quelque mesure de rigueur, de
quelque ordre précis et matériel.

Ainsi, il peut y avoir des cas où il est nécessaire de faire sortir une personne qui serait dans
la salle, et dont la conduite porterait atteinte à la
sûreté publique.

130. Dans cette circonstance, l'officier public
doit commencer par s'adresser lui-même à l'individu qui donne lieu au trouble. La loi indique
cette formalité préalable, en ordonnant à tout
citoyen d'obéir provisoirement à l'officier civil.
Il est évident que l'injonction du magistrat doit
précéder la main mise de l'homme armé ; si cet
ordre est sans résultat, la force armée peut être
employée, mais il faut encore distinguer entre les
divers cas qui peuvent se présenter.

Incontestablement, si un spectateur a commis
un délit, il pourra être arrêté ; si, par exemple,
un vol a été commis, un cri séditieux proféré pu-
bliquement, le flagrant délit légitimera l'arrestation ; mais la force armée sera inutile dans de pareilles circonstances, il y a dans les assemblées
publiques, dans les réunions même les plus tu-

multueuses et les moins éclairées, un sentiment de moralité, une conscience du bien et du mal qui donne à chacun la volonté et la force d'assurer aux lois leur exécution, et aux délits leur répression.

Nous pensons aussi que si un homme ivre, atteint d'aliénation mentale, ou livré à un accès de fureur, se trouvait dans la salle, il pourrait également être exclus par la force armée; la sûreté publique se trouverait compromise, et son intérêt rendrait nécessaire l'emploi des moyens de rigueur.

131. Mais il faut se garder de confondre avec ces hypothèses celles de spectateurs qui par des rires, ou des moyens bruyants d'approbation ou d'improbation, troubleraient le silence, ou exciteraient quelques témoignages de mécontentement. La direction des applaudissements et des sifflets est essentiellement dans le domaine et dans la puissance des spectateurs; si l'on doit faire une police à ce sujet, cette police leur appartient exclusivement, ils peuvent à leur gré exprimer leur plaisir ou leur ennui : c'est un droit qu'ils ont acheté, et il n'appartient à personne d'arracher les bravos par la violence, ou d'étouffer la critique par la terreur.

132. Seulement si ces discussions passaient de la polémique littéraire à des moyens de conviction moins polis, si des luttes personnelles faisaient intervenir la force physique comme auxiliaire de l'opinion des spectateurs; la sûreté publique se trouvant en danger, on devrait recourir à l'emploi des hommes armés.

Le discernement et la sagesse des officiers civils pourront toujours faire beaucoup plus que les moyens violents ; l'expérience a prouvé que les individus et les masses étaient plus faciles à diriger par la modération et l'indulgence que par la colère et la brutalité.

133. Si le trouble s'étendait au-delà d'un seul spectateur, ou d'un petit nombre de ceux réunis au spectacle, il pourrait parfois y avoir nécessité d'évacuer entièrement la salle.

Cette mesure ne doit être employée qu'à la dernière extrémité, et quand l'impuissance de toutes les autres aura été constatée par une infructueuse tentative ; elle peut entraîner de graves et terribles conséquences, et ne doit pas être légèrement mise en usage.

134. L'officier civil présent à la représentation doit, avant tout, chercher à faire entendre au public le langage de la loi, et à lui faire sentir combien son intérêt s'accorde avec ses devoirs. Il peut ordonner que la toile soit baissée, que le spectacle finisse, et laisser à la foule le soin de se dissiper d'elle-même.

135. Cependant il est telle circonstance où il sera nécessaire d'agir contre le public tout entier. On a vu, surtout aux jours orageux de notre révolution, des commotions populaires agiter l'intérieur des lieux ouverts aux plaisirs, et les fureurs des partis ensanglanter l'asile des Muses. Dans ce cas, la loi, d'accord avec l'intérêt de la sûreté publique, autoriserait l'introduction de la force armée.

Mais que fera-t-elle? Elle devra uniquement se borner à séparer les combattants, si le trouble a été porté jusqu'aux derniers excès, et à faire sortir les personnes qui se trouvent dans la salle.

L'emploi des armes, les coups de sabre ou de baïonnette doivent lui être interdits, comme le plus grand des crimes publics, tolérable seulement dans ces crises douloureuses où le salut de la patrie fait fermer le temple des lois et couvrir d'un voile la statue de la justice.

136. La conduite à tenir en pareil cas est tracée avec précision par la loi du 3 août 1791, encore en vigueur, et qui forme notre droit commun, relativement à l'action des soldats contre le peuple. L'importance de cette discussion nous autorise à en citer les dispositions en entier.

Art. 25. « Les dépositaires de la force publique, « appelés, soit pour assurer l'exécution de la loi, « des jugements et ordonnances, ou *mandements* « *de justice* ou *de police*, soit pour dissiper les « émeutes populaires et attroupements séditieux, « et saisir les chefs, auteurs, instigateurs de l'é- « meute ou de la sédition, *ne pourront développer* « *la force des armes que dans trois cas :*

« Le premier : si des violences ou voies de « fait étaient exercées contre eux-mêmes.

« Le second : s'ils ne pouvaient défendre autre- « ment le terrain qu'ils occuperaient, ou les postes « dont ils seraient chargés.

« Le troisième : s'ils y étaient *expressément* au- « torisés par un officier civil; et dans ce troisième

« cas, *après les formalités prescrites par les deux*
« *articles suivants.*

« 26. Si, par les progrès d'un attroupement,
« ou émeute populaire, ou par toute autre cause,
« l'usage rigoureux de la force devient nécessaire ;
« un officier civil, soit juge-de-paix, soit officier
« municipal, procureur de la commune, ou com-
« missaire de police, soit administrateur de dis-
« trict ou de département, soit procureur syndic,
« ou procureur général syndic, se présentera sur le
« lieu de l'attroupement, ou du délit, prononcera
« à haute voix ces mots : *Obéissance à la loi ; on*
« *va faire usage de la force; que les bons citoyens*
« *se retirent.* Le tambour battra un ban avant cha-
« que sommation.

« 27. Après cette sommation, trois fois réitérée,
« et même dans le cas où, après une première ou
« une seconde sommation, il ne serait pas pos-
« sible de faire la seconde ou la troisième, si les
« personnes attroupées ne se retirent pas paisible-
« ment, et même s'il en reste plus de quinze ras-
« semblées en état de résistance, la force des armes
« sera à l'instant déployée contre les séditieux,
« sans aucune responsabilité des événements, et
« ceux qui pourront être saisis ensuite seront li-
« vrés aux officiers de police pour être jugés et
« punis selon la rigueur des lois. »

137. Ces dispositions n'ont pas besoin de com-
mentaire : elles déterminent l'étendue du droit de
la force armée, elles tracent la ligne de conduite
que doivent suivre les officiers de police dans les

troubles qui pourraient éclater au milieu d'un théâtre, et les fonctionnaires qui s'en écarteraient s'exposeraient à être poursuivis par la voie criminelle.

§ VI. — Droit d'entrée pour les officiers de police.

138. La police du théâtre étant confiée aux officiers publics, il est nécessaire qu'ils puissent y pénétrer; l'entrée de la salle ne peut leur être interdite aux instants où le public y est admis, car, dans tout autre temps, le directeur dans la salle est dans son domicile, aussi libre que tout autre citoyen, et maître d'en refuser l'accès à qui bon lui semble. Aux répétitions, dans ses rapports avec les artistes de sa troupe, il peut admettre ou refuser ceux qui se présenteraient, et ne doit être soumis à aucun ordre de l'autorité ; par application de ce principe, le tribunal de police correctionnelle de Paris a jugé, le 19 juillet 1827, que les coulisses du théâtre ne sont pas un lieu public.

Dans tous les spectacles, on est dans l'usage d'accorder aux commissaires de police chargés de la surveillance, une place spéciale, disposée de manière qu'ils puissent, autant que possible, voir tous les spectateurs et en être vus. Les autres agents de la police peuvent aussi pénétrer dans la salle, mais ils n'ont point de place marquée ; le nombre de ces agents doit être rigoureusement proportionné aux besoins du service : l'ordonnance du roi du 8 décembre 1824 charge les maires de veiller « à ce qu'il « ne soit accordé d'entrées gratuites qu'à ceux des

6

« agents de l'autorité dont la présence est jugée
« indispensable pour le maintien de l'ordre et de
« la sûreté publique. »

Dans les théâtres, nul autre que ces fonctionnaires ne peut prétendre à une entrée gratuite,
ni à une place d'honneur; une ordonnance du roi
du 2 avril 1780 avait, sous l'ancien régime, établi une disposition semblable, en défendant « à
« toutes personnes, même aux officiers de la mai-
« son du roi, gardes, gendarmes, chevau-légers,
« pages de Sa Majesté, ceux de la reine, des
« princes et princesses de son sang, d'*entrer à*
« *aucun spectacle sans payer.* »

Sous l'empire, la même prohibition fut établie
contre les entrées gratuites des fonctionnaires publics. Voici, à ce sujet, comment s'exprime un
ancien chef de bureau au ministère de l'intérieur,
M. Fleurigeon, dans le *Code administratif* qu'il a
publié en 1809 :

« Il n'y a d'honneurs dus aux agents du gouvernement, que ceux qui sont institués par l'autorité publique. Personne n'a le droit d'en créer
de nouveaux ni d'en exiger d'autres que ceux qui
sont régulièrement accordés à son titre.

« Aucune loi, aucun décret, aucune disposition
de l'autorité publique, n'a affecté à des fonctionnaires, soit civils, soit militaires, des places dis-
tinguées ailleurs que dans les fêtes publiques ou
dans les solennités religieuses.

« Les spectacles ne sont point des jeux publics
auxquels assistent les fonctionnaires en leur qua-

lité officielle ; ils sont *des entreprises privées* où se
réunissent à leurs frais des individus , sous la simple surveillance de la police , telle qu'elle s'exerce
partout où il y a beaucoup d'hommes rassemblés ;
il n'y a donc au spectacle aucune place plus honorable qu'une autre , parce qu'aucun rang n'y est
assigné par l'autorité. Il en résulte que nul fonctionnaire n'a le droit de prétendre à l'honneur
imaginaire d'occuper la première ou la deuxième
place , dans un lieu où toutes sont égales. Aucun,
à plus forte raison, n'a droit de jouir *gratis* d'un
amusement que l'entrepreneur vend aux autres
citoyens; et pour l'exercice de la police, il n'est
pas nécessaire que le maire, ou tout autre officier de police, ait une loge dans la salle. Mais le
fonctionnaire qui exerce la police locale a le
droit nécessaire d'entrer gratuitement dans cette
salle, et de s'y placer partout où il reste une place
vacante.

« C'est d'après ces principes, que le ministre de l'intérieur a toujours répondu aux prétentions élevées par quelques fonctionnaires civils
ou militaires, soit relativement à la préséance entre
eux , soit relativement à l'occupation gratuite par
eux de loge, que chaque loge appartenait au premier qui l'occupait et la payait ou l'avait louée , et
que le choix de ces loges n'appartenait à personne. »

Ces principes sont consacrés par l'art. 17 du
réglement du 15 avril 1807, qui prescrit aux autorités de n'exiger d'entrées gratuites des entre-

6.

preneurs, que pour le nombre d'individus jugé indispensable pour le maintien de l'ordre et de la sûreté publique ; par l'art. 26 du décret du 1er novembre 1807, qui supprime dans les quatre grands théâtres de Paris (aujourd'hui les théâtres royaux) *toutes les réserves de loges, entrées de faveur ou de bienveillance, billets gratis et facilités semblables*, et enfin par le réglement d'août 1814, et l'ordonnance de 1824, qui restreignent aussi les entrées gratuites au nombre d'individus *jugé indispensable au maintien de l'ordre et de la sûreté publique.*

Cependant plusieurs théâtres, notamment à Paris, sont grevés d'une quantité innombrable d'entrées gratuites, de loges réservées, on ne sait à quel titre, et souffrent ainsi des pertes considérables par des entrées, dont on a évalué le nombre à 750,000 par an. (Voyez, à ce sujet, une lettre fort curieuse de M. Châlons d'Argé, insérée dans le Journal des comédiens du 6 septembre 1829.) Mais si les directeurs faisaient entendre leurs plaintes, elles ne pourraient manquer d'être accueillies. On a déjà vu M. Debelleyme, pendant son honorable exercice, déclarer qu'il ne voulait profiter de la loge qui lui était donnée comme préfet de police, que quand il assisterait lui-même au spectacle. Si les entreprises de théâtre paraissaient moins disposées à consentir à l'entrée gratuite de tant de spectateurs, elles cesseraient bientôt de payer cet impôt à l'avare curiosité de tous ces parasites de spectacle.

CHAPITRE II.

De la censure.

139. La loi du 19 janvier 1791 a aboli la censure exercée de tous temps sur les pièces de théâtre : elle interdisait expressément à l'autorité municipale « d'arrêter ni défendre la représentation « d'une pièce. »

Mais on ne tarda pas à reconnaître les abus de cette faculté sans restriction. Les journaux de cette époque attestent trop et les troubles auxquels elle exposait le public, et l'influence funeste qu'elle pouvait exercer sur lui. On vit souvent le parterre se changer en une arène, et les passions les plus redoutables livrées à tout leur emportement.

On commença par prendre des mesures de répression très énergiques. Une loi du 2 août 1793 portait : « Tout théâtre sur lequel seraient représentées des pièces tendant à dépraver l'esprit public et à réveiller la honteuse superstition de la royauté, sera fermé, et les directeurs arrêtés et punis selon la rigueur des lois. »

Bientôt on voulut faire plus, et quoiqu'on proclamât les principes de la liberté, une loi du 14 août 1793 prescrivit aux conseils des communes de faire représenter sur les spectacles les pièces les plus propres à former l'esprit public et à développer l'énergie républicaine.

C'était sortir des limites de la légalité, que de prescrire ainsi les pièces à jouer ; mais on voulait employer ce moyen d'influence, et bientôt d'autres lois allèrent jusqu'à indiquer les pièces qui devaient être représentées.

Cependant la législation fournissait des moyens plus réguliers d'atteindre les abus dont on s'irritait. Les lois que nous avons précédemment citées avaient confié aux pouvoirs municipaux la direction des théâtres, ce qui embrassait, comme nous l'avons dit, la faculté de prendre toutes les mesures dictées par la sûreté publique. L'art. 356 de la constitution de 1795 avait placé sous la surveillance particulière de la loi les professions qui intéressaient les mœurs publiques, la sûreté et la santé des citoyens, et, sous ces divers rapports, l'autorité suprême était investie du droit de défendre la représentation des ouvrages dangereux. Ces considérations déterminèrent le directoire à rendre l'arrêté du 25 pluviose an IV. Les dispositions en sont ainsi conçues :

« Art. 1er. En exécution des lois qui attribuent aux officiers municipaux des communes la police et la direction des spectacles, le bureau central de police, dans les cantons où il en est établi, et les administrations municipales dans les autres cantons de la république, tiendront sévèrement la main à l'exécution des lois et réglements de police sur le fait des spectacles, notamment des lois rendues les 16-24 août 1790, 2 et 14 août 1793; en conséquence, ils veilleront à ce qu'il ne soit représenté sur les théâtres établis dans les communes de leur arrondissement, aucune pièce dont le contenu puisse servir de prétexte à la malveillance et occasionner du désordre, et ils arrêteront la représentation de toutes celles par lesquelles l'ordre public aurait été troublé d'une manière quelconque. »

« Art. 2. Conformément à l'art. 2 de la loi du 2 août précitée, le bureau central de police et les administrations municipales feront fermer les théâtres sur lesquels seraient représentées des pièces tendant à dépraver l'esprit public et à réveiller la honteuse superstition de la royauté, et ils feront arrêter, et traduire devant les officiers de police judiciaire compétents, les directeurs desdits théâtres, pour être punis selon la rigueur des lois. »

Ces dispositions étaient fort sages pour tout ce qui tient aux principes généraux et n'appartient pas aux opinions du temps. L'administration se trouvait investie du pouvoir qu'elle avait le droit et le devoir d'exercer, et en même temps on ne lui donnait aucune attribution impérative ; elle était seulement appelée à *défendre* ce qui lui paraissait contraire à l'ordre public.

Mais bientôt ces mesures ne furent plus suffisantes pour le nouveau pouvoir qui s'était élevé sur les ruines de tous les partis.

Dès le 22 germinal an VIII, une simple circulaire du ministre de l'intérieur avertit les préfets que les seuls ouvrages dont ce ministre aurait autorisé la représentation à Paris pourraient être joués dans les départements. La censure se trouva ainsi établie de fait dans la capitale et dans les provinces.

Le décret de 1806 consacra ce nouveau droit

par une disposition expresse. L'art. 14 défendit
« de jouer aucune pièce sans l'autorisation du mi-
« nistre de la police générale. »

Depuis lors toutes les pièces de théâtre ont été
censurées, et cette disposition s'exécute encore
aujourd'hui.

140. Quelques partisans exclusifs de la liberté
de la presse ont exprimé l'opinion que la censure
avait été abolie par la charte, pour les ouvrages
dramatiques comme pour tous les autres, et se
sont prononcés avec énergie contre le régime établi par le décret de 1806. Des objections très spé-
cieuses appuient cette opinion.

La représentation d'une pièce de théâtre, dit-on,
est un mode de publication qui peut avoir ses
excès, mais qui doit être seulement l'objet de
mesures répressives et jamais préventives. Eta-
blissez, si vous le voulez, une législation plus
sévère contre ce mode de publication, frappez
de peines rigoureuses les auteurs qui auront livré
aux assemblées impressibles des théâtres les ensci-
gnements du vice ou les conseils de la sédition,
mais n'allez pas dévouer aux ciseaux ignorants d'un
censeur les badinages de l'esprit ou les hardiesses
du génie. C'est arrêter l'homme de lettres dans son
essor, exposer ses inspirations au supplice de
Procuste, et mutiler notre gloire littéraire.

Nous concevons parfaitement tout ce qu'il y a
de généreux et de noble dans cette théorie, et nous
sommes trop attachés aux institutions consacrées
par la charte, pour admettre jamais, hors les cas

de nécessité, des principes qui pourraient y porter atteinte. Mais nous pensons qu'il y a plus d'entraînement que de solidité dans le système des ennemis de la censure théâtrale.

La publication des ouvrages de théâtre par la voie de la représentation appartient à une classe toute particulière, et ne peut être confondue avec les autres genres de publication. L'ouvrage reproduit par l'impression, agit séparément sur chacun des lecteurs auxquels il parvient; ses effets sont isolés, et il ne peut toucher la multitude qu'après un temps plus ou moins long, qu'après que, transmis à toutes les intelligences, il aura frappé des mêmes coups les diverses passions qu'il est susceptible d'agiter : on en peut dire autant des productions du graveur et du peintre. A l'égard de ces voies de publicité, le système de répression suffit à la sûreté publique, et dès-lors les moyens de prévention, toujours dangereux pour la liberté, ne sont point commandés par l'intérêt social.

Ces considérations s'appliquent-elles à la représentation d'une pièce de théâtre ? peut-on confondre avec le lecteur qui parcourt un livre dans le silence de son cabinet, ces masses tout entières, si promptes à céder à une communication électrique, et toutes prêtes à s'enflammer à l'approche de l'étincelle ? Evidemment, il n'existe aucune ressemblance, et les précautions superflues à l'égard du public disséminé dans les villes deviennent indispensables en présence de la foule assemblée.

Cette différence a été très judicieusement exposée dans le préambule de l'arrêté du gouvernement
du 25 pluviose an IV, dont nous avons déjà parlé.
On y distingue avec raison *la liberté de la presse,
si religieusement et si justement consacrée par la
constitution, du droit essentiellement subordonne
à l'autorité civile de disposer d'un établissement
public pour y influencer, par le prestige de la déclamation et des arts, une grande masse de citoyens
et y répandre avec sécurité le poison des maximes
les plus dangereuses.*

L'article 8 de la charte constitutionnelle ne
contient rien qui soit opposé à cette doctrine. Nous
reconnaissons qu'il n'admet pour la liberté de la
presse qu'un pouvoir répressif; mais il ne s'applique qu'au droit assuré aux citoyens de *publier et de
faire imprimer leurs opinions*, et nous ne pensons
point que cette expression puisse embrasser une
représentation théâtrale. Il ne s'agit là ni de publication, ni d'impression. On pourra invoquer
la disposition, quand il s'agira de *faire imprimer*
une pièce de théâtre, ainsi que tout autre ouvrage ;
mais elle est sans application à la déclamation, au
chant, aux autres modes de transmettre au public
assemblé le produit de l'imagination de nos auteurs.

141. Ainsi, à notre avis, la censure théâtrale
n'a point été abolie par la charte, et c'est avec raison que le gouvernement a continué d'exiger l'exécution de l'art. 14 du décret de 1806. Dès-lors
aucune pièce ne peut être représentée sans avoir
été soumise à l'approbation du ministre : cette ap-

probation est nécessaire pour les ouvrages joués dans les villes des départements, comme pour ceux qui sont représentés à Paris. Cependant, dans quelques circonstances urgentes, des préfets ont autorisé eux-mêmes la représentation d'une pièce qui n'avait pas été soumise au ministre; mais ce cas tout exceptionnel ne détruit pas la règle tracée par la loi.

142. Le ministre charge des employés spéciaux de l'examen des ouvrages soumis à son approbation : leur visa suffit pour que la pièce puisse être représentée. On a souvent vu ces censeurs refuser leur autorisation par des considérations ridicules, ou exiger des corrections que rien ne paraissait rendre nécessaires. Mais ces abus ne peuvent être l'objet d'aucun recours; et si l'on peut considérer la censure comme utile, indispensable même pour les ouvrages dramatiques qui doivent être représentés, on ne peut trop s'affliger de la voir dans les mains de fonctionnaires non responsables, et dont les erreurs ou les fautes ne peuvent donner lieu à aucune réparation. Seulement le ministre peut être personnellement sollicité de faire l'examen de l'ouvrage, et au besoin la divulgation des méfaits de la censure est susceptible de la ramener dans de meilleures voies. Plusieurs auteurs ont déjà donné l'exemple de ce pourvoi au tribunal de l'opinion, et quoique leurs plaintes n'aient pas amené toutes les améliorations désirables, elles ont pourtant produit d'heureux résultats.

143. Outre ces censeurs, le ministre a créé des

employés subalternes qui , sous le titre d'inspecteurs des théâtres , se rendent aux premières représentations , et même aux répétitions , pour
s'assurer si la représentation de la pièce , ses accessoires, les costumes ou les décorations ne présentent point quelque danger qui aurait échappé aux
censeurs. Ces fonctionnaires peuvent agir comme
officiers de police dans la sphère des attributions
attachées à ce titre ; mais comme censeurs addi-
tionnels , nous croyons qu'ils sont sans pouvoir ,
et que les entrepreneurs de théâtre pourraient se
refuser à obtempérer à leurs ordres. Le décret de
1806 ne conférant la censure qu'au ministre , les
théâtres ne doivent pas être soumis aux caprices
et à l'arbitraire de ces délégués inférieurs.

144. Quand la représentation d'une pièce a été
autorisée à Paris , elle peut avoir lieu dans les départements , sans qu'il soit besoin d'une nouvelle
approbation du ministre. Seulement l'autorité municipale pourra , par des considérations spéciales
à la localité , en interdire la représentation. Une
circulaire du ministre de l'intérieur , du 10 octobre 1822, a décidé en outre que les ouvrages nouveaux ne pouvaient être joués en province que sur
des exemplaires timbrés au ministère de l'intérieur, et que ce timbre ne serait apposé que sur
des exemplaires conformes au manuscrit censuré :
cette mesure a pour objet d'éviter que l'on ne joue
en province les passages supprimés par la censure.

145. Par la nature de leurs fonctions, les censeurs sont dépositaires du manuscrit qu'ils doivent

examiner : c'est un dépôt qui leur est confié pour un service public ; ils ne sauraient, sans méconnaître leurs devoirs, se permettre de communiquer à qui que ce soit les ouvrages qui leur sont confiés, en entier ou par partie, soit en les laissant lire ou copier, soit même en les lisant eux-mêmes. Le préjudice que cette indiscrétion peut causer à l'auteur est incalculable : la divulgation de son sujet peut donner à un rival indélicat le moyen de s'emparer d'une idée qu'il exploitera plus vite ou de concurrence avec l'auteur original ; elle peut armer la critique à l'avance, provoquer des sarcasmes, répandre dans le public d'injustes préventions; elle ôte à l'ouvrage cet attrait de nouveauté si puissant sur les spectateurs ; elle compromet au plus haut degré le succès de la pièce et les intérêts de l'auteur.

Un fait aussi grave ne peut jouir de l'impunité accordée à la censure ; il rentre dans le droit commun et peut donner lieu à une action en justice.

Si la communication est frauduleuse, si elle a eu pour but de s'emparer d'un dépôt qui devait être sacré, des poursuites criminelles pourront être dirigées contre le censeur. Si l'on ne peut lui reprocher qu'une imprudence, il sera toujours passible d'une action en dommages-intérêts et tenu de réparer le préjudice dont il aura été la cause.

Le décret de 1806 n'a rien prescrit sur le mode de remise des ouvrages. Il semble que la remise devrait pouvoir être faite par les auteurs ou par tous les mandataires qu'ils pourraient juger à propos de choisir, et que l'on a le droit de réclamer un récépissé de l'administration. Cependant une circulaire du 1er octobre 1829 a décidé qu'à l'avenir les manuscrits seraient adressés directement au cabinet du ministre avec une lettre d'envoi signée des directeurs, et que lorsqu'une décision aurait été prise, ces manuscrits seraient renvoyés du ministère aux administrations théâtrales elles-mêmes.; qu'ainsi ils ne seraient plus rendus aux directeurs ni aux auteurs sur leur demande verbale. Cette disposition, qui empêche les auteurs de remettre eux-mêmes leurs manuscrits, qui leur enlève tout rapport avec les censeurs, et les oblige à confier, sans récépissé, les ouvrages à censurer aux concierges et gens subalternes du ministère, nous paraît irrégulière et vexatoire. Mais quel moyen de s'y soustraire? Le ministre est investi d'un pouvoir illimité; l'on ne peut que regretter de voir la censure, si rigoureuse par elle-même, aggravée de cette façon par des difficultés nouvelles et par tous les embarras de la bureaucratie.

146. Il ne nous appartient pas d'examiner la censure sous ses rapports littéraires, nous devons toutefois terminer par une observation générale. Comme toutes les autres dispositions exceptionnelles qui régissent les théâtres, la censure n'est établie que dans l'intérêt de l'ordre public et des bonnes moeurs. Elle n'a donc pour mission que de défendre tout ce qui pourrait leur porter atteinte. Elle commettrait une grave erreur, si elle voulait adopter une autre direction, si elle se con-

stituait juge littéraire, et prétendait en conséquence interdire tel système , favoriser tel autre , et convertir ainsi en un patronage de goût et de critique un ministère public exclusivement destiné au maintien des intérêts généraux de police et de sûreté publique.

CHAPITRE III.

De l'impôt des pauvres.

147. L'impôt des pauvres , dans le produit des spectacles, noble et ingénieuse idée qui fait servir les jouissances du riche au soulagement de l'indigent, fut établi pour la première fois par une ordonnance de Louis XII du 25 février 1699, qui le fixait à un sixième en sus des recettes. Il fut supprimé par la loi des 4, 5 et 6 août 1789. Celle du 16 août 1790, en plaçant les spectacles sous la surveillance de l'autorité municipale , la chargeait de donner les permissions à la condition d'une redevance envers les pauvres; mais cette indication était trop vague et ne put recevoir son exécution. Quelques années plus tard , un arrêté du directoire invita les entrepreneurs des théâtres de Paris à donner tous les mois une représentation au bénéfice des pauvres, mais l'impôt ne fut réellement établi que par la loi du 7 frimaire an V, qui ordonna la perception d'un décime par franc en sus du prix de chaque billet d'entrée dans les spectacles et des places louées pour un temps déterminé. Cette taxe n'était établie

que pour six mois, mais plusieurs lois et décrets
en ordonnèrent successivement la prorogation, et
un décret du 9 décembre 1809 la maintint indéfiniment : depuis 1816, elle est comprise tous les
ans au budget.

148. Les contestations auxquelles l'impôt des
pauvres donne lieu sont, par des dispositions tout
exceptionnelles du droit commun, soumises à l'autorité administrative. Elles sont d'abord jugées par
les préfets en conseil de préfecture. (Art. 3 de l'arrêté du 10 thermidor an XI.)

Ils ne peuvent prononcer qu'après avoir provoqué et reçu l'avis des comités consultatifs, établis
en exécution de l'arrêté du 7 messidor an IX, dans
chaque arrondissement communal, pour le contentieux de l'administration des pauvres et des hospices. (Art. 3 du même arrêté.)

Le conseil-d'état, comité du contentieux, est seul
compétent pour connaître des recours dirigés
contre ces premières décisions (art. 3 du même
arrêté, art. 11 du réglement sur le conseil-d'état
du 5 nivose an VIII, et art. 25 du décret du 11 juin
1806.)

Les décisions rendues par les préfets en conseil
de préfecture sont exécutoires par provision, et
sans préjudicier au recours devant le conseil-d'état.
(Art. 3 du décret du 8 fructidor an XIII.)

Les poursuites pour le recouvrement du droit
sont dirigées par voie de contrainte suivant le mode
fixé pour les contributions directes ou indirectes.
(Ar. 2 du décret du 8 fructidor an XIII.)

La contrainte doit être visée par le préfet.

149. Ces contraintes peuvent donner lieu à des contestations; il faut distinguer leur nature pour déterminer l'autorité compétente.

Si les contestations portent soit sur la forme, soit sur le fond, la connaissance en appartient aux conseils de préfecture, sauf recours au conseil-d'état, juge souverain de toutes les matières soumises d'abord aux conseils de préfecture; c'est ce qui résulte des dispositions de l'arrêté du 10 thermidor an XI, du décret du 8 fructidor an XIII, et du décret du 21 août 1806.

Si les contestations roulent sur la validité de poursuites en expropriation forcée, faites en exécution des contraintes, c'est devant les tribunaux qu'elles doivent être portées; seuls ils peuvent connaître des questions de propriété et d'expropriation.

150. Le décret du 9 décembre 1809 autorisait à mettre la perception du droit des pauvres en régie intéressée. Ce mode, déjà adopté à cette époque, a été constamment suivi depuis. Le même décret autorise la régie intéressée à souscrire des abonnements dans les formes prescrites pour les biens des hospices.

151. De nombreuses contestations se sont élevées sur cet impôt; elles ont servi à faire fixer d'une manière plus précise dans quelles circonstances il devait être perçu.

152. Le décret du 9 décembre 1809 a décidé que les représentations gratuites et à bénéfice en

7

sont exemptes sur l'augmentation mise au prix du billet. Cette disposition ne s'applique point aux représentations extraordinaires où le prix des places est augmenté. Le décret n'a voulu accorder de faveur qu'aux artistes, qui doivent profiter de la représentation donnée à leur bénéfice, et en faveur desquels a lieu l'augmentation du prix, et non au théâtre, qui profite seul dans le cas d'une représentation extraordinaire ; un arrêt du conseil du 10 février 1817 l'a ainsi jugé.

153. Le droit pèse sur tous les établissements où le public est admis en payant, ainsi qu'on le verra dans le titre relatif aux spectacles publics, autres que les théâtres ; il est du quart pour tous ces établissements, et notamment pour les concerts et bals. (*V*. n° 184 et suivants.)

154. En 1806, on prétendit qu'il pouvait être perçu sur la recette faite dans une église pour le prix des chaises, pendant la durée d'une messe en musique, lorsque ce prix avait été notablement augmenté en raison du concours que devait attirer ce concert religieux. Cette prétention fut accueillie par le conseil de préfecture de la Seine, mais son arrêté fut annulé par le conseil-d'état, qui jugea, le 2 novembre 1806, que, « sous aucun prétexte, « les cérémonies religieuses ne pouvaient être « assimilées aux spectacles, bals, et fêtes publi- « ques désignées dans les lois des 7 frimaire et 8 « thermidor an V, et qu'il s'agissait de la célébra- « tion d'une messe pendant laquelle l'église n'avait « pas cessé d'être ouverte gratuitement au public,

« quoique le prix de certaines places eût été très
« augmenté. »

155. On a demandé si les théâtres qui donnaient
des bals masqués devaient être assujettis au droit
du dixième, comme pour leurs représentations, ou
à celui du quart fixé par les lois pour les bals.
L'ordonnance du 10 février 1817, déjà citée, a
décidé que le droit des indigents sur le produit
des bals publics ayant été fixé au quart de la recette brute, sans qu'il ait été fait aucune exception à l'égard des bals donnés dans les spectacles,
et la fixation ayant été établie à raison du genre
de divertissement, ce divertissement devait être
soumis au même droit, dans quelque emplacement
qu'il eût lieu.

156. Le théâtre de *Franconi* a provoqué l'examen d'une question qui lui est toute particulière.
On sait que ce théâtre donne pendant l'été des
représentations équestres en province ; les hospices de Bordeaux ont prétendu qu'il avait perdu
le titre de théâtre en quittant Paris ; qu'en province, il n'était plus qu'un spectacle de curiosité,
et qu'en conséquence il devait être taxé au quart
de sa recette et non au dixième. Mais cette prétention a été rejetée par le conseil-d'état, qui a
décidé, le 24 mars 1820, que cet établissement,
étant classé par les lois au nombre des théâtres,
ne pouvait jamais être assujetti qu'à la taxe du
dixième. Cette décision peut servir à la solution
de toutes les questions qui se présenteraient dans
des cas analogues.

7.

157. Dans la plupart des théâtres, le prix de la location des loges est plus considérable que celui des billets pris au bureau. De là la question de savoir si le droit des pauvres devait être perçu sur le prix de la location, ou sur celui du bureau. L'ordonnance du 10 février 1817 a jugé qu'il résultait de l'esprit des lois et décrets relatifs à la perception du droit des indigents, que ce droit devait être perçu non sur le prix ordinaire des places, mais sur le prix réel de la location, le droit des indigents devant toujours être proportionné au prix payé par les personnes admises au spectacle.

158. Par la même raison, si des places sont données à un prix particulier à certains spectateurs, si des entrées, par exemple, sont vendues moyennant un taux qui ne peut être celui des places prises au bureau, le droit ne devra porter que sur la somme réellement perçue ; mais toutes les fois qu'il y aura eu perception, les hospices devront entrer en partage avec le théâtre. C'est ce qui a été jugé contre le *Théâtre de Madame*, qui, ayant émis soixante-dix entrées à vie, au prix de 1000 f., voulait se refuser au paiement de l'impôt des pauvres. Une ordonnance royale du 31 août 1828 a décidé que le droit serait payé, et l'a calculé sur le prix moyennant lequel les entrées avaient été vendues.

159. Mais la taxe peut-elle être exigée sur les billets qui n'ont rien payé ; en d'autres termes, les billets *gratis* sont-ils soumis à l'impôt des pauvres ?

Cette question est maintenant pendante devant le conseil-d'état, entre les divers théâtres de Paris, et l'administration des hospices, à laquelle profite le droit des pauvres.

Les théâtres opposent que le droit n'est qu'une quotité dans le prix qu'ils perçoivent, et que s'ils ne touchent rien, il ne peut y avoir aucune portion pour les hospices ; ils s'appuient sur les termes des décrets qui proportionnent toujours le droit *au prix*, *à la recette ;* ils invoquent de graves considérations à l'appui de leur réclamation.

Quant aux hospices, leur système se trouve parfaitement expliqué, dans l'avis de leur comité consultatif, composé des jurisconsultes les plus habiles. Le comité pense « que les lois des 7 frimaire, 2 floréal et 8 thermidor an V, qui ont établi le droit du décime par franc, *en sus du prix de chaque* billet d'entrée et d'abonnement dans tous les spectacles où se donnent des pièces de théâtre, n'ont pas admis de distinction entre les billets qui sont distribués gratuitement et ceux qui sont acquis moyennant un prix ;

« Que cette distinction serait opposée au but et à l'esprit de la loi, qui a voulu imposer le plaisir au profit de l'indigence ;

« Qu'elle autoriserait la fraude et réduirait le droit à une nullité presque totale, parce qu'il serait impossible de reconnaître les billets pour lesquels un prix aurait été payé ; que souvent les billets mis à la disposition des auteurs, des acteurs, des directeurs, ou autres personnes employées dans les

spectacles, bals, concerts, etc., sont vendus au
public, et ne peuvent être soustraits au droit destiné aux indigents sans violer la loi ; qu'elle a été
ainsi entendue et s'exécute dans plusieurs villes
importantes du royaume ;

« Que ce droit, ayant été imposé en sus du prix
de chaque billet, en est essentiellement distinct
et indépendant, et doit être perçu lors même que
ce prix ne serait pas payé ; qu'il n'a d'autre rapport avec le prix que pour la fixation de sa quotité ;

«Qu'on ne peut craindre aucun inconvénient dans
là perception de cette légère rétribution, parce
qu'elle est trop faible pour diminuer le nombre
des spectateurs qui jouiront des entrées ou billets
gratuits, et qu'appliquée à ceux qui paient, elle
n'est que la juste exécution de la loi ;

« Que les seules exceptions autorisées par la nature des établissements doivent exister en faveur
de ceux qui y sont employés réellement, et à un
service utile, soit dans l'intérêt du public, soit
dans l'intérêt de ces établissements, tels que les
agents de l'autorité dont la présence est nécessaire
au maintien de l'ordre, les auteurs et les acteurs
pour *leurs entrées personnelles seulement.* »

Il ne nous appartient pas de préjuger la décision qui pourra intervenir sur cette grave question.
Le conseil de préfecture a déjà donné gain de cause
aux hospices, et nous devons attendre la décision
du conseil-d'état, saisi de l'appel des théâtres.

160. Du reste, il est utile de remarquer qu'il

n'existe aucune difficulté relativement aux billets donnés par les auteurs, et dont ils tiennent compte au théâtre. Ces billets sont de véritables billets payants, et, comme tels, évidemment soumis au droit des pauvres. En conséquence, les contrôleurs de ce droit sont, par un arrêté du 5 décembre 1820, chargés de relever sur les registres des divers théâtres, le montant des sommes précomptées aux auteurs pour valeur de billets d'entrée, et autorisés à percevoir la taxe sur le montant de ces sommes.

161. Les représentations données au profit des établissements de charité, ou des pauvres, sont-elles soumises à la retenue du dixième en sus du prix? Au premier aperçu, il paraît singulier que le droit des pauvres se prélève sur un produit destiné au même emploi; mais la taxe établie par la loi étant affectée à une classe particulière d'indigents, et abandonnée aux hospices, on conçoit qu'elle peut être prélevée sur des représentations dont le produit doit passer en d'autres mains, quoique également destiné aux malheureux. Cette question a été ainsi jugée plusieurs fois par l'autorité compétente.

162. Lorsque quelque circonstance fait douter que tous les billets aient payé le droit, et que la recette représente le nombre des personnes admises au spectacle, quel moyen la régie du droit des pauvres emploiera-t-elle pour s'assurer le paiement de la taxe? Dans une contestation encore pendante devant le conseil-d'état, la régie a

demandé à toucher son droit sur le nombre total
des places contenues dans la salle , sans avoir égard
au chiffre de la recette déclarée. Nous pensons
que , si réellement la salle était pleine, et que la recette paraisse au-dessous de ce qu'elle devait être ,
ce mode de calcul est le seul à suivre et doit être
adopté.

163. Le droit des pauvres consiste dans une
quotité du prix des billets, quotité que les théà-
tres touchent pour le compte des indigents. Il en
résulte que les créanciers de l'entreprise ne pourraient saisir les sommes qui appartiennent à ce
titre aux hospices. La recette n'est aux entrepreneurs que sous la déduction du droit des pauvres,
que ceux-ci peuvent prélever à l'exclusion de tout
créancier particulier du théâtre.

TITRE TROISIÈME.

De la révocation de l'autorisation. — Voies de recours.

164. La concession de l'autorisation est irrévocable. Quand l'autorité administrative, en faisant
cette concession, a reconnu que le théâtre peut
être élevé sans inconvénient pour l'ordre et l'intérêt publics, cette décision est définitive ; l'intérêt public est peu sujet à variation : s'il ne s'oppose pas à l'établissement du théâtre au moment
de la concession, il est difficile de croire qu'il
puisse être blessé par la continuation de l'entreprise.

165. Aucune loi ne reconnaît à l'administration le droit de retirer les autorisations. Le décret de 1806 ne le lui donne point ; le réglement d'août 1814, relatif aux théâtres de province, porte dans son article 20 : *L'inexécution des conditions faites aux directeurs entraînerait la révocation de leur brevet*, mais cette disposition établie par un ministre ne peut créer un droit, qui ne résulte ni de la loi, ni même d'une ordonnance.

Les troupes ambulantes seulement sont soumises, par le réglement du 25 août 1807, à la révocation des autorisations en cas d'inexécution des conditions qui leur sont prescrites. Ces sortes d'entreprises ne consistent que dans la réunion de plusieurs comédiens parcourant les villes et même les villages, sans siége fixe, sans établissement régulier ; il était convenable de les soumettre à un droit particulier, et la disposition exceptionnelle introduite à leur égard confirme le principe général relatif aux autres théâtres.

166. Une entreprise de théâtre constitue une propriété, dont l'importance est souvent considérable. Des constructions coûteuses, des dépenses qui ne peuvent être couvertes que par les produits de l'exploitation, des engagements d'une longue durée, des sociétés où viennent se réunir de nombreux capitaux suivent ordinairement l'obtention de l'autorisation : il est impossible que tant d'intérêts se trouvent livrés à l'arbitraire ministériel, et qu'il soit au pouvoir de l'administration de détruire tous les droits acquis sur la foi de la conces-

sion qu'elle a faite. Comme nous l'avons déjà dit, la faculté d'ouvrir un théâtre appartient à tous les citoyens en vertu de la loi de 1791 : la nécessité d'une autorisation préalable n'empêche point que ce droit ne soit consacré par la loi. Cette formalité remplie, le citoyen exerce son droit, et la loi qui permettait à l'administration d'empêcher l'ouverture ne lui permet pas d'ordonner la fermeture. En refusant l'autorisation, elle use de son droit; en la retirant, elle commettrait un excès de pouvoir.

167. Ces considérations sont surtout incontestables pour les théâtres de Paris, qui, par l'énormité des frais d'établissement qu'ils nécessitent, ont droit à la protection assurée par la loi à toutes les propriétés, et qui, d'un autre côté, ne s'établissent ordinairement qu'avec l'adjonction de capitalistes associés pour fournir les ressources pécuniaires nécessaires à l'exploitation : elles le sont surtout encore pour les théâtres qui existaient avant le décret de 1806, et qui, par conséquent, n'ont pas même eu besoin de l'autorisation du gouvernement pour s'établir. Aussi le décret du 29 juillet 1807, qui réduisit le nombre des théâtres établis depuis 1791 et en supprima plusieurs, a-t-il toujours été considéré comme un acte de la tyrannie la plus odieuse, comme un attentat coupable au droit de propriété.

168. En supposant que l'intérêt public pût jamais exiger la suppression d'un théâtre, l'administration ne devrait pas procéder par la voie de

la révocation de l'autorisation : la suppression du théâtre devrait être considérée comme une expropriation pour cause d'utilité publique ; les formes exigées en pareil cas devraient être employées, et notamment les entrepreneurs du théâtre auraient droit à une indemnité préalable. C'est ainsi qu'on aurait dû procéder en 1807, au lieu d'exercer une scandaleuse confiscation sur des établissements formés en vertu de dispositions légales et sous la protection de l'autorité préposée à la conservation des droits de tous.

169. Cependant nous pensons que l'autorisation pourrait être modifiée sur la réclamation des tiers qui souffriraient de l'établissement du théâtre, et qui, n'ayant pas été avertis de la demande à fin d'autorisation, formée sans aucune publicité, ne se seraient pas trouvés à même de s'opposer à ce qu'elle fût admise. L'établissement d'un théâtre peut être un voisinage dangereux, soit par les chances d'incendie, soit par les embarras qui en résultent pour la circulation, soit enfin par tous les inconvénients qui peuvent en être la suite : les tiers peuvent s'opposer à l'établissement du théâtre, comme il leur est permis de le faire lorsqu'il s'agit d'ateliers insalubres et incommodes. Ils pourraient demander que l'emplacement du théâtre fût changé ; de même que, dans le cas d'un acte de l'administration qui ordonne des travaux de construction, l'établissement d'une route ou tout autre ouvrage public, les particuliers sont admis à contester, non la mesure en elle-même, mais

ses moyens d'exécution, et par exemple, la convenance de l'emplacement choisi pour les travaux.
L'administration devra peser leur réclamation ; si
leur droit est établi, elle pourra revenir sur sa décision, toujours rendue sauf les droits des tiers,
et prescrire les changements et dispositions propres à rassurer les intérêts compromis par la
nouvelle entreprise.

170. Il n'est pas douteux que l'administration
pourrait accepter la renonciation que les entrepreneurs feraient à l'autorisation obtenue; mais pourrait-elle la refuser ? Oui, selon nous, dans certaines
circonstances, et notamment dans les villes de province. Si l'entrepreneur, en prenant l'autorisation,
avait écarté tous les autres concurrents, et mis l'autorité locale hors d'état de trouver aucun entrepreneur, il pourrait être contraint de continuer
l'entreprise. Si, par respect pour les droits acquis, l'administration est obligée de maintenir le
privilége concédé, il est juste que l'entrepreneur, de
son côté, soit lié envers elle pour ce qui constitue
également un droit acquis au profit de la ville au
nom de laquelle l'autorité a stipulé.

171. Du caractère irrévocable qui appartient à
l'autorisation, il nous semble résulter qu'elle ne
peut être donnée à temps, et que de sa nature
elle est perpétuelle; cependant il pourrait arriver
que l'administration pensât qu'il importe à l'intérêt public de ne donner l'autorisation que pour
un certain temps, et que par suite elle limitât la
durée de l'autorisation. Cette limitation, acceptée

par l'entrepreneur, serait obligatoire pour lui ; et
comme il aurait été averti à l'avance du terme fixé
à l'exercice de son droit, il ne serait pas fondé à
se plaindre du préjudice occasionné par la cessation de l'autorisation.

172. On a vu des autorisations qui étaient in-
déterminées quant à leur durée, mais qui se trouvaient suivies de la nomination d'un directeur pour
un temps limité; il n'en résultait pas, selon nous,
que le théâtre ne fût autorisé que pour un certain
temps. L'autorisation d'ouverture et la nomination du directeur sont deux choses distinctes :
un théâtre peut être autorisé sans avoir de directeur; long-temps ils le furent ainsi, et ces fonctionnaires n'ont été établis que par des réglements
dont nous avons déjà contesté la force légale. Nous
pensons donc que l'autorisation devrait subsister,
même après l'expiration des pouvoirs donnés au
directeur, sauf aux entrepreneurs à se pourvoir
dans la forme qui sera indiquée ci-après.

173. Du principe que nous venons d'établir, il
résulte que la faillite personnelle du directeur, si
elle n'était pas accompagnée de celle de l'entreprise,
que sa démission, son départ, ne devraient pas
entraîner la révocation de l'autorisation; dans ces
cas, comme dans celui de l'expiration du terme
fixé aux fonctions du directeur, il y aurait seulement lieu de la part des intéressés à se pourvoir
auprès du ministre pour obtenir la nomination
d'un nouveau directeur ; mais l'autorisation ne devrait pas être considérée comme anéantie.

174. Si l'entreprise tout entière tombait en faillite, il est incontestable que le théâtre devrait être fermé : mais cette clôture ne serait que l'application des lois, qui, dans le cas de faillite, frappent d'incapacité le failli. Il est également vrai que l'entrepreneur qui serait tombé en faillite ne pourrait plus, aux termes du décret de 1806, rouvrir de théâtre ; mais si un nouvel entrepreneur offrait de combler le passif de la faillite, si les créanciers, ou les acteurs eux-mêmes, étaient prêts à continuer l'entreprise, il nous paraît qu'ils seraient fondés à réclamer le bénéfice de l'autorisation, et qu'on ne pourrait prétendre qu'elle est perdue pour eux. Il faut reconnaître cependant que cette opinion n'est point celle de l'administration, qui se croit en droit de retirer l'autorisation dès qu'il y a faillite, et quelles que soient les propositions des créanciers ou autres intéressés. L'autorisation, qui par elle-même représente une certaine valeur, en raison du monopole établi sur l'industrie théâtrale, se trouve ainsi perdue pour la faillite ; il en résulte que les créanciers redoutent souvent de poursuivre le théâtre devenu leur débiteur, et même de faire des actes conservatoires qui serviraient de base à une déclaration de faillite ; il est vrai qu'on a vu des ministres tenter d'obvier à cet inconvénient, en imposant au nouvel entrepreneur qu'ils nommaient l'obligation de payer les dettes de la précédente entreprise; mais le vice du système adopté résulte de l'emploi de ce palliatif, et il serait mieux de ne point donner à

la loi une application vicieuse que de recourir à des moyens, dictés sans doute par des vues équitables, mais entachés d'arbitraire.

175. Les esprits habitués au despotisme ministériel, relativement aux théâtres, seront disposés à penser que l'administration se trouvera désarmée, si elle n'a point le pouvoir de révoquer les autorisations d'ouverture, et que ce pouvoir est la seule sanction qu'elle puisse donner à ses ordres; mais il est facile de démontrer que ces craintes n'auraient rien de sérieux. Pour tout ce qui touche à l'exploitation journalière de l'entreprise, on a vu combien sont étendus les droits de l'autorité municipale, et qu'elle peut faire exécuter ses ordres en punissant les contrevenants. Quant à l'administration supérieure, deux conditions essentielles seulement peuvent être prescrites par elle : la fixation du genre du spectacle, et la résidence de l'entreprise. Or, tous les agents administratifs auront le pouvoir de faire respecter ces conditions, et quand parfois elles pourraient être enfreintes, elles intéressent bien moins l'ordre public que le droit sacré de la propriété, qui se trouverait livré aux caprices des bureaux, si l'on admettait que les autorisations d'ouverture peuvent être révoquées.

176. Cependant il est à craindre que l'administration ne reconnaisse pas de long-temps l'évidence des principes qui viennent d'être exposés. Jusqu'ici les autorisations d'ouverture, qualifiées de *brevets*, de *priviléges*, ont été retirées par le ministre de

l'intérieur dans des cas où ce droit ne lui appartenait point, et l'on ne peut espérer que ces habitudes administratives cèdent devant nos explications. Il est nécessaire d'indiquer le recours qui pourra être exercé dans le cas où cet abus se renouvellerait.

177. L'autorité administrative prononçant la révocation, c'est contre elle que doivent être intentés tous les recours. Les tribunaux ordinaires ne peuvent être saisis de semblables actions; car il leur est interdit de connaître des actes de l'administration. Il est vrai que des droits privés auront dû être blessés par la révocation, que le droit de propriété notamment aura reçu une vive atteinte; mais, quelle que soit la nature du préjudice, il s'agira toujours d'examiner le mérite et la légalité d'un acte de l'administration, et une pareille question ne peut appartenir aux tribunaux ordinaires. C'est ce que le conseil-d'état a jugé dans l'affaire des actionnaires du *Vaudeville* contre le sieur Bérard, affaire dont nous avons déjà parlé. Ainsi, c'est à la juridiction administrative que devront s'adresser ceux qui auront à se plaindre d'un arrêté du ministre portant révocation d'une autorisation d'ouverture, ou refus de nommer un nouveau directeur par suite de l'annulation des pouvoirs du premier.

178. Mais la juridiction administrative se divise en deux ordres entièrement distincts. Certaines questions ressortissent de la juridiction que l'on nomme gracieuse, et qui n'est autre chose que la

volonté personnelle du ministre. Les autres sont soumises au pouvoir contentieux, c'est-à-dire au conseil-d'état. A laquelle de ces juridictions devrat-on porter le recours? Faudra-t-il se pourvoir auprès du ministre lui-même contre son arrêté, ou pourra-t on saisir la section du contentieux du conseil-d'état, juridiction réelle, malgré ses imperfections? Il nous semble que la compétence du conseild'état ne peut être contestée : il doit connaître de toutes les difficultés d'intérêt privé, de toutes les affaires qui touchent à un droit personnel; il est le juge administratif de tous ceux qui, s'il n'existait pas, seraient recevables à porter une action devant les tribunaux ordinaires. Le pouvoir gracieux ne règle que les actes d'administration proprement dite, où une mesure générale a été prise par un agent du gouvernement, où un arrêté a été rendu sur une matière entièrement laissée au bon plaisir ministériel. Or, l'arrêté qui ferme un théâtre, ou qui, en refusant de nommer un directeur, risque d'amener la fermeture, est un acte tout-àfait personnel, qui peut motiver un recours individuel, qui blesse un droit particulier, et qui dèslors doit être soumis à la section du contentieux du conseil-d'état.

179. La jurisprudence administrative n'est pas fixée sur ce point. En 1821, le ministre de l'intérieur ayant retiré l'autorisation donnée au directeur du théâtre de Bordeaux, le pourvoi de ce directeur contre l'arrêté du ministre fut reçu par le conseil-d'état. L'arrêt rendu le 14 novembre 1821

8

prononce sur le fond de la contestation , et juge implicitement la compétence. Mais, depuis lors , deux ordonnances, l'une du 6 septembre 1820, sur la réclamation des théâtres de Paris à l'occasion de l'établissement du *Gymnase*, l'autre du 12 mai 1824, sur la réclamation du sieur Alaux contre l'arrêté qui ordonnait la clôture du *Panorama-Dramatique*, ont jugé que *les mesures relatives à l'ouverture, à la clôture et à la police des théâtres, sont des actes purement administratifs qui ne peuvent donner lieu à aucun recours par la voie contentieuse.* D'après ces arrêts, le recours ne pourrait avoir lieu qu'administrativement devant le ministre; mais nous ne pouvons admettre le principe qu'ils consacrent. Quant à l'ouverture et à la police des théâtres, nous concevons que l'administration, investie des pouvoirs les plus étendus, ne puisse être appelée à rendre compte de ses actes devant le conseil-d'état; mais les mesures relatives à la fermeture ont, comme nous l'avons prouvé, un caractère spécial qui rend le conseil-d'état parfaitement compétent relativement aux recours qu'elles peuvent amener.

TITRE QUATRIÈME.

Des spectacles publics.

180. Le titre de théâtre n'appartient qu'aux entreprises consacrées au chant, à la déclamation et à la danse, et qui ont reçu l'autorisation de se former

et de porter ce titre. Il ne peut être pris par les autres spectacles : l'art. 15 du décret du 8 juin 1806 le leur interdit expressément.

181. L'expression générique de spectacle embrasse tous les établissements où le public est admis à satisfaire sa curiosité, tels que les panoramas, cosmoramas, néoramas, marionnettes, expositions de tableaux, et même les jardins publics où sont donnés des fêtes et concerts. La loi de 1791 n'astreignait ces entreprises qu'à une simple déclaration à la municipalité avant leur ouverture; mais les réglements postérieurs, et notamment l'art. 12 du décret du 13 août 1811, les obligent à se pourvoir de la permission de l'autorité. Cette obligation leur est imposée par les mêmes considérations que celles qui y ont fait soumettre les théâtres, et l'on comprend aisément que des établissements où le public est admis, où toutes sortes d'objets peuvent être exposés à ses regards, doivent être soumis au contrôle de l'autorité publique et ne puissent s'ouvrir qu'avec son autorisation.

182. La permission doit être donnée à Paris par le préfet de police, et dans les départements par les maires. En cas de refus, les entrepreneurs peuvent se pourvoir auprès du ministre de l'intérieur. Aucun autre recours ne leur est ouvert.

183. Il est défendu à ces spectacles de représenter aucun ouvrage dramatique. Une circulaire du ministre de l'intérieur, du 1er juillet 1808, a recommandé aux préfets de donner les ordres les plus sévères pour empêcher qu'aucun entrepre-

8.

neur de spectacles dits de curiosité , ne repré-
sentât, sous quelque prétexte que ce fût, des comédies, vaudevilles, ballets d'action, ou tout autre
ouvrage appartenant à l'art dramatique.

184. Ils sont assujettis au droit des pauvres, qui,
pour tous les établissements autres que les théâtres,
s'élève au quart de la recette brute (*V*. n°153).

185. On a mis en question si ce droit devait
être perçu dans les jardins ou autres lieux publics
où l'on entre sans payer, mais où se donnent des
concerts , et où se trouvent établis des danses,
des jeux et autres plaisirs pour lesquels des rétributions sont exigées ou par la voie de cachets ou
par abonnements. Une circulaire ministérielle du
26 fructidor an X a déclaré que le droit doit être
payé, le but de la loi étant de mettre tous les plaisirs à contribution.

186. Dans plusieurs endroits, les directeurs de
bals et fêtes publiques avaient cherché à éluder le
droit des pauvres, en stipulant qu'une partie du
prix de chaque billet d'entrée serait employée
en consommations diverses; et ils avaient élevé
la prétention que le droit ne devait point être
perçu sur cette portion, en sorte, par exemple,
qu'un billet d'entrée pour lequel on payait 1 franc,
et dont 75 centimes pouvaient être employés en
consommation, n'aurait été assujetti à la perception
que sur le pied des 25 autres centimes. La même
circulaire a condamné cette prétention , en décidant que le quart de la recette, c'est-à-dire le quart
du produit des billets pris pour entrer dans les

lieux où se donnent des fêtes, jeux et divertissements publics, serait perçu en faveur des pauvres.

187. Ces circulaires n'ayant pas force de loi
et n'énonçant que l'opinion personnelle du ministre, elles n'auraient pas empêché ces questions de se renouveler. Mais un décret du 2 novembre 1807, non inséré au Bulletin des lois, mais
exécuté depuis qu'il existe, a soumis au droit des
pauvres tous les bals, feux d'artifice, concerts,
courses ou exercices de chevaux, et généralement
toutes les danses et fêtes publiques où l'on est admis en payant les rétributions exigées ou *par voie
de cachets*, ou par billets, ou par abonnements;
et par suite de ces dispositions, il ne peut plus y
avoir de doute sur l'obligation où sont tous ces
établissements de payer le droit des pauvres sur
toute leur recette, de quelque nature qu'elle soit.

188. Le décret que nous venons de citer a également ordonné qu'à l'avenir le préfet de police ne
délivrerait aucune permission à danser dans les
établissements connus sous le titre de guinguettes,
qu'à la charge de verser comptant dans la caisse
des pauvres et des hospices de la ville de Paris,
pour tenir lieu du quart de la recette affectée aux
pauvres, une rétribution qu'il est chargé de fixer.
Cette mesure est appliquée aux autres entreprises
à l'égard desquelles la perception du droit pourrait
rencontrer quelque obstacle, et ainsi toute difficulté
se trouve prévenue à l'avance.

189. Tous les plaisirs se trouvant appelés à
contribuer au soulagement de l'indigence, il est

du devoir de l'administration publique de favoriser des établissements qui doivent produire cet
heureux résultat. Le *Journal des Comédiens* a publié, il y a quelques mois, un document fort curieux, qui doit servir de modèle aux dispositions
que l'autorité peut prendre à cet égard. M. de Vaublanc, qui, en 1807, était préfet du département
de la Moselle, avait pris un arrêté par lequel il
ordonnait expressément aux maires d'ouvrir des
bals et jeux dans leurs communes, et de l'informer sur-le-champ des obstacles qu'ils pourraient
rencontrer de la part de certaines influences, et
notamment de la part des desservants. Le préambule de cet arrêté déclare « que la défense des
« jeux et bals nuit à la conservation des mœurs,
« puisqu'il est reconnu que les amusements clan-
« destins occasionnent plus de désordres que les
« amusements publics, et que, si l'on interdit les
« divertissements publics, la jeunesse en cherche
« d'autres qui sont plus dangereux pour l'inno-
« cence, les mœurs et le bon ordre. » Observation fort sage, et que l'on doit regretter de voir
si souvent oublier de nos jours.

190. L'impôt de l'Opéra, sur lequel nous nous
sommes déjà expliqués, est établi, à Paris, par le
décret du 13 août 1811, non seulement sur les théâtres secondaires, mais encore sur les petits théâtres,
cabinets de curiosité, machines, figures, sur les
joûtes et jeux, sur les panoramas, cosmoramas,
Tivoli, et en général sur tous les spectacles de quelque nature qu'ils soient. La redevance est pour les

bals, concerts et fêtes champêtres, du 5ᵉ brut de la recette, déduction faite du droit des pauvres, et pour tous les autres spectacles et établissements du 20ᵉ de la recette, sous la même déduction (*V.* n° 61 et suiv.).

191. Le droit imposé dans les départements aux petits spectacles au profit des directeurs de théâtre est l'équivalent du droit de l'Opéra à Paris. Nous nous en sommes aussi expliqués (*V.* n° 75 et suiv.).

192. La permission de l'autorité n'est accordée aux divers spectacles qu'après l'examen de la nature de leur entreprise ; cet examen préalable est une véritable censure qui prévient les infractions susceptibles d'être commises par ces établissements. Jusqu'en 1829, aucun autre examen n'avait lieu. Mais M. de Labourdonnaye, devenu ministre de l'intérieur, a marqué son passage au pouvoir par une circulaire dans laquelle il a prescrit en outre aux diverses autorités de se faire rendre compte préalablement des explications, parades, chants, dont les spectacles forains, tels que marionnettes, ombres chinoises, etc., seraient accompagnés, afin d'exiger la suppression de ce qui pourrait s'y trouver de dangereux pour l'ordre, les mœurs et le gouvernement du roi. On a critiqué avec raison la susceptibilité du pouvoir qui croyait devoir s'occuper de détails aussi puérils, et s'effrayait de dangers imaginaires ; mais la légalité de la mesure en elle-même ne peut pas être contestée.

TITRE CINQUIÈME.

Des théâtres de société.

193. Le décret du 29 juillet 1807, art. 5, défend d'admettre le public, même gratuitement, dans aucun théâtre dont l'ouverture n'aura pas été autorisée. Ainsi les théâtres dits de société ne peuvent exister sans la permission de l'autorité. (*V.* les nᵒˢ 17 et 18.)

194. Si cette permission était accordée, ceux qui l'auraient obtenue devraient se soumettre aux mesures de police qui leur seraient prescrites. Le théâtre devant amener une réunion publique se trouverait ainsi placé sous la surveillance de l'administration municipale, et obligé de satisfaire aux conditions qu'elle prescrirait dans l'intérêt de l'ordre et de la sûreté publique.

SECONDE PARTIE.

DES THÉATRES

DANS LEURS RAPPORTS PRIVÉS.

TITRE PREMIER.

Caractère des entreprises de théâtre. — Conséquences.

195. D'après l'art. 632 du Code de commerce, les entreprises de spectacles publics sont commerciales.

Il résulte de cette disposition :

1° Que les entrepreneurs sont justiciables des tribunaux de commerce.

2° Qu'ils sont soumis à la contrainte par corps pour les engagements qu'ils contractent.

3° Qu'en cas de cessation de paiement ils peuvent être déclarés en faillite.

4° Que, si l'entreprise est exploitée par une société, cette société devra être formée selon les règles tracées par le Code de commerce, et par le décret du 12 février 1814.

196. Mais il ne faut pas confondre la société qui serait formée pour l'exploitation du théâtre avec celle que le directeur pourrait contracter, sans

les actionnaires, avec un tiers qu'il appellerait au partage des produits de la direction. Cette dernière société, établie sans raison sociale, serait toujours commerciale, mais elle ne devrait pas être soumise à la publication et aux affiches prescrites aux sociétés en nom collectif. Le tribunal de commerce de Paris l'a ainsi jugé le 22 octobre 1827, entre les sieurs Montgenet et Crosnier.

197. Le caractère commercial attribué aux entreprises de spectacles a des conséquences fort étendues. La loi a accordé aux commerçants des faveurs que la nature de leurs opérations rendait nécessaires, mais elle y a joint des garanties exigées par l'intérêt public. Ainsi, le négociant qui tombe en faillite peut être poursuivi comme banqueroutier frauduleux et exposé à des peines afflictives et infamantes pour des faits qui ne seraient point punissables à l'égard des autres citoyens. Les négociants doivent tenir des livres en règle, où ils portent toutes leurs opérations; les billets par eux souscrits sont présumés de droit avoir rapport à leur commerce, et, comme tels, ils entraînent toujours la contrainte par corps, à moins qu'il ne soit prouvé qu'ils sont étrangers au négoce de celui qui les a signés. Les entrepreneurs de spectacles publics doivent se pénétrer de toutes ces obligations, et ne point perdre de vue les dangers auxquels ils peuvent s'exposer.

198. Lorsque l'entreprise est formée par une société, tous les sociétaires, s'ils sont en nom collectif, demeurent solidairement responsables

dés engagements de la société. Dans les associa-
tions en commandite, les commanditaires qui font
des actes de gestion deviennent également responsables solidairement de toutes les obligations
sociales. Ainsi, un commanditaire dans une entreprise de théâtre ne pourrait pas être directeur
sans s'exposer à payer toutes les dettes de la société, si elle faisait de mauvaises affaires. Cependant il pourrait être employé par la société pour
des services étrangers à l'administration en elle-
même et au maniement des fonds. Ainsi, il pourrait être acteur, musicien, préposé aux répétitions.
Ces fonctions ne devraient point être considérées
comme des actes de gestion.

199. Les sociétés formées sans acte écrit, et qui
consistent dans une exploitation en commun, avec
partage des produits selon des proportions déterminées, entraînent aussi la responsabilité solidaire
contre tous ceux qui y prennent part. Ainsi, dans
les sociétés de comédiens, qui se forment souvent,
soit en cas de faillite du directeur, soit pour exploiter un arrondissement où il n'existe point de
troupe privilégiée, tous les acteurs sociétaires sont
également tenus des obligations prises par la société. Peu importe qu'ils aient une part plus ou
moins grande dans les bénéfices, ils sont toujours
responsables de l'intégralité des dettes. Ils pourront par suite être poursuivis sur tous leurs biens
personnels, qui deviendront le gage des créanciers
de l'entreprise.

200. Dans tous les cas que nous venons d'indi-

quer, les associés devront d'autant plus se tenir sur leurs gardes qu'ils seraient engagés par les signatures que leur gérant ou directeur aurait données, et qu'ils ne seraient pas recevables, sauf le cas de fraude de la part des tiers, à contester soit le mérite, soit l'importance de la dette, parce que la société et conséquemment tous les associés se trouvent liés par les actes faits en leur nom. Les comédiens ne sauraient donc apporter trop de précautions dans la formation de sociétés pareilles, et dans le choix de leurs directeurs, régisseurs ou gérants.

201. Une autre conséquence du caractère commercial des entreprises de théâtre se trouve dans la nécessité de soumettre à des arbitres le jugement de toutes les contestations qui s'élèvent entre les associés : les pouvoirs, la compétence de ces arbitres, et le mode de procéder devant eux, sont fixés par la loi, et peuvent être modifiés par des conventions particulières.

202. Ces divers principes sont applicables à toutes les entreprises de théâtre, sauf les exceptions relatives à l'Académie royale de Musique et aux théâtres royaux de Paris, dont la position toute spéciale sera exposée dans un titre particulier.

TITRE DEUXIÈME.

Des divers intéressés dans les théâtres proprement dits.

CHAPITRE I.

Des directeurs.

2o3. Les directeurs sont préposés à l'administration du théâtre dans ses rapports avec l'administration publique; ils préparent les représentations, déterminent les répertoires, surveillent ou font surveiller les répétitions. Sous ce rapport, leurs droits et leurs obligations ont été précédemment indiqués. Il convient à présent de les considérer dans leurs intérêts pécuniaires, dans leur capacité privée, relativement à la gestion et à l'entreprise confiée à leurs soins.

2o4. Si le directeur est propriétaire de l'entreprise, c'est-à-dire s'il la fait valoir pour son compte personnel, à ses risques et périls, avec ses propres fonds, ses droits n'ont pas besoin d'être expliqués; il a tous ceux d'un chef d'établissement, il possède les mêmes pouvoirs que le négociant qui dirige sa maison de commerce; n'ayant à répondre de ses actions qu'à lui-même, son intérêt est la seule règle de sa conduite.

2o5. Mais si l'entreprise est exploitée par une société de quelque nature qu'elle soit, le directeur n'est plus qu'un simple gérant, qualité à laquelle il peut joindre celle d'associé, s'il a versé des fonds dans l'exploitation, ou obtenu une part dans la société pour prix de son industrie.

A ce titre de gérant, il est chargé de faire valoir les intérêts sociaux, selon les conditions stipulées dans l'acte d'association. Ses fonctions doivent consister dans la faculté de faire tous les actes d'administration; il règle les dépenses, perçoit les produits, fait les engagements et traités, soit avec les comédiens, employés, soit avec les fournisseurs du théâtre; et pour tous les actes qui rentrent dans ses attributions, il a pouvoir d'engager la société.

206. Si sa gestion a pour prix une part dans la société, le directeur est solidairement responsable de tous les engagements qu'il contracte. Mais il peut arriver qu'il ne soit qu'un simple employé à gages, chargé d'exploiter moyennant un traitement. Dans ce cas, il doit être considéré comme un fondé de pouvoirs, qui a qualité pour engager ses mandants, mais qui ne s'oblige point lui-même tant qu'il ne sort pas des limites de son mandat; dans cette position particulière, il ne pourra être poursuivi personnellement pour les dettes de la société, et il lui suffira de justifier qu'il n'a point excédé ses pouvoirs, pour être à l'abri de tout recours.

207. Pour les rapports privés, les entreprises théâtrales sont dans le droit commun; il suffit de se reporter aux principes généraux pour trouver la solution des difficultés qui pourront se présenter. Mais il existe un grand nombre de cas où l'intervention de l'autorité publique dans l'exploi-

tation du théâtre peut modifier les droits et les obligations réciproques des parties. Ainsi le directeur peut être contraint à contracter ou à rompre certains engagements, par l'ordre des fonctionnaires préposés à la direction publique du théâtre. Il peut être destitué avant le temps fixé par l'acte de société pour sa direction : il serait impossible d'indiquer toutes les circonstances qui se présenteront et qui naîtront des caprices de l'autorité ou de la situation de l'entreprise, et des volontés du public. Une règle unique doit être suivie dans tous ces cas : les ordres de l'autorité doivent être en général considérés comme des faits de force majeure qui l'emportent sur les stipulations sociales; comme on a dû prévoir qu'ils pourraient intervenir dans l'exploitation de l'entreprise, la société doit être considérée comme s'y étant soumise à l'avance. Cependant si quelque faute, soit du directeur, soit des sociétaires, motivait de la part de l'administration une mesure préjudiciable aux intérêts de l'entreprise, celle des parties qui en éprouverait un dommage pourrait se pourvoir pour en obtenir la réparation contre celle dont la faute en aurait été la cause première.

208. Les directeurs de théâtre nommés par l'administration ne peuvent point être considérés comme des fonctionnaires publics; ils ne peuvent en vertu de l'art. 75 de la constitution de l'an VIII, que la jurisprudence applique journellement malgré son abrogation, réclamer le privilége de n'être poursuivis qu'après une autorisation du conseil-

d'état. Pour tous les actes de gestion privée et d'administration des intérêts sociaux, de même que pour les délits qu'ils pourraient commettre dans l'entreprise théâtrale, ils pourraient être traduits devant les tribunaux directement et sans autorisation du gouvernement

209. Les pouvoirs de discipline intérieure attribués aux directeurs sont fort étendus : ils exercent une espèce de dictature, et il importe qu'ils soient investis d'une grande autorité pour se trouver à même d'imprimer une marche régulière et unique à tous les rouages de l'entreprise qu'ils sont chargés d'administrer. Il serait difficile d'assigner les limites de cette autorité : en cas de discussion, la décision provisoire appartient à l'autorité municipale, comme nous l'avons déjà vu (n° 96); et pour le jugement définitif, les parties sont soumises à la juridiction des tribunaux, si elles ne se sont pas choisi des juges particuliers.

CHAPITRE II.

Des comédiens.

§ I. — Des engagements.

210. L'engagement est un acte par lequel le comédien s'oblige à faire partie d'une entreprise de théâtre pendant un temps déterminé ; c'est un contrat synallagmatique, puisqu'il contient des obligations réciproques. Sous ce rapport, aux termes de l'art. 1325 du Code civil, il doit être fait double, et l'accomplissement de cette formalité

doit être mentionné sur chacun des doubles; à défaut de cette précaution, il serait nul, à moins qu'il n'eût déjà commencé à être exécuté, ou que chacune des parties n'eût entre les mains le moyen de contraindre l'autre à l'exécution du traité : ainsi un engagement qui serait fait par correspondance serait valable, si des lettres produites il résultait que le consentement a été donné de part et d'autre, et que toutes les conditions du traité ont été valablement convenues et arrêtées.

211. La promesse d'engagement vaut engagement, si elle contient toutes les conditions, et qu'il soit bien certain qu'il n'est resté aucune incertitude entre les parties.

212. Le contrat d'engagement ne peut intervenir qu'entre personnes capables de s'obliger. Ainsi un mineur ne serait pas habile à s'engager sans le consentement des personnes dont il dépend, pour les actes ordinaires de la vie civile.

Si le mineur a encore son père, il ne pourra, sans son consentement, contracter l'engagement : à défaut de père, il devra se pourvoir du consentement de sa mère : et, s'il n'a plus ni père ni mère, du consentement de son tuteur : s'il n'a point de tuteur, le conseil de famille devra être convoqué pour lui en nommer un.

Le tribunal de commerce a consacré ces principes par un jugement du 10 janvier 1828, qui a annulé l'engagement pris envers le *théâtre de la porte Saint-Martin* par la demoiselle Gougibus, par le motif qu'elle était mineure, et qu'elle « n'a-

« vait pu contracter légalement sans l'autorisation
« de ses tuteurs légitimes, ou d'un conseil de fa-
« mille. »

213. La cour royale de Paris s'est montrée encore
plus rigoureuse : le 5 janvier 1828, elle a prononcé
la nullité de l'engagement contracté par mademoiselle Ancelin *avec l'autorisation de sa mère*, envers
le *théâtre de l'Ambigu-Comique*, en se fondant
sur ce « qu'une fille de douze ans avait nécessaire-
« ment ignoré les dangers de l'engagement qu'on
« lui faisait contracter, d'où il suivait qu'il n'avait
« pu y avoir de lien de droit. »

Il résulte de cet arrêt, qu'outre le consentement
du père ou de la mère, il est nécessaire que le mineur ait connu l'étendue de l'engagement qu'on
lui faisait contracter. La question de la validité
des engagements du mineur est donc subordonnée aux faits, c'est-à-dire à l'âge, à la condition
du mineur; ainsi la demoiselle Ancelin s'étant aussitôt après l'arrêt de la cour engagée à un autre
théâtre, nous croyons que ce nouvel engagement
n'aurait pas pu être annulé, parce qu'il n'y aurait plus eu lieu de penser qu'il avait été fait dans
l'ignorance des dangers du théâtre.

214. L'autorisation donnée au mineur pour
contracter un engagement doit-elle être enregis-
trée et affichée au tribunal de commerce, conformément à l'art. 2 du Code de commerce? L'affirmative avait été décidée dans l'affaire de mademoiselle Ancelin, par le tribunal de première
instance, mais la cour n'a pas reproduit ce moyen

dans son arrêt, et l'on doit en conclure qu'elle l'a rejeté. Autoriser un mineur à se faire comédien, ce n'est pas l'autoriser *à faire le commerce*. Il est vrai que quelques unes des dispositions du Code de commerce sont applicables aux comédiens, mais seulement par analogie. Les entrepreneurs seuls font acte de commerce, les comédiens en s'engageant ne font qu'un contrat de louage d'industrie, ainsi que nous l'expliquerons ultérieurement; dès-lors ils ne peuvent être soumis à une formalité exclusivement imposée aux *commerçants mineurs*.

215. La femme mariée ne peut s'engager sans le consentement de son mari : il importerait peu qu'elle eût déjà, avec ce consentement, contracté un premier engagement. On ne pourrait pas appliquer à ce cas la disposition du Code de commerce qui permet à la femme autorisée à être marchande publique, de s'obliger pour ce qui concerne son négoce, sans une nouvelle autorisation de son mari. Le mari qui a consenti à un premier engagement n'a point, par une conséquence nécessaire, permis tous ceux qui pourraient être contractés par la suite, mais il pourrait à l'avance donner à sa femme une autorisation générale, en vertu de laquelle elle serait habile à contracter tous engagements de théâtre, et tant que cette autorisation n'aurait point été révoquée, la femme pourrait valablement s'engager.

216. Un comédien qui se trouve déjà dans les liens d'un engagement, n'en peut point valable-

ment contracter un nouveau. Dans le cas où il signerait un engagement, il serait passible de dommages-intérêts envers l'administration avec laquelle il aurait traité, s'il lui avait laissé ignorer les liens qui l'attachaient à une autre entreprise. Mais s'il l'en avait informée, l'engagement serait nul, sans qu'il pût y avoir lieu à aucune indemnité ; c'est ce qui a été jugé dans l'espèce suivante :

L'acteur Arnal, engagé au *Vaudeville* pour trois ans, sous un dédit de 12,000 fr., s'était engagé encore envers les *Variétés*, mais ce dernier théâtre connaissait le contrat qui liait l'acteur au *Vaudeville*, cependant on voulait le contraindre à exécuter l'engagement contracté avec les *Variétés* ; une demande portée dans ce but devant le tribunal de commerce de Paris, fut écartée le 25 avril 1828, par le motif « que l'administration du *théâtre des Variétés* avait traité avec le sieur Arnal en « connaissance de son engagement au *Vaudeville* ; que cet acteur n'était pas libre d'en contracter un nouveau, et que ni l'un ni l'autre ne « pouvaient contracter ni conditionnellement, ni « pour un temps, tant que les conditions du *Vaudeville* subsisteraient. »

217. Les élèves de l'école royale de chant contractent un engagement avec cette école ; les divers réglements sur les théâtres défendent aux directeurs de les engager dans leur troupe. Si un engagement était contracté nonobstant cette prohibition, il devrait être soumis aux règles tracées dans le numéro qui précède.

218. Il n'y a pas d'engagement valable s'il n'a été contracté par celui que l'on prétend y être soumis. Un engagement de théâtre en particulier, obligeant la personne même du comédien, ne peut intervenir qu'avec son consentement. Ainsi un mari ne pourrait engager sa femme, un père son enfant et un tuteur son pupille, si ceux-ci n'y donnaient pas leur adhésion, et ils ne seraient point liés par un acte fait sans leur concours. Le pouvoir du mari, du père et du tuteur peut, dans certains cas, s'étendre jusqu'à engager les biens de ceux qui se trouvent sous leur autorité, mais il ne peut jamais engager leur personne. Le seul résultat d'un acte de ce genre serait de rendre celui qui l'aurait signé passible de dommages-intérêts envers l'administration théâtrale, s'il s'était porté fort de celui au nom duquel il traitait.

219. Il en serait autrement si le signataire de l'engagement était le fondé de pouvoirs de celui qu'il aurait engagé ; dans ce cas, l'acte serait obligatoire. Ce principe est applicable aussi au directeur, qui ne pourrait refuser d'exécuter les actes passés en son nom, et en vertu de sa procuration, soit par un des correspondants dramatiques chargés à Paris de servir d'intermédiaires entre les comédiens et les administrations théâtrales, soit par son régisseur expressément commis au soin de faire les engagements. Le tribunal de Bordeaux l'a ainsi jugé contre le sieur Baignol, directeur du théâtre de cette ville. Son régisseur avait engagé pour lui deux artistes, qui, sur la foi de ce traité, s'étaient

rendus à Bordeaux. Le directeur prétendait que les actes passés par le régisseur n'étaient qu'un préliminaire de l'engagement, et qu'il ne pouvait être lié que par sa signature ; mais, par jugement du 11 janvier 1828, le tribunal « considérant que « le régisseur avait agi comme mandataire du di- « recteur, et qu'en cette qualité il l'avait engagé « personnellement, a condamné le sieur Baignol à « exécuter les engagements, ou à payer une in- « demnité aux deux artistes. »

220. La durée de l'engagement est fixée par la convention même. A défaut de stipulation, on devrait s'en rapporter à l'usage de la troupe. Ainsi, en province, où tous les engagements sont faits pour une année, on présumerait que le contrat a été consenti pour ce temps.

Dans le cas où l'autorisation donnée par le père, la mère, le tuteur, ou par le mari, n'indiquerait pas la durée pour laquelle elle est donnée, on devrait aussi s'en rapporter à l'usage, et nous pensons que l'engagement devrait être annulé pour tout le temps qui excéderait, comme n'étant pas vala- blement autorisé.

221. Aucun engagement perpétuel ne peut être contracté. Celui dont le terme ne serait pas fixé ou qui embrasserait la vie entière du comédien serait nul, par application de l'art. 1780 du Code civil. Nos lois ne reconnaissent point de traités à vie, et ceux qui pourraient être faits n'ont rien d'obligatoire. L'acteur qui se serait ainsi engagé pourrait toujours rompre son engagement et aban-

donner l'entreprise : l'on ne verrait pas en France ce qui s'est passé dernièrement dans une petite principauté d'Allemagne, où une actrice avait fait *des vœux* perpétuels de théâtre, et s'est vue poursuivie *diplomatiquement* pour les avoir rompus.

222. Un engagement théâtral ne pourrait être prouvé par témoins s'il n'en était rapporté aucune preuve écrite. Il représente toujours une valeur supérieure à 150 fr., et l'art. 1351 défend dans ce cas la preuve testimoniale. A la vérité, le Code de commerce autorise ce genre de preuve pour les achats et les ventes, et il est admis par les tribunaux de commerce pour toutes les transactions qui interviennent entre négociants ; mais cette disposition exceptionnelle ne peut s'appliquer qu'à des actes qui se font ordinairement sans écrit, et qui peuvent être prouvés par les livres de commerce, circonstances qui ne se rencontrent point dans les contrats d'engagements, toujours rédigés par écrit.

Mais on pourrait invoquer les correspondances, qui servent souvent de moyens de communication pour les enrôlements dramatiques : elles pourraient être produites soit pour fournir une preuve complète, soit même comme commencement de preuve par écrit, avec lequel on pourrait ensuite recourir à la preuve testimoniale.

223. Si l'engagement avait reçu un commencement d'exécution, et que les parties ne fussent point d'accord sur les conditions, telles que le prix ou la durée, devrait-on s'en rapporter à l'affirma-

tion du directeur, ainsi que la loi le prescrit en matière de bail et de louage d'ouvrage pour le propriétaire ou le maître qui ont contracté? Nous penchons pour l'affirmative. La position est absolument la même. Dans le cas d'un engagement dramatique, il s'agit, comme dans les cas de bail et de louage d'ouvrage, d'un contrat de location, dans lequel le comédien s'engage à donner ses services au directeur; à l'égard du comédien, il nous paraît que le directeur doit jouir du même avantage que le propriétaire de la maison à l'égard du locataire, et le maître à l'égard du serviteur. Sans doute il pourra se faire que le comédien soit lésé par cette disposition, mais il était maître d'éviter cet inconvénient en rédigeant son engagement par écrit, et il doit s'imputer les suites de sa négligence. D'ailleurs, s'il a quelque moyen de prouver quelles ont été ses conventions, il pourra offrir de le faire. L'affirmation ne devra être accordée au directeur qu'en l'absence de toute preuve propre à éclairer la justice.

Dans ces sortes de contestations, après les explications des parties et les justifications qu'elles auront pu faire, les tribunaux pourront toujours déférer le serment d'office sur le fait qui restera douteux. Si les allégations de la partie à laquelle il sera déféré paraissaient exagérées, le jugement pourra fixer le montant de la somme jusqu'à laquelle l'affirmation sera admise (Code civil, art. 1366, 1369).

224. Non seulement le serment pourra être dé-

féré sur les conditions de l'acte d'engagement en lui-même, mais encore sur les à-comptes que le directeur alléguera avoir payés, à moins toutefois qu'il ne fût dans les usages de l'entreprise de prendre quittance des paiements ou de les faire émarger sur un livre de paie.

225. Il existe des administrations théâtrales où l'entreprise accorde aux comédiens des augmentations de traitement postérieurement à l'acte d'engagement. Cette obligation consentie après le traité ne s'y trouve point mentionnée, elle est annoncée au comédien, soit par lettres, soit même verbalement, et il n'intervient aucun acte de celui-ci pour donner son acceptation. Cependant l'irrévocabilité de cette concession ne saurait être mise en doute. Le consentement du comédien à l'engagement n'a pas besoin d'être constaté. On ne peut jamais douter qu'il n'ait été donné. Dans ce cas, on doit considérer les parties comme s'étant soumises réciproquement à une nouvelle condition, qui remplace la condition insérée au contrat d'engagement, et qui doit avoir la même force d'exécution. S'il était constant que l'usage de l'administration est de procéder ainsi, le comédien pourrait, en cas de dénégation, demander à faire la preuve de la nouvelle convention intervenue. Ce ne serait point prouver contre le contenu en l'acte d'engagement, puisque le fait allégué serait intervenu à une époque postérieure et n'attaquerait pas la première convention en elle-même. Les annonces écrites qui auraient été faites de l'aug-

mentation serviraient de preuve, et dans le cas où il n'en existerait point, on pourrait exiger la communication des livres et registres de l'entreprise pour y trouver des traces du fait. Avec ces éléments, appuyés au besoin par la preuve testimoniale, comme complément du commencement de preuve par écrit, on arriverait certainement à la constatation de la vérité.

226. L'acte d'engagement est obligatoire pour les deux parties pendant toute sa durée selon les conditions qu'il renferme. En cas de doute, l'interprétation doit avoir lieu en faveur du comédien, qui est la partie obligée. Ainsi le veut l'art. 1162 du Code civil.

227. Il est d'usage dans presque toutes les entreprises de théâtre de faire signer aux comédiens des actes d'engagement imprimés qui contiennent une longue série d'obligations, stipulées presque toutes en faveur du directeur contre le comédien. Le plus souvent ces actes sont signés aveuglément, sans avoir égard à toutes les clauses qu'ils renferment, et même à la suite d'accords entièrement contraires à quelques unes de ces clauses. Il est évident que, dans ce cas, le contrat ne renferme point les véritables conditions de l'engagement. Mais la loi défend de faire aucune preuve contre et outre le contenu aux actes, et quelque injuste que puisse être l'exécution d'une convention inexactement rédigée, il serait trop dangereux de la considérer comme dénuée de force et d'en livrer l'existence à l'arbitraire des tribunaux, pour qu'il

soit possible d'admettre que dans l'absence de preuves contraires, quelques unes des clauses pourraient être mises au néant. Mais si l'exécution du contrat avait déjà reçu une exécution contraire à certaines conditions de style, cette circonstance pourrait être invoquée pour servir à l'interprétation de l'acte.

228. Tels sont les principes généraux qui doivent être suivis quant aux engagements, à leur exécution, et au mode de les interpréter; examinons maintenant les droits et les obligations qui en résultent pour les comédiens.

§ II. — Des droits qui résultent pour le comédien de l'acte d'engagement.

229. L'obligation principale contractée par le directeur envers le comédien consiste dans les appointements stipulés à son profit : l'acteur a droit d'en exiger le paiement au taux et aux époques fixés par la convention, ou réglés par l'usage du théâtre. Si les appointements consistent dans une part sociale, le sociétaire comédien doit toucher aux époques fixées par l'acte de société.

230. Il est quelquefois stipulé dans les contrats d'engagement que les appointements courront seulement du jour du début de l'acteur. Une semblable clause ne peut point donner au directeur le droit de suspendre indéfiniment le paiement, en retardant les débuts : si l'acteur engagé avait sujet de craindre un semblable calcul, il devrait envoyer au directeur une sommation de le faire débuter, en déclarant qu'il entend qu'en cas de refus, les

appointements commencent à courir du jour de cette mise en demeure. En cas de difficulté, la question serait soumise aux tribunaux, qui devraient apprécier les circonstances, et donner cours au traitement de l'acteur du jour où le directeur aurait été en mesure de faire faire le début. Une semblable clause n'a qu'un but, c'est de ne point laisser au comédien la faculté de réclamer ses appointements avant d'avoir joué, et de lui imposer la nécessité de remplir ses obligations aussitôt qu'il peut le faire. Mais s'il est juste qu'il ne lui soit point permis de retarder l'exécution de ses promesses, la même raison d'équité veut que le directeur ne le puisse pas davantage. C'est d'après cette considération que doivent être jugées les discussions qui s'éleveraient en semblable occurrence.

231. Une question grave, déjà agitée plusieurs fois, consiste à savoir si la maladie du comédien, suspendant son service, doit aussi suspendre ses appointements.

Nous voyons dans le *Répertoire de Jurisprudence* que cette question a été agitée, en 1784, devant la cour des *plaids communs* d'Angleterre.

Mistriss Yates s'était engagée pour jouer pendant un an sur le théâtre de *Covent-Garden* moyennant 1,000 livres sterling que le directeur de ce spectacle avait promis de lui payer. Mais elle avait été presque toujours malade pendant la durée de son engagement, et le directeur refusait en conséquence de lui payer 850 livres sterling qui lui restaient dues. Elle l'a cité devant la cour des *plaids communs*. Là, elle observait que la convention faite devant le directeur du théâtre de *Covent-Garden* était pure et simple; qu'à la vérité, elle s'était obligée de jouer; mais que si elle n'avait pas pu remplir les rôles dont elle s'était chargée, ce n'était pas sa faute.—Le directeur du théâtre soutenait au contraire qu'il ne suffisait pas à une actrice d'alléguer une maladie, pour exiger le paiement de ses appointements. « Un directeur de spectacle, disait-il, n'engage des sujets qu'à condition qu'ils rempliront les rôles dont ils seront chargés. S'ils ne peuvent les remplir par quelque cause que ce puisse être, ils n'ont pas le droit de demander leurs appointements, parce que les appointements sont le prix du travail. »

Le président de la cour des *plaids communs* dit au jury que, suivant son opinion, dès que l'engagement entre l'actrice et le directeur était certain, ce dernier ne pouvait se dispenser de payer les appointements qu'il avait promis. Le jury adopta l'opinion du lord, et le directeur fut condamné à payer les 850 livres sterling que l'actrice réclamait.

Nous ne connaissons point de décision rendue en France sur cette importante question : elle devait s'agiter dans le procès intenté par madame Mainvielle-Fodor contre *Opéra italien;* mais une transaction consentie avant le jugement a prévenu la discussion.

232. En consultant les principes généraux du droit commun, nous ne saurions partager l'opi-

nion du jury anglais. Il est incontestable que le prix d'une convention ne peut être exigé qu'autant que la convention a été exécutée. Particulièrement en matière de louage d'ouvrage, tous les jurisconsultes s'accordent à décider que l'individu qui, après avoir loué ses services, se trouve empêché par une maladie imprévue de remplir son engagement, ne peut en exiger le salaire que proportionnellement au temps pendant lequel il a pu satisfaire à ses obligations.

On objecte que l'acteur qui tombe malade ne peut s'imputer aucune faute, et que l'accident qui le frappe doit être considéré comme un cas de force majeure dont il ne saurait être responsable. Cela est vrai; mais il n'en résulte point que le directeur soit tenu de payer des services qu'il ne reçoit point. Seulement l'acteur ne pourra être assujetti à aucune indemnité, comme il arriverait si la cessation de son travail était volontaire. La force majeure étant commune aux deux parties, le contrat sera rompu sans dommages-intérêts, et chacun deviendra libre.

Ne serait-il pas injuste que le directeur fût encore tenu de payer les appointements quand il ne reçoit point les services qui en sont la représentation? Il arrivera souvent qu'il devra remplacer l'acteur malade par un nouveau sujet, et s'il ne le fait point, sa troupe pourra en ressentir un vide susceptible de nuire aux bénéfices de l'entreprise, en diminuant les recettes des représentations.

233. Cependant, si la maladie de l'acteur n'était

que temporaire et ne durait que quelques jours, de manière à ne porter à l'entreprise qu'un préjudice momentané et peu grave, les appointements ne devraient point être supprimés. Des événements de ce genre sont dans la nature des chances que l'on a dû prévoir, et ils doivent être considérés comme étant entrés dans le calcul qui a présidé à la fixation du traitement.

234. La suspension du traitement ne pourrait frapper un acteur sociétaire, en ce sens qu'une maladie même longue pût lui enlever sa part sociale. Cette part est une propriété qui participe du traitement, mais qui ne peut y être assimilée. La qualité de sociétaire donnant des droits qui doivent durer autant que la société, une maladie, même prolongée, n'a point les mêmes inconvénients que quand elle vient interrompre un engagement, presque toujours fort court, et souvent borné à la durée d'une année. Mais si la maladie dégénérait en infirmité perpétuelle, qui rendît impossible le service de l'acteur sociétaire, il devrait être pourvu à son remplacement et à la liquidation de ses droits dans la forme indiquée par l'acte de société.

235. Les contrats d'engagement des actrices contiennent souvent une clause d'une singulière prévoyance. Il y est stipulé que leurs appointements seront suspendus pendant le temps où elles se trouveraient hors d'état de faire leur service par l'effet d'une grossesse survenue hors mariage : une semblable stipulation est obligatoire et doit

être exécutée. Mais pourrait-elle être suppléée dans un engagement où elle ne se trouverait point écrite? pourrait-on considérer cet empêchement momentané comme volontaire et hors des cas de force majeure? Nous ne le pensons point. Le soin pris par quelques directeurs de réclamer une semblable stipulation en prouve la nécessité, et donne un avertissement suffisant à ceux qui voudraient recourir à la même précaution.

236. Dans plusieurs entreprises de théâtre, une partie des appointements est convertie en jetons de présence, qu'on appelle feux. Les principes que nous venons d'exposer s'appliquent également à cette portion du traitement. Seulement l'acteur ne peut jamais prétendre à toucher ses feux quand il n'a pas joué, fût-ce pour une indisposition d'une soirée. L'objet de ce mode de distribution du prix de l'engagement est d'assurer l'exactitude et même d'empêcher les excuses fondées parfois sur une maladie imaginaire; ce but serait manqué si, dans ces occasions, les feux étaient attribués à l'acteur, sans emploi dans la représentation. L'usage des entreprises de théâtre est constant à cet égard et doit être suivi.

237. L'obligation de jouer résulte, pour le comédien, du contrat d'engagement, ainsi que nous le verrons plus tard; mais il convient d'examiner si elle est un droit pour lui, c'est-à-dire s'il peut contraindre le directeur à lui donner de l'emploi, et, en cas de refus, réclamer des dommages-intérêts.

Cette question a été agitée en 1828 devant la cour royale de Paris.

Mademoiselle Cœlina Fabre s'était engagée en 1827 au théâtre du *Vaudeville* dans l'emploi des *amoureuses, ingénuités* et *travestissements,* en double pour les rôles déjà joués, et en chef pour ceux qui lui seraient distribués dans les ouvrages nouveaux. Ses appointements furent fixés à 1800 fr. pour la première année, et 2000 francs pour la deuxième, et les feux à 2 fr. pour la première année, et 3 fr. pour la deuxième. Un dédit de 20,000 fr. fut stipulé pour le cas d'infraction aux engagements contractés. Mademoiselle Cœlina Fabre remplissait son engagement depuis quelque temps, lorsque le directeur jugea convenable de lui retirer quelques rôles qu'elle avait déjà joués. Elle se crut alors en droit d'intenter une action en justice pour obtenir, ou qu'on lui restituât ses rôles, ou que son engagement fût résilié.

La discussion s'établit sur l'obligation où pourrait être un directeur de spectacle de faire jouer les acteurs employés dans sa troupe : on disait, au nom de mademoiselle Cœlina Fabre, que son contrat d'engagement lui donnait des droits, et entre autres celui de jouer : « Un répertoire, ajoutait-« on, est le domaine de l'actrice qui l'a créé : un « acteur ne s'engage pas uniquement pour rece-« voir une somme déterminée, mais aussi pour « cultiver, par l'exercice, son talent et la faveur « du public. Le directeur n'a pas le droit, en « payant les appointements, d'anéantir l'existence

« dramatique des acteurs qui ont traité avec lui. »

« Si le pouvoir absolu, répondait-on au nom du
« directeur, est utile quelque part, c'est sans contre-
« dit dans un théâtre. Le maréchal de Saxe disait
« avec raison qu'une troupe de comédiens est plus
« difficile à conduire qu'une armée. Si tous les ac-
« teurs qui ne sont pas employés dans les rôles
« auxquels ils croient avoir droit venaient de-
« mander des dommages-intérêts, les persécutions
« seraient sans fin. C'est au directeur à juger si
« tel ou tel acteur convient à tel ou tel rôle. S'il
« a engagé un mauvais acteur, c'est à lui de se punir
« en payant les appointements de cet acteur, sans
« en tirer aucun service. »

6 février 1828, jugement du tribunal de commerce de Paris, qui prononce en ces termes :

« Attendu que, pour la saine interprétation des
« effets légaux des contrats synallagmatiques, il
« convient de consulter l'intention des parties ;

« Attendu qu'en matière d'engagement avec une
« administration théâtrale, le directeur s'oblige
« non seulement à payer les appointements con-
« venus, mais encore à maintenir l'artiste engagé
« dans le droit de jouer les rôles de l'emploi que
« cet artiste s'est chargé de remplir ;

« Attendu qu'il résulterait de l'inobservation de
« cette clause par le directeur, que l'artiste en-
« gagé serait réduit à une inactivité forcée qui nui-
« rait à ses moyens acquis et à leur perfectionne-
« ment, et le priverait d'exercer ultérieurement son
« état ;

« Attendu que, dans l'espèce, des conditions
« onéreuses avaient été imposées à la demande-
« resse, et qu'il importe de lui accorder la répa-
« ration du préjudice que lui a causé le refus du
« directeur de lui laisser jouer les rôles qui lui
« étaient attribués d'après les clauses spéciales de
« l'engagement ;

« Attendu qu'il convient d'appliquer aux faits
« de la cause les principes de droit qui viennent
« d'être rappelés ;

« Par ces motifs, le tribunal reçoit de Guerchy
« (le directeur) opposant quant au chef de la ré-
« siliation de l'engagement, et le condamne envers
« la demanderesse en 5,000 fr. de dommages-in-
« térêts et aux dépens. »

Ce jugement fut infirmé par un arrêt de la cour
de Paris, du 6 juin suivant ; mais la cour se dé-
termina par des considérations de fait énoncées
dans un rapport de M. Picard, auquel la cause
avait été renvoyée, et aucun des considérants de
l'arrêt ne contredit les principes qui avaient déterminé le tribunal de première instance.

Nous pensons que ces principes sont justes, et
qu'ils devront toujours être appliqués, à moins que
les circonstances du fait ne soient de nature à s'y
opposer. Il est certain que l'acteur à intérêt à jouer ;
il cultive ainsi son talent et la faveur du public :
un acteur qui ne paraîtrait dans aucune pièce serait bientôt oublié des spectateurs, et perdrait ainsi
le rang plus ou moins élevé qu'il pouvait obtenir dans l'estime du public. L'obscurité où il

tomberait nuirait à son avenir en le mettant hors
d'état de contracter avantageusement d'autres engagements : le préjudice serait d'autant plus grand
que l'acteur aurait été plus remarqué avant cette
disgrace ; on ne manquerait point d'attribuer cette
espèce de retraite à des défauts qu'il aurait contractés, et l'on craindrait d'employer ses services. Cet
intérêt d'honneur, qui est aussi un intérêt pécuniaire, devient encore plus positif quand le contrat
d'engagement stipule des feux au profit de l'artiste.
Dans ce cas, l'empêcher de jouer, c'est le priver
de ses appointements, qui sont sa propriété. Nous
pensons donc qu'en thèse générale un acteur a droit
de demander à être employé dans les représentations, et qu'il pourrait à juste titre se plaindre si
on le condamnait à l'inaction. Mais ce principe
ne doit être appliqué qu'avec réserve. Le directeur a besoin d'une grande latitude dans la distribution des rôles. La condition relative aux feux
ne peut le forcer à attribuer ou conserver à un seul
acteur les rôles qu'il lui convient de confier à un
autre. Le tribunal de commerce de Paris l'a ainsi
jugé entre le sieur Frédérick Lemaître et le directeur du théâtre de la *Porte-Saint-Martin*. (*Gazette
des Tribunaux*, du 2 juin 1829.)

238. Cependant cette règle est susceptible d'être
modifiée dans beaucoup de circonstances. Il peut
arriver que le répertoire des représentations soit
composé nécessairement, pendant un temps plus ou
moins long, de pièces où un acteur ne sera point
employé : le succès d'un ouvrage nouveau, dans

lequel cet acteur n'aura point de rôle, pourra engager l'administration à le représenter pendant long-temps tous les jours, et ainsi l'acteur restera inactif. Quelque préjudice qu'il en éprouvât, il ne serait pas recevable à se plaindre. Le droit réservé à l'acteur de demander de l'emploi ne peut avoir pour résultat de gêner la composition des répertoires : l'intérêt de l'entreprise doit passer avant le sien, et le directeur doit être investi de pouvoirs très étendus dans le gouvernement de son théâtre. Il pourrait encore arriver que l'acteur eût mécontenté le public au point de ne plus pouvoir être employé sans inconvénient pour le théâtre. Ce sont des faits particuliers qui autoriseraient une exception à la règle générale, sans la détruire. Les tribunaux devront y avoir égard, et c'est ainsi que la cour de Paris nous paraît avoir jugé le procès de mademoiselle Cœlina Fabre.

239. Un usage, qu'il n'est point dans notre plan de juger sous le rapport de l'art, établit parmi les comédiens une hiérarchie qui les classe entre eux selon des rangs fixés par les engagements ou les habitudes du théâtre. Les uns sont chefs d'emploi, et à ce titre ont le droit de jouer de préférence aux autres les rôles de leur emploi ; les autres ne sont que doubles ou *remplacements*, et ne peuvent paraître que sur le refus du chef d'emploi. Un acteur qui a créé un rôle, c'est-à-dire qui l'a joué le premier sur son théâtre, est chef d'emploi relativement à ce rôle, et doit toujours le jouer de préférence aux autres, ou bien en concurrence

avec le chef de l'emploi auquel ce rôle appartient.
Il est encore d'usage qu'un acteur ne puisse sortir
de son emploi pour remplir un rôle qui n'en fait
point partie. Plusieurs autres usages du même
genre règlent la distribution des travaux dramatiques, et établissent parmi les comédiens la supériorité ou la subordination. Ils forment encore
de véritables droits dont l'exécution peut être exigée. Ainsi, le chef d'emploi peut valablement s'opposer à ce que le double joue à sa place quand il
veut jouer lui-même; en cas d'infraction, chacun
peut faire valoir ses prérogatives, demander qu'elles
soient observées, et réclamer des dommages inté-
térêts, si elles sont méconnues. Cette règle souffre
exception dans le cas du début d'un nouvel acteur
auquel on laisse le choix des rôles où il doit paraître. Cette exception, fondée sur l'usage, doit
être autorisée.

240. Aux divers droits que nous venons d'indiquer, il convient d'ajouter tous ceux qui résulte-
ront des stipulations consenties entre le directeur
et l'artiste. Le contrat d'engagement est synallagmatique, il oblige également les deux parties. Sans
doute le directeur doit jouir d'une grande indépendance; mais le comédien ne doit point être
frustré dans ses droits. C'est avec la considération du respect dû aux conventions légalement formées, et à la loi privée que les parties se sont
imposée, que devront être tranchées toutes les
questions qui pourront s'élever sur l'interprétation et l'exécution des contrats d'engagement.

241. La principale obligation contractée par les
comédiens qui signent un engagement est de remplir les rôles qui leur sont attribués par leurs conventions. La désignation du directeur, semainier,
ou autre employé, chargé de composer les répertoires, suffit pour qu'ils soient régulièrement en demeure de remplir ce devoir.

242. Dans les entreprises théâtrales où il existe
plusieurs artistes pour chaque rôle, le chef d'emploi désigné pour jouer a la faculté de se faire remplacer. Cependant l'administration pourrait le contraindre à jouer lui-même et s'opposer à ce qu'il
se fît doubler. L'intérêt de l'acteur, en raison des
feux qui lui sont alloués, et même à raison de sa
réputation, est une garantie qu'il jouera le plus
souvent qu'il lui sera possible ; mais dans le cas
où cette garantie serait inefficace, la direction serait en droit d'exiger le service personnel du chef :
l'existence de l'acteur en double est dans l'intérêt
de l'entreprise, pour éviter les suspensions qui
pourraient résulter de l'empêchement du chef ;
mais elle ne donne point à ce dernier le droit de
s'abstenir volontairement de son service.

243. Si l'acteur désigné pour jouer s'en trouve
empêché par une raison légitime, il doit en prévenir l'administration, et le faire assez tôt pour
que le spectacle puisse être changé. Quand même
l'excuse serait légitime, nous pensons que l'acteur

qui, par négligence ou mauvaise intention, n'aurait fait part de son empêchement qu'à une époque tardive, pourrait être exposé à de justes reproches, et condamné à indemniser l'administration du préjudice qu'il lui aurait ainsi occasionné.

244. La fixation de l'indemnité due par l'acteur qui a fait manquer une représentation sans cause légitime, est laissée à l'arbitrage des tribunaux, à moins qu'elle n'ait été fixée par les réglements. Dans le cas où le public serait déjà entré, et où l'absence de l'acteur aurait forcé à rembourser la recette, le montant de cette recette peut servir de base aux dommages-intérêts, et les juges ont même le droit d'ajouter à cette somme en considération des autres dommages que le directeur aura éprouvés. C'est ce qu'a fait le tribunal de Rouen au mois de décembre 1828. La dame Dengremont, artiste du théâtre de cette ville, n'ayant pas voulu jouer un rôle qui lui avait été donné dans une représentation déjà affichée, force fut de rendre la recette. L'actrice fut assignée devant le tribunal civil de Rouen. La recette rendue ne s'était élevée qu'à 400 et quelques francs. L'avocat de Mme Dengremont soutenait qu'elle avait été en droit de se refuser à jouer, et qu'en tous cas elle ne pouvait être condamnée qu'à la restitution de la recette; mais le tribunal, considérant que son refus n'était point légitime et avait occasionné du trouble et une perte réelle au directeur, porta les dommages et intérêts à 500 fr.

Les dommages-intérêts peuvent aussi être infé-

rieurs au montant de la recette. Ainsi, le 13 août
1828, le tribunal de commerce de Paris n'a condamné qu'à 100 fr. d'indemnité le sieur Carré, acteur de la troupe de MM. Seveste, qui avait fait
manquer une réprésentation et forcé à rendre
300 fr. au public.

Il appartient aux magistrats de peser les circonstances et d'y avoir égard dans le calcul des dommages-intérêts.

245. Le service de la représentation est préparé
par l'étude des rôles et par les répétitions. Les
artistes doivent se rendre à ces répétitions aux heures indiquées par le directeur. Ils y sont obligés
quand même ils sauraient déjà leurs rôles, et ne
croiraient point qu'il leur fût personnellement nécessaire de les répéter encore. Le directeur est
juge de la convenance et de l'utilité de ces travaux
préparatoires, les comédiens doivent exécuter les
ordres qu'il leur donne. En général, pour tout ce
qui touche à leur service, ils doivent se soumettre
au directeur, et ne peuvent se faire juges de la nécessité des études et des exercices qui leur sont de-
mandés. Il est nécessaire qu'un pouvoir très étendu
appartienne aux personnes chargées de l'entreprise; sans une subordination exacte et rigoureuse,
il serait impossible de concilier tous les caprices,
toutes les exigences d'une réunion de volontés si
nombreuses et souvent si divergentes.

246. Les comédiens doivent encore se soumettre aux mesures d'ordre et de discipline intérieure qui sont prescrites par le directeur. Lors-

qu'ils se trouvent au théâtre, ils sont entièrement
sous les ordres de leur chef ; si le silence leur
est prescrit, si des loges séparées leur sont assi-
gnées, s'il leur est défendu de se réunir à certaines
heures, etc., etc., ils sont tenus de déférer à ces
précautions, sans être admis à en contester le mérite.

247. Dans l'usage ordinaire, des amendes sont
établies par les directeurs de théâtre pour assurer
l'exécution de ces réglements. Lorsque les comédiens y ont donné leur consentement, et ont déclaré s'y soumettre, ils peuvent y être contraints.
Mais il faut que le réglement imposant les amendes ait été connu d'eux, et n'ait reçu aucune modification. Il ne serait au pouvoir du directeur ni
d'établir un réglement postérieurement à l'engagement, ni de changer celui qui existait déjà, ce qui
serait la même chose.

248. Il arrive souvent que les engagements
soumettent les acteurs aux réglements déjà existants, quoiqu'ils ne les aient pas vus, et même à
ceux qui pourront être faits par la suite. Une semblable stipulation est-elle obligatoire? D'abord,
quant aux réglements antérieurs, on doit supposer qu'ils ont été communiqués au comédien. S'il
ne les connaissait point, il a eu tort de s'y soumettre aveuglément. Quant aux réglements à intervenir, la clause par laquelle l'acteur déclare s'y
soumettre doit être appliquée avec quelque réserve. Elle ne peut s'entendre que de mesures
conformes à l'usage et n'ayant rien d'exorbitant.

Elle ne donnerait point au directeur le droit d'imposer des obligations et de les entourer de pénalités, auxquelles il serait évident que l'intention de l'acteur engagé n'a pu être de se soumettre.

249. Nous pensons que les réglements même auxquels l'acteur a donné son consentement ne seraient point obligatoires, si les dispositions en étaient injustes et trop exagérées; si, par exemple, la rigueur de leurs ordres et l'énormité des amendes étaient de nature à donner au directeur le droit d'enlever à l'acteur son traitement, et de le contraindre à faire son service pour rien. L'équité naturelle autant que les principes du droit s'opposeraient à l'application d'une clause qui donnerait au directeur la faculté de s'enrichir des travaux des ses acteurs, sans leur en tenir aucun compte. L'on devrait penser que l'intention des parties est contraire à une semblable stipulation. Il en serait de même si les réglements contenaient des dispositions destructives des clauses des engagements. Les stipulations insérées personnellement par l'acteur dans son engagement devraient toujours être considérées comme l'emportant, pour lui, sur des mesures générales qui, antérieures à l'engagement, auraient été abrogées par lui, et postérieures l'auraient abrogé.

250. La maladie est l'excuse le plus fréquemment alléguée par les comédiens pour se dispenser de leur service. Souvent il est bien difficile de constater la vérité du fait. On s'en rapporte ordinairement au témoignage du médecin attaché au

théâtre. Si ce médecin reconnaît l'existence d'une incapacité de service, l'excuse de l'acteur doit être admise sans difficulté, et le directeur ne peut pas être admis à la contester, car on doit considérer son médecin comme son représentant, pouvant l'engager par sa décision. Mais le comédien dont l'excuse aura été rejetée pourra-t-il demander une autre visite, et réclamer de son côté le témoignage de son propre médecin? Il nous paraît que cette faculté lui appartient. Le médecin de l'administration peut ne pas être considéré comme parfaitement impartial : d'ailleurs celui qui aura déjà donné ses soins à l'acteur indisposé pourra avoir des données particulières sur l'état de sa santé et le caractère de sa maladie. Mais en cas de désaccord entre les deux, auquel devra-t-on s'en rapporter? Il faut avouer que la position ne sera pas sans embarras. Il faudrait, ce nous semble, consulter dans ce cas une troisième personne choisie par les deux parties et dont l'opinion prévaudrait. Sans doute il sera impossible de contraindre l'acteur à jouer, quand même il serait reconnu qu'il le peut sans inconvénient, mais alors il sera justement responsable de toutes les suites d'un refus qu'on devra considérer comme dénué de fondement.

251. Nous avons déjà dit que chaque acteur avait, dans l'usage, un emploi déterminé. Les engagements précisent toujours celui qui doit être rempli par l'artiste engagé. A moins de stipulation formelle, on ne pourrait le forcer à jouer un rôle qui serait étranger à cet emploi. La désigna-

tion de l'acte d'engagement vaut, à cet égard, de clause formelle. Les divers emplois dramatiques exigent des études, des capacités, des moyens physiques qui leur sont propres. On courrait le risque de causer un préjudice notable au comédien en le faisant paraître hors des rôles auxquels il s'est destiné. D'ailleurs, quand il n'a contracté d'engagement que pour une classe de rôles, lui en imposer d'autres, ce serait ajouter à ses obligations. En effet, toutes les pièces n'ont point des rôles de tous les emplois, et en conséquence l'acteur qui n'en remplit qu'un seul est sûr de n'avoir point à paraître dans chaque ouvrage. En le faisant sortir de cette position, on pourrait lui donner à jouer dans toutes les pièces.

252. On a vu plus haut (n° 227) que les clauses imprimées dans les actes d'engagement sont obligatoires pour les comédiens, bien que souvent elles n'aient pas été prises en considération au moment du traité. Ce principe peut-il être appliqué lorsque l'engagement porte à la main la désignation d'un emploi pour l'artiste et qu'ensuite une clause générale, *imprimée,* ajoute qu'il devra jouer tous les rôles qui lui seront donnés par le directeur? La raison de douter résulte de ce qu'il paraît que la mention spéciale d'un emploi restreint la généralité de la clause postérieure. Mais on ne peut s'empêcher de reconnaître que l'acteur, plus particulièrement attaché à certains rôles, peut néanmoins être appelé à les jouer tous, et que la désignation particulière de quelques uns n'exclut

pas les autres. Quelque rigoureuse que soit cette interprétation, c'était au comédien à l'éviter en faisant rédiger son engagement d'une manière plus précise, et l'on ne peut mettre au néant une stipulation qu'il a ratifiée par sa signature. Un arrêt de la cour de Paris, du 20 janvier 1829, a décidé, conformément à cette opinion, que l'acteur Philippe, engagé aux *Nouveautés* pour les premiers comiques, avec obligation de jouer tous les rôles convenables à son physique et à son talent, ne pouvait refuser un rôle secondaire que le directeur lui avait donné.

253. La détermination de l'emploi auquel chaque rôle appartient acquiert de l'importance par le principe que nous venons d'énoncer : mais elle ne peut faire naître de difficultés ; on connaît toujours au théâtre le caractère de chaque rôle, l'habitude indique l'emploi auquel il appartient ; le choix de l'acteur qui l'a créé dans la capitale, les indications des auteurs ou des correspondants dramatiques empêchent l'équivoque, si elle pouvait exister. Si cependant la nature du rôle n'était point certaine, dans le cas par exemple d'une pièce nouvelle, à Paris, ce serait au directeur ou à l'auteur de choisir l'acteur qui doit s'en charger.

254. La clause du traité qui assigne à un comédien le titre de chef d'emploi lui donne le droit de réclamer les rôles qui appartiennent à son emploi, à moins que, comme il arrive souvent, il ne se soit soumis aussi à jouer des rôles secondaires lorsque le directeur l'exigerait. Mais, sauf stipu-

lation contraire, le directeur peut choisir un autre
chef pour le même emploi, et l'acteur qui avait
obtenu ce titre le premier ne serait pas recevable
à se plaindre de cette adjonction. Dans ce cas, si
un rôle nouveau avait été donné au second, et
que le directeur voulût ensuite le remettre au premier, celui-ci ne pourrait objecter qu'il n'en a
pas été chargé d'abord, que même on le lui a retiré. Le tribunal de commerce de Paris l'a jugé dans
l'espèce suivante : L'acteur Frédérick Lemaître
avait été chargé du rôle de *Marino Faliero* dans
la tragédie de ce nom. Des circonstances particulières lui firent retirer ce rôle, qui fut donné à
M. Ligier. Ce dernier, après l'avoir rempli pendant
un grand nombre de représentations, ne put en demeurer chargé, parce qu'il quittait le *théâtre de
la Porte Saint-Martin*. Le directeur voulut alors
remettre le rôle à M. Frédérick, qui le refusa, en
soutenant qu'on l'avait empêché de le jouer lors
de la création, que même un jugement avait ratifié
cet empêchement; que, par conséquent, on ne
pouvait plus le contraindre à y paraître. Mais le
tribunal, par un jugement du 10 septembre 1829,
rejeta cette excuse et condamna Frédérick à exécuter l'ordre du directeur.

255. En province, il existe plusieurs troupes
dont le personnel n'est pas assez nombreux pour que
les acteurs ne soient pas tenus de paraître dans les
chœurs. Les contrats d'engagement leur en impo-
sent l'obligation formelle. S'ils se taisaient, il faudrait
consulter l'usage pour décider si l'acteur est tenu

de descendre au rang des figurants, dans les pièces
où il n'a point de rôle plus important. La solution
de cette question dépendrait de l'importance de
l'emploi auquel l'acteur appartient. Il est quelques
emplois dont les acteurs ne sont jamais contraints
de se soumettre à ce service. C'est encore là une
question de discipline intérieure, où le directeur
doit avoir la faculté de trancher une difficulté qui,
par sa nature, doit être jugée intérieurement.

256. En principe général, les comédiens doivent remplir tous les rôles qui leur sont donnés
par le directeur, selon la désignation de l'acte d'engagement. Cependant le directeur ne pourrait exiger que le comédien se chargeât d'un rôle qui l'exposerait à quelque danger; que, par exemple, il
se confiât aux machines, passât à travers les trappes
du théâtre, si ce service pouvait compromettre sa
sûreté. Il suffit, pour justifier l'acteur, que ce
qu'on exige de lui soit de nature à effrayer un
homme raisonnable; mais on pourrait se montrer
plus rigoureux envers les artistes que leur emploi
ou la nature du spectacle auquel ils seraient attachés appelleraient spécialement à subir des inconvénients de cette espèce.

257. Il y a peu de temps, une discussion s'est
engagée entre les comédiens d'un théâtre de Paris
et leur directeur. Celui-ci voulait leur faire jouer
un prologue pour lequel ils devaient se placer
dans les loges, parmi les spectateurs, et y remplir
leurs rôles; ils s'y sont refusés. Nous ne croyons
pas ce refus fondé; dans le service qu'on réclamait

des acteurs, il n'y avait rien qui pût compromettre leur délicatesse et qu'on dût considérer comme
étranger à leurs engagements. Plusieurs pièces
ont déjà été faites, dans lesquelles les acteurs
jouaient ainsi parmi les spectateurs : jamais on n'a
pensé qu'ils eussent dérogé en y prenant un rôle.
D'ailleurs, une simple convenance morale ne peut
pas autoriser un acteur à refuser un rôle : autrement ils en viendraient à soutenir qu'on ne doit
point les charger de représenter un personnage
odieux ou ridicule ; et, avec une pareille susceptibilité, tout le répertoire pourrait être arrêté. On
a objecté que le directeur ne pourrait contraindre
les acteurs à faire la *parade* à la porte ; cela est
vrai ; mais l'exemple est mal choisi. Des exercices
de *parade* ne pourraient être exigés, parce qu'ils
constituent un spectacle à part, évidemment distinct du service ordinaire des comédiens, un spectacle donné *gratis* au public extérieur, et réservé,
par l'usage, aux bateleurs de la foire ; mais il n'en
est pas ainsi de la représentation intérieure, devant le public ordinaire, d'une pièce régulière,
qui ne diffère du reste du répertoire que par la
place où sont distribués les comédiens.

258. L'acteur engagé dans une troupe sédentaire ne peut être obligé de voyager même pour
le service de l'entreprise. Il serait toujours, en cas
de consentement au voyage, en droit de réclamer
une indemnité de déplacement ; mais dans les
troupes ambulantes, les comédiens doivent suivre
tous les déplacements de la troupe, selon l'itiné-

raire tracé par le directeur ; ils ne seraient jamais
en droit de se refuser à cette partie de leur service. Il serait possible que les lieux à parcourir
n'eussent point été désignés dans l'acte d'engagement, ou que leur nombre fût changé postérieurement par l'administration chargée de tracer l'i-
tinéraire des troupes de comédiens. L'acteur ne
pourrait point se prévaloir, soit de cette désignation incomplète, soit du changement fait à la circonscription, pour refuser son service. Le tribunal de commerce d'Arras l'a ainsi jugé contre le
sieur Falbert. (*V.* la *Gazette des Tribunaux* du
28 juin 1828.) L'engagement l'assujettit à suivre
la troupe partout où elle peut aller, et l'on doit
considérer les changements apportés par l'autorité,
comme ayant été prévus par les parties et rentrant
dans les obligations qu'elles ont contractées : par
la même raison, le directeur ne serait point fondé
à demander la diminution du traitement du comédien, quand même le nombre et la distance des
villes à parcourir auraient été diminués.

259. L'engagement contracté par le comédien
attribue à l'entreprise théâtrale avec laquelle il a
traité, la jouissance exclusive de son talent dramatique : on ne peut douter que l'intention du
directeur qui l'engage ne soit de profiter de tous
les produits qui pourront être retirés de ce talent.
L'acteur ne peut donc donner des représentations
hors du théâtre auquel il est attaché. Les actes
d'engagement en font ordinairement la réserve
formelle, et, dans leur silence, elle devrait être

suppléée. Il est certain que le comédien qui se montrerait au public dans d'autres représentations causerait préjudice à son entreprise ; toutefois la direction peut l'y autoriser ; mais l'interdiction n'empêcherait pas l'acteur de paraître dans une réunion particulière, soit par une complaisance désintéressée, soit même moyennant une récompense. Une réunion de ce genre n'étant point publique, elle ne pourrait être considérée comme faisant concurrence avec l'entreprise théâtrale, et la défense imposée au comédien de se montrer hors du théâtre, ne peut s'appliquer qu'aux réunions qui pourraient établir une rivalité. Les autres ne nuisant point à l'entreprise, le directeur serait sans intérêt et par conséquent sans droit à se plaindre.

260. Le comédien ne peut pas, sans la permission du directeur, s'absenter du lieu où se trouve le théâtre, même quand le répertoire, arrêté à l'avance, lui donnerait sujet de penser qu'il ne sera pas employé aux représentations : il doit toujours demeurer à la disposition de l'entreprise, soit pour les répétitions et autres travaux préparatoires, soit pour les représentations ; mille accidents pouvant faire changer la composition du répertoire, il faut qu'on puisse le trouver au besoin pour paraître dans les pièces qui seraient données au lieu de celles qui étaient indiquées à l'avance. En s'absentant sans permission, le comédien s'exposerait à des dommages-intérêts envers l'administration théâtrale.

261. L'obligation de jouer, imposée au comédien,

est suspendue pendant les congés qui lui sont accordés. Le nombre et la durée de ces congés sont
ordinairement fixés par l'acte d'engagement ou par
les réglements du théâtre. S'ils n'étaient établis
d'aucune façon , le comédien n'aurait pas le droit
d'en exiger. Son engagement l'assujettit à jouer,
sans exception , pendant tout le temps pour lequel il a contracté. Si l'époque où le congé doit
avoir lieu n'est point fixée , c'est au directeur à la
déterminer selon les convenances et les besoins du
service. Il doit avoir plein pouvoir à cet égard, afin
de combiner l'absence des sujets de sa troupe de
manière à ne point entraver les répertoires. Si
l'époque du congé est fixée , c'est une convention
qui doit être exécutée , quand même elle pourrait
nuire à l'entreprise. Le directeur ne serait point
fondé à substituer une autre époque à celle que le
contrat d'engagement aurait indiquée ; il convient,
en conséquence , qu'en pareil cas la direction
prenne ses précautions, et ne se soumette point à
des congés susceptibles de préjudicier à ses intérêts.

262. Les comédiens de Paris emploient ordinairement leurs congés à donner des représentations
en province , et c'est principalement pour profiter
de ces représentations, qu'ils stipulent dans les engagements le nombre et la durée des congés auxquels ils auront droit. Les entreprises de théâtre
ne pourraient s'opposer à l'exercice de cette faculté : mais si , en stipulant le congé ou en l'accordant sans stipulation dans l'acte d'engagement ,

l'entreprise avait interdit au comédien le droit de jouer hors de son théâtre, il ne pourrait contrevenir à cette prohibition, que le directeur avait le droit de lui imposer comme condition du congé.

263. Les obligations contractées par l'acte d'engagement ne doivent point en général être considérées comme personnelles au directeur qui les a souscrites : l'acteur doit être présumé avoir traité avec l'entreprise plutôt qu'avec l'entrepreneur. En conséquence si celui-ci cédait ses droits à un tiers, il pourrait en même temps lui céder le produit de l'engagement. Le comédien ne pourrait point se prévaloir du changement de directeur pour rompre son engagement ; à moins toutefois que le premier directeur ne présentât des garanties qui ne seraient point offertes par le second : dans tous les cas, le comédien qui n'aurait pas formellement accepté le second directeur pour seul obligé, pourrait, en cas de non paiement, exercer son recours contre le premier, tenu personnellement de sa signature et de la solvabilité de celui qu'il se serait substitué. Par suite du même principe, celui qui prendrait l'entreprise serait soumis à tous les engagements qui la greveraient ; il devrait exécuter les jugements qui auraient été rendus contre elle, et qui conserveraient contre lui l'autorité de la chose jugée ; il serait tenu de remplir toutes les obligations consenties par son prédécesseur, mais en tant seulement qu'elles seraient constatées par l'acte d'engagement et que le nouveau directeur en aurait eu connaissance. Car, s'il existait des conventions ac-

cessoires, verbalement arrêtées et ignorées de ce nouveau directeur, il ne pourrait en être tenu, fussent-elles constantes. On devrait penser qu'il a souscrit son traité, parce qu'il ne les connaissait pas, et, en principe, nul ne peut être soumis qu'aux engagements qu'il a sciemment contractés. Dans ce cas, le comédien n'aurait d'action personnelle que contre l'ancien directeur, auteur de la stipulation.

264. En général, les principes qui règlent les obligations des comédiens existent également toutes les fois qu'il s'agit d'une entreprise de théâtre sous quelque forme qu'elle puisse être : ils tiennent à la nature du traité et aux conséquences qu'il doit naturellement produire ; ils sont indépendants des formes et de l'organisation de l'entreprise. En conséquence tout ce que nous disons des directeurs, entrepreneurs, sociétaires et comédiens, doit être appliqué à tous les traités faits d'un côté par un individu qui s'engage à jouer sur un théâtre, et de l'autre par une ou plusieurs personnes qui le font jouer et qui ont mis l'entreprise en spéculation, qu'elles soient en société, en direction, en théâtre royal : les raisons de décider sont toujours les mêmes, et les décisions doivent être semblables. Les seules différences qui existent dans le sort des comédiens attachés à certaines entreprises seront indiquées ci-après dans un titre séparé.

§ IV. — Des différentes manières dont finit l'engagement.

265. L'engagement finit par l'expiration du temps

pour lequel il a été contracté. Si l'on a fixé comme terme l'expiration de l'année théâtrale, on devra suivre l'usage des lieux pour déterminer l'époque. Dans ce cas, il ne serait pas au pouvoir du directeur de fermer le théâtre avant la fin de l'année, et de priver les acteurs d'une partie de leur traitement. L'acteur engagé pour toute l'année théâtrale a dû compter sur un emploi pendant tout ce temps, et ne peut perdre le salaire qui lui avait été assuré. Si le directeur juge à propos d'arrêter les représentations, il n'en devra pas moins payer le traitement jusqu'à l'époque où l'usage amenait la fermeture.

266. Dans quelques administrations théâtrales, où les acteurs sont ordinairement engagés plusieurs années de suite, la direction est dans l'usage de faire connaître ses intentions quelque temps à l'avance aux acteurs qu'elle ne veut point conserver. Un semblable usage constitue-t-il un droit au profit du comédien, de telle sorte que l'administration qui n'a pas prévenu dans le délai soit responsable de son silence? Cette question s'est engagée devant la Cour de Paris, sur la demande de mesdames Gros, Falcoz, Delatre, Gorenflot et Level, contre M. Frédérick Dupetit-Merré, alors directeur de l'*Odéon*. Ces dames argumentaient d'un usage général et de la raison d'équité, qui ne veut pas qu'on laisse un artiste dans l'incertitude de sa position et dans l'impossibilité de s'en choisir une nouvelle. Le tribunal de la Seine repoussa leur demande, en se fondant principalement sur des circonstances particulières, notamment sur ce qu'on ne justi-

fiait pas de l'usage qu'on avait dit exister, et sur ce que, par des lettres écrites plus de cinq mois avant l'expiration des engagements, M. Frédérick avait fait connaître ses intentions.

Sur l'appel des cinq actrices, la question a été nettement décidée dans un arrêt qui a confirmé le jugement, par le motif « qu'il ne s'agissait pas, dans « la cause, de la résiliation d'un contrat dont les « parties doivent s'avertir dans un délai déterminé, « conformément aux réglements, mais de l'é- « chéance d'un engagement synallagmatique, dont « le terme a été fixé par les contractants. »

Cette décision nous paraît fort juste : quand l'engagement détermine lui-même l'époque où il doit cesser, il n'est plus nécessaire de donner aucun autre avertissement à l'acteur. La convention tracée par cet acte devient la loi commune des parties, et aucun usage ne peut l'emporter sur les termes de la stipulation. Il en est d'un contrat d'engagement comme d'un bail ; le directeur ne pourrait être contraint de faire connaître à l'avance ses projets ultérieurs, que dans le cas où l'engagement, comme beaucoup de baux, indiquerait plusieurs termes auxquels les parties pourraient rompre ou resserrer leurs liens. Si l'engagement était illimité dans sa durée, les parties devraient s'avertir réciproquement de l'intention où elles seraient de le rompre, et observer pour cet avertissement le délai fixé par l'usage. On devrait encore, dans ce cas, suivre par analogie le principe établi pour les baux dont le terme n'est point fixé.

267. La position des comédiens, à l'égard de la direction, est absolument la même que celle de la direction à leur égard : dans le cas où le terme de l'engagement est fixé, le comédien n'est pas plus tenu d'annoncer à l'avance son désir de se retirer, que la direction ne l'est de le prévenir qu'elle ne veut pas le conserver. Lorsqu'un avertissement préalable est nécessaire, il doit être donné par le comédien à la direction tout aussi bien que par celle-ci au comédien ; en un mot, la réciprocité est complète, et le théâtre est assujetti, envers l'artiste, aux mêmes obligations que l'artiste envers lui.

268. Si, après l'expiration du terme, l'acteur reste au théâtre et y est encore employé, il s'opérera, entre lui et l'administration, un nouvel engagement par tacite reconduction. Sauf le cas où les nouvelles conditions seraient formellement arrêtées, les obligations et les droits respectifs des parties seront régis par les stipulations du premier acte d'engagement : il deviendra leur loi commune, quoiqu'il n'ait pas été littéralement renouvelé : la présomption légale est que, pour un service semblable, on a voulu rester sous l'empire des mêmes stipulations.

269. La faillite du directeur est encore une des causes de rupture de l'acte d'engagement. En effet, elle enlève au directeur la disposition de ses droits, la faculté de s'engager ; elle paralyse le présent et détruit l'avenir. Dans cette situation, il est évident que le comédien ne peut plus être tenu

de remplir un contrat qui ne peut être exécuté
envers lui. La faillite du directeur entraînant la
révocation de l'autorisation, il arrivera presque
toujours que la troupe sera entièrement dissoute
à l'instant même, et , par conséquent, il ne
s'élevera pas de difficulté sur la rupture de l'engagement. Mais si les créanciers du directeur voulaient diriger l'entreprise, et fournissaient des garanties égales à celles que possédaient les comédiens
avant la faillite, ceux-ci ne pourraient refuser de
continuer leur service, parce que l'acteur est plutôt attaché à l'entreprise qu'au directeur, ainsi que
nous l'avons dit n° 263.

270. Dans le cas de faillite, la rupture de l'engagement donnerait aux acteurs le droit de réclamer, outre leurs appointements échus, des dommages-intérêts pour le préjudice que cette rupture
leur occasionnerait. Auraient-ils un privilége pour
le paiement de cette créance ? sous le rapport de
l'équité, il nous semble que ce privilége ne peut
être contesté : les comédiens, en faisant marcher
l'entreprise, ont dû compter sur les produits des
recettes pour garantie de leur engagement, et ces
recettes sont presque entièrement le résultat de
leur travail et de leur activité personnelle. Cependant les priviléges ne peuvent jamais résulter que
d'une disposition de la loi ; une considération d'é-
quité ne suffit point pour les créer ; et tous les
créanciers du théâtre, qui ont fourni de l'argent
pour l'entreprise, peuvent également se prévaloir
de l'espoir qu'ils avaient fondé sur les recettes.

Mais nous avons déjà indiqué la nature des rapports du comédien au directeur : quoique cette analogie puisse blesser quelques amours-propres, nous pensons que ces rapports sont ceux du maître au serviteur. Cette opinion nous a déjà fait admettre (n° 221) qu'en cas de différend sur la quotité des appointements, le directeur devait, sauf la preuve contraire, en être cru sur son affirmation. Elle nous fait penser aussi que les comédiens pourraient invoquer la disposition de l'art. 2101 du Code civil qui accorde un privilége sur la généralité des meubles *au salaire des gens de service, pour l'année échue et ce qui est dû sur l'année courante.* Tous les motifs qui ont pu dicter cette disposition de la loi s'appliquent aux comédiens : la jurisprudence en fait profiter tous les jours les commis, les employés de toute espèce des négocians, et tous ceux dont la collaboration a fait marcher l'entreprise, et nous ne voyons pas quelle raison pourrait empêcher les comédiens de jouir du même avantage.

271. La résolution d'un contrat est toujours prononcée quand l'une des parties ne satisfait pas à ses obligations. Ce principe doit être appliqué aux actes des comédiens avec les directeurs. Ainsi le comédien peut demander la rupture de son engagement lorsque le directeur ne remplit pas les conditions qui lui sont imposées. Le même droit appartient au directeur contre le comédien qui manque à ses devoirs, soit en ne faisant pas exactement son service, soit en refusant d'obéir aux

réglements qui sont obligatoires pour lui, et en portant le trouble et le désordre dans la troupe. Mais, aux termes de l'art. 1184 du Code civil, la résolution n'a point lieu de plein droit : si donc le directeur a des reproches à adresser au comédien, ou le comédien au directeur, au point de faire résilier l'engagement, il doit se pourvoir devant les tribunaux, et ne peut, jusqu'au jugement à intervenir, se dispenser de remplir ses engagements. C'est par suite de ce principe que le tribunal de commerce d'Avignon a jugé, le 18 septembre 1827, qu'un chef d'atelier, qui croyait avoir à se plaindre d'un de ses ouvriers, n'avait pas pu, avant qu'il eût été statué sur ses griefs, l'expulser de sa maison. (*Courrier des Tribunaux*, du 30 septembre 1827.)

La Cour de Paris a aussi jugé dans l'affaire du *Théâtre des Nouveautés* contre la demoiselle Vigne, que le directeur, qui reprochait à cette jeune artiste d'avoir négligé son service, n'avait pas pu la congédier par un simple acte extra-judiciaire, et que, quoiqu'il lui eût déclaré par huissier qu'elle ne faisait plus partie du théâtre, il lui devait ses appointements pendant toute la durée de son engagement.

272. Si l'acteur engagé est refusé par le public, l'acte d'engagement se trouve annulé. C'est une clause que renferment toujours ces actes, et qui devrait y être suppléée, si elle ne s'y rencontrait point. Cependant il est une classe de comédiens auxquels on ne pourrait l'appliquer, c'est celle des

choristes et figurants, qui, par là nature de leurs services, la modicité des appointements, et leur peu d'importance personnelle, doivent être considérés comme traitant avec l'administration à ses risques et périls, et comme dégagés de l'obligation de se faire agréer par les spectateurs. C'est par ce motif que jamais il ne sont soumis à la formalité des débuts, et que les directeurs omettent souvent de les indiquer sur les tableaux de la troupe, et même sur les affiches. Il arrive parfois aussi que des acteurs tout novices sont engagés dans une entreprise, à fort bas prix, pour y faire leur apprentissage. On ne saurait non plus leur appliquer le principe de la nécessité de l'acceptation par le public; c'est au directeur à en tirer le parti qu'il juge convenable, et à ne point leur confier de rôles qui soient au-dessus de leurs forces : le taux, toujours si médiocre, des appointements qui leur sont donnés, et la durée souvent fort longue de l'engagement, sont fixés en considération de leur inexpérience et du peu d'utilité qu'ils peuvent rapporter à la troupe. Le contrat passé avec eux est tout-à-fait aléatoire; il est définitif, quel que soit le résultat de leurs premiers essais et la réception qui leur est faite par le public.

273. Sauf ces exceptions, le principe que nous avons énoncé au numéro précédent est incontestable. Mais son application est très difficile par l'embarras de décider si l'acteur a ou non été agréé par les spectateurs; et, d'abord, qui prononcera sur ce point de fait, de l'acteur, du direc-

teur ou de l'administration publique, qui trop souvent se constitue organe du public? Nous pensons que ce ne sera aucun des trois : l'acteur peut être dominé par son amour-propre ou son intérêt, et se méprendre sur l'accueil qu'il aura reçu ; le directeur n'est pas non plus désintéressé et peut avoir des motifs personnels pour souhaiter la rupture ou le maintien de l'engagement ; d'ailleurs, il ne peut être au pouvoir ni de l'un ni de l'autre de rompre seul une convention synallagmatique : quant à l'autorité, elle ne peut s'immiscer dans une question privée, et nous verrons bientôt quelles conséquences peut avoir son intervention. Il faut donc nécessairement recourir au pouvoir judiciaire, que le droit commun investit du soin de prononcer sur toutes les contestations qui s'élèvent entre les citoyens. Les tribunaux jugeront si c'est le cas de prononcer la résiliation, c'est-à-dire si le public n'a pas agréé l'acteur. A la vérité, ce point de fait pourra lui-même offrir quelque embarras. Que devra-t-on en effet considérer comme une chute? Faudra-t-il que la majorité des spectateurs se soit prononcée contre le débutant, ou l'improbation de la minorité suffira-t-elle pour autoriser la résiliation? Il est impossible de fixer aucune règle à cet égard : le talent de l'acteur, sa réputation, son emploi dans la troupe, sont autant de circonstances qui peuvent influer sur la décision : en effet, un acteur secondaire pourra ne point céder à telle improbation qui suffira pour autoriser la retraite d'un acteur du premier rang :

tantôt l'acteur voudra se retirer, malgré le petit nombre de sifflets qu'il aura essuyés, tantôt il voudra rester malgré l'ignominie d'une désapprobation non équivoque ; le directeur pourra aussi se trouver dans telle position qui l'engagera à conserver un acteur malgré la défaveur publique, ou à le repousser malgré le suffrage de la majorité. C'est aux tribunaux qu'il appartiendra de prendre en considération toutes ces circonstances accessoires, de faire la part de l'amour-propre et de la cupidité, et de décider si l'engagement doit être rompu. On sent fort bien que le résultat du jugement ne pourra jamais être d'imposer au public un acteur qui ne lui conviendrait point : d'abord, quand le jugement du parterre n'aura point été équivoque, il ne pourra y avoir d'incertitude dans la décision : en second lieu, les tribunaux auront plus souvent à prononcer sur les dommages-intérêts réclamés, qu'à ordonner le service du comédien. Quant aux moyens d'instruction et de preuve à employer, ils ne différeront en rien des autres procès : des témoins pourront être entendus, la notoriété, toujours attachée aux événements du théâtre, pourra être consultée, les gazettes consacrées à l'histoire des débuts dramatiques seront compulsées avec la réserve convenable, et de tous ces éléments résultera la conviction des juges.

274. Ordinairement les comédiens se réservent le droit de débuter plusieurs fois, avant qu'une décision puisse être prise sur la nature de la réception faite par le public. Cette convention doit

être exécutée : c'est une espèce de recours, d'appel, interjeté devant le public, et les deux parties doivent s'y soumettre : la résiliation ne pourrait être réclamée ni par l'une ni par l'autre, avant l'accomplissement des diverses épreuves exigées par l'acte d'engagement, ou établies par l'usage. Cependant il pourrait se faire que dès le premier début, le mauvais succès du débutant eût été si flagrant que toute nouvelle tentative présentât peu d'espoir : dans ce cas le directeur ou le comédien pourraient-ils se refuser à un'nouvel essai ? Nous ne le croyons pas. La stipulation des trois débuts est faite dans l'intérêt des deux parties ; aucune ne peut s'y soustraire sans le consentement de l'autre ; même après un essai malheureux, un acteur peut rentrer dans les bonnes graces du public, et il ne peut priver le directeur de cette chance, de même que le directeur ne peut la lui refuser s'il veut la courir. D'ailleurs, il n'y a pas lieu de croire que des difficultés réelles s'élèvent à ce sujet ; si la chute du comédien ne laisse pas l'espoir d'un retour favorable de la part du parterre, on peut présumer que le directeur et lui seront d'accord pour renoncer aux autres débuts, et de plus, si l'ordre pouvait être compromis par un second essai, l'autorité municipale ne manquerait pas de s'y opposer.

275. C'est du résultat des trois débuts que se forme le maintien ou la rupture de l'engagement : en vain l'acteur sifflé au troisième aurait été accueilli au premier, il ne pourrait soutenir que son admission

doit être prononcée. Réciproquement l'acteur accueilli aurait été sifflé la première fois, ou mal reçu
du public, qu'il ne pourrait se prévaloir de cette
circonstance pour soutenir que son engagement est
rompu. En cas de difficulté, l'opinion du directeur
devrait prévaloir, surtout si elle était ratifiée par
l'autorité. C'est ce que le tribunal de Rouen a jugé,
le 18 juin 1828, contre le sieur Nicolo, qui, prétendant avoir été outrageusement applaudi du public, demandait la rupture de son engagement.

Le tribunal a rejeté cette demande, en déclarant:
« que c'était à tort que le sieur Nicolo demandait la
« nullité de son engagement, sur le fondement
« qu'il n'avait point été agréé par les spectateurs;
« que le contraire de cette prétention était établi;
« *que le directeur, seul juge en cette matière,*
« *avait décidé que cet acteur était admis d'après*
« *la manifestation de l'opinion du public*, et que,
« dès-lors, Nicolo, loin d'avoir été repoussé,
« comme il le prétendait, avait été favorablement
« accueilli par la majorité; que l'administration
« municipale avait, par son silence, confirmé la
« décision du directeur, puisque, dans maintes oc-
« casions, cette administration avait fait connaître
« au directeur le désir qu'elle avait de voir exécu-
« ter la décision du parterre relativement au ren-
« voi d'un acteur, afin d'éviter les scènes de
« trouble et de désordre qui auraient pu être la
« suite de sa conservation; mais que, relativement
« au sieur Nicolo, elle avait gardé le plus profond
« silence, preuve qu'elle regardait sa présence

« comme agréable au public, et qu'elle le considé-
« rait également comme admis. »

276. L'usage des trois débuts n'est point suivi
quand il s'agit d'un acteur déjà connu du public
devant lequel il paraît, et qui fait ce qu'on appelle sa
rentrée. Dans ce cas, le parterre est à même d'exprimer son opinion sur un artiste qu'il a eu occasion d'apprécier, et le directeur ne peut prétendre
qu'il a ignoré la capacité de celui qu'il engageait.
L'acteur qui *rentre* peut donc demander à n'être
assujetti qu'à un seul début, et, s'il a été admis par
le public il se trouve aussi définitivement engagé
que les acteurs nouveaux après leurs trois débuts :
s'il a été repoussé, il ne peut réclamer le droit de
faire un nouvel essai.

277. La chute du comédien entraîne la résiliation de l'engagement sans dommages-intérêts de
part ni d'autre, à moins de stipulation contraire.
C'est une condition résolutoire prévue par la convention, et dont l'accomplissement ne peut être
imputé à tort aux parties contractantes ; cependant
si le comédien sifflé avait déjà rendu des services
à l'entreprise, par exemple en paraissant dans
des ouvrages où il aurait, par des rôles secondaires, facilité les débuts de ses camarades, ou si
l'acte d'engagement faisait courir les appointements
du jour de l'arrivée de l'acteur, indépendamment
de l'époque de ses débuts, il devrait recevoir son
traitement pendant le temps qui aurait précédé sa
chute, non à titre d'indemnité de la résiliation du
contrat, mais comme récompense soit de son ser-

vice, soit de son séjour dans le lieu du théâtre.

278. Mais la fraude, qui fait exception à toutes les règles, serait un motif de ne point appliquer le principe que nous venons de poser ; ainsi, si un comédien, voulant rompre son engagement, et préférant cette rupture aux intérêts de son amour-propre et de sa réputation, était convaincu d'avoir à dessein et volontairement mérité les sifflets du public, en remplissant mal ses rôles de débuts, les tribunaux pourraient, tout en reconnaissant le fait du non-succès, et en résiliant l'engagement, le condamner à payer des dommages-intérêts ; de même, si le directeur avait organisé une cabale pour faire tomber un acteur dont il aurait voulu se débarrasser, il pourrait être également condamné à une indemnité. Cette dernière hypothèse s'est réalisée il y a quelques années. La demoiselle Noyrigat, ayant été sifflée par le parterre du théâtre d'Amiens, a soutenu que le directeur avait provoqué cette disgrace, et ce fait ayant été déclaré constant, la cour royale d'Amiens a condamné le directeur à lui payer des dommages-intérêts. La faute du directeur, dans cette espèce, consistait à avoir lui-même fait la critique de l'actrice et répandu le bruit que si elle était congédiée par le public, il était prêt à contracter un engagement avec une artiste d'un mérite supérieur.

279. La rupture de l'engagement sans indemnité souffre exception lorsque le directeur a engagé définitivement un acteur sans le soumettre à l'épreuve des débuts, sur la bonne opinion qu'il

12.

avait conçue de son talent. Si l'acteur succombe, le directeur doit s'imputer de n'avoir pas exigé la condition de l'acceptation du public, et la rupture du contrat ne peut nuire au comédien à l'égard duquel l'engagement a été définitif et complet. C'est ce qu'a décidé le tribunal de Rouen, le 19 mai 1829, entre la demoiselle Simonnette Delamarre et le directeur du *Théâtre des Arts*.

Il en sera à plus forte raison de même si le directeur a traité avec un acteur déjà connu, en le dispensant aussi de l'obligation des débuts. L'acteur ainsi engagé peut, dans le cas d'une chute, demander une indemnité au directeur. Il est fondé à alléguer que le directeur a dû apprécier sa capacité, et par conséquent juger s'il était en état de remplir, à la satisfaction du public, l'emploi dont il se chargeait : que, s'il s'est trompé dans ce jugement, il doit seul supporter les conséquences de son erreur. Cette question s'est présentée en 1829 à Lyon. Le sieur Flamarion, ancien acteur de la troupe de l'*Odéon*, qui avait ensuite parcouru les départements avec quelque succès, avait été engagé par le directeur du théâtre de Lyon pour un emploi de la tragédie. L'engagement, fait par correspondance, ne disait rien des débuts ; il était évidemment contracté en raison de la réputation acquise par M. Flamarion. Cependant le parterre de Lyon ne ratifia pas le jugement que d'autres spectateurs avaient porté sur ce comédien; il fut impitoyablement sifflé. Forcé de se retirer, il réclama une indemnité, le directeur la lui refusa,

mais le tribunal de Lyon lui donna gain de cause,
par les motifs suivants :

« Considérant que Flamarion était à l'époque
« où il s'est engagé dans la troupe de Desroches
« (le directeur) un acteur déjà connu, puisqu'il
« avait joué sur le théâtre de l'*Odéon ;* que, s'il en
« avait été autrement, Desroches aurait dû faire
« d'autres stipulations que celles qui ont été ar-
« rêtées entre les parties, et notamment subor-
« donner l'exécution desdites conventions à la
« condition nécessaire pour Flamarion de trois dé-
« buts suivis de succès, tandis qu'il n'a prévu que le
« cas de la fermeture du théâtre par force majeure.

« Considérant qu'un directeur de théâtre doit
« savoir apprécier et les talents des acteurs qu'il
« engage, et le goût du public devant lequel ils
« doivent jouer, et faire son choix de manière à
« satisfaire le public; que si Desroches s'est trompé,
« Flamarion ne doit pas supporter tout le poids
« de cette erreur ; qu'il est à croire que, s'il n'eût
« pas traité avec ce directeur, il aurait trouvé à
« contracter un autre engagement, tandis qu'au-
« jourd'hui, l'année théâtrale étant commencée,
« il sera bien difficile pour lui d'utiliser son ta-
« lent ; que dans l'état il appartient au tribunal de
« fixer la quotité de l'indemnité. »

Par ces motifs, le tribunal accorda au sieur Flamarion une indemnité qu'il fixa d'office. Le directeur s'étant pourvu contre ce jugement, un arrêt
de la cour de Lyon, du 23 juillet 1829, en prononça la confirmation.

280. Les comédiens qui signent un engagement sont dans l'usage de se faire payer une somme plus ou moins considérable en avance sur leurs appointements. Si l'acteur n'a point réussi, il est évident qu'il devra la restitution de cette avance, à la déduction de ce qui aura pu lui être attribué dans les cas précédemment indiqués. Si les malles de l'artiste, qui voyagent ordinairement aux frais du directeur, étaient encore en sa possession, comme arrivées à son adresse, pourrait-il les retenir à titre de gage des avances dont la restitution lui serait due ; et même dans le cas où l'acteur, après l'envoi de ces malles, ne se rendrait point à son poste, le directeur pourrait-il exercer cette rétention, soit pour contraindre l'acteur à venir, soit pour se couvrir du montant des avances déjà faites et des dommages-intérêts auxquels il pourrait avoir droit? La négative n'est point douteuse. Ce droit ne pourrait appartenir au directeur qu'autant que ces malles ou effets lui seraient remis à titre de gage, et après l'accomplissement des formalités prescrites par les art. 2073, 2074 et suivants du Code civil, ce qui n'a jamais lieu dans ce cas. Seulement le directeur serait autorisé à ne se dessaisir de ces objets qu'autant qu'il serait couvert des frais de voiture, s'il les avait payés sans en être tenu par les conventions de l'engagement, et des frais qu'il aurait pu faire pour leur conservation. (Code civil, art. 1947, 1948, 2102-6°.) Il pourrait de plus se faire autoriser à saisir ces mêmes objets comme appartenant à un débiteur forain,

en remplissant les formalités prescrites par les articles 822 et suivants du Code de procédure civile. Si la saisie était déclarée valable, il serait en droit de faire procéder à la vente, pour être payé sur le prix, et dans la distribution de ce prix, il viendrait concurremment avec les autres créanciers du comédien, sans pouvoir prétendre à aucun privilége.

281. Plusieurs autres causes peuvent entraîner la rupture de l'acte d'engagement. Après les débuts terminés, le comédien peut encourir la défaveur du public et en être repoussé. Cette résiliation, bien qu'elle soit encore dictée par le parterre, ne devra pas être jugée par les mêmes principes que celle qui résulte de la chute au moment des débuts. Ses conséquences doivent principalement retomber sur le directeur. Le comédien qui a fait ses débuts avec succès a rempli la condition imposée à son admission. Le contrat est devenu définitif, et son existence ne peut être remise chaque jour en question. Le directeur, en n'exigeant que les débuts dont il a fixé la durée, a pris sur lui la responsabilité de l'exécution du contrat, et ne peut plus exiger rien du comédien qui a satisfait à cette première obligation. Il devra donc, si l'acteur est congédié par le public après les débuts, lui donner une indemnité du préjudice occasionné par cet incident. Mais il en serait autrement si le mécontentement du public pouvait être imputé à l'acteur, si par exemple celui-ci l'avait provoqué par sa négligence, son défaut de soin ou sa mau-

vaise conduite. Dans ce cas, loin d'être tenu à aucune responsabilité, le directeur serait en droit
de réclamer et d'obtenir des dommages-intérêts.

282. Il peut se faire aussi, et il arrive souvent,
que l'autorité administrative défende à un acteur
de reparaître, et qu'ainsi le directeur, soumis aux
ordres de cette autorité, ne soit plus maître de
remplir l'engagement. La question de savoir s'il
pourra être tenu à des dommages-intérêts a déjà
été plusieurs fois agitée et présente une difficulté
sérieuse.

La cour royale d'Orléans a été appelée à se
prononcer dans l'espèce suivante :

La demoiselle Elisa Martin avait été engagée au
théâtre d'Orléans, pour un an, moyennant 300 fr.
par mois. Aux termes de son engagement, elle
devait se conformer aux réglements, et ce même
engagement était annulé de plein droit, si elle
n'était pas accueillie du public dans trois débuts
consécutifs. Mademoiselle Elisa Martin débuta ;
elle fut admise. Mais bientôt, soit que le public
ne vît pas se réaliser les espérances qu'il avait
conçues du talent de cette actrice, soit qu'il cessât
de lui rendre la justice qui lui était due, mademoiselle Elisa Martin ne paraissait plus sur la scène
sans provoquer quelques murmures improbateurs.
Il paraît pourtant que sa présence n'excita jamais
de trouble, et qu'en aucune circonstance elle ne
manqua aux égards qu'elle devait au public. Mais
M. le maire, qui craignait peut-être que les désordres graves qui avaient éclaté aux premiers débuts

de la troupe ne se renouvelassent , écrivit au sieur Chaillou , directeur , *qu'il eût à dire à mademoiselle Elisa Martin qu'elle ne pouvait plus jouer sur le théâtre.*

Le directeur fit signifier cette lettre à mademoiselle Elisa Martin , avec injonction de ne plus paraître sur la scène. L'actrice se pourvut devant le tribunal de commerce pour obtenir une indemnité.

La lettre du maire, disait-on en son nom, n'est adressée qu'au sieur Chaillou ; c'est à ce dernier à en subir les conséquences ou à les combattre. M. le maire, d'ailleurs, doit protéger l'industrie des acteurs comme celle de tous les autres citoyens ; il ne peut pas , dans la prévision de troubles qui n'auront pas lieu , et alors que l'on n'a rien à reprocher à l'actrice , la priver tout à coup de son état. Le mérite de l'actrice est soumis à une autre décision que la sienne ; le public seul est le juge du talent. Le maire peut être juge des torts, quand il en existe ; mais les tribunaux sont seuls juges des conventions. Or , dans les trois débuts , mademoiselle Elisa Martin a été accueillie du public ; elle a rempli son engagement. Le sieur Chaillou ne lui a pas imposé d'autre condition. Elle est prête à jouer ; sinon, il lui faut une indemnité.

Le directeur répondait qu'il ne pouvait laisser jouer mademoiselle Martin ; le maire ne le veut pas , il faut obéir. L'actrice n'a point de torts , cela est vrai ; le directeur n'en a point non plus , on ne peut donc lui adresser aucun reproche ; dans une

pareille position, il faut se reporter aux règles
générales du droit ; l'ordre du maire est pour le
sieur Chaillou une force majeure, il ne doit donc
point d'indemnité.

Jugement du tribunal de commerce d'Orléans
qui décide qu'une indemnité est due, et pour le
quantum renvoie devant arbitres.

Le sieur Chaillou appelle de ce jugement.

Devant la cour M. l'avocat-général Desportes a
pris la parole seulement en ce qui concernait l'arrêté du maire, dont il a soutenu la légalité.

28 novembre 1826, arrêt de la cour, après un
long délibéré, dont la *Gazette des Tribunaux* reproduit ainsi les principaux motifs.

« Considérant qu'il est avancé par Elisa Martin,
« et qu'il n'est pas dénié par Chaillou qu'elle a
« subi l'épreuve des trois débuts et a été agréée
« par les spectateurs, qu'elle a ainsi rempli la con-
« dition qui lui était imposée, d'où il résulte que
« l'engagement est devenu définitif entre eux ;

« Que depuis les débuts jusqu'au mois de sep-
« tembre dernier, cette actrice a, sans interrup-
« tion, continué à remplir les rôles dont elle était
« chargée, et qu'il s'est écoulé quatre mois pen-
« dant lesquels elle a été en possession paisible de
« son état ;

« Que Chaillou convient qu'il n'avait aucun re-
« proche à lui adresser touchant les obligations ou
« nécessités du théâtre, et qu'il ne s'appuie en-
« core aujourd'hui que sur la lettre de M. le
« maire, en date du 25 septembre ;

« Que l'empêchement opposé à Elisa Martin
« n'étant point prévu par aucun des articles de
« l'engagement entre eux convenu, et ne résultant
« point d'ailleurs de faits que celle-ci pût discu-
« ter, il y a lieu de lui accorder une indemnité
« que la cour fixe à 150 fr. par mois, à partir du
« 1er octobre jusqu'à la fin de l'année théâtrale, si
« mieux n'aime Chaillou reprendre envers elle
« l'exécution de son engagement. »

Une décision semblable a été rendue par le tribunal de commerce d'Amiens.

Un sieur Frédéric Roubau avait été engagé dans
la troupe de cette ville pour l'emploi des *Elleviou*.
Les trois débuts étaient terminés, mais le dernier
avait été marqué par un épisode assez bizarre. Les
opinions étant partagées, monsieur le commissaire
de police avait ordonné un scrutin par assis et levé,
et proclamé que la majorité du parterre était évidemment pour l'acteur. Mais la mairie avait, trois
jours plus tard, pris un arrêté qui défendait au
directeur de laisser reparaître sur la scène le sieur
Frédéric. Celui-ci s'est pourvu devant le tribunal
de commerce pour obtenir une indemnité, et de
part et d'autre on a discuté les moyens de droit qui
avaient été présentés dans le procès de la demoiselle Elisa Martin.

Sur ces contestations, le tribunal, reconnaissant
« que le commissaire de police avait proclamé l'admission de l'acteur par la majorité, lors de son
troisième début; que dès-lors le directeur l'avait
admis, puisque du lundi au jeudi il ne lui avait

pas fait connaître l'intention de le rejeter ; que ce n'était qu'en vertu de l'arrêté de M. le maire qu'il lui avait signifié qu'il ne faisait plus partie de la troupe, qu'en conséquence il lui devait une juste indemnité», lui a accordé, à titre d'indemnité, le montant de ses avances et 3oo fr. de dommages-intérêts.

283. Malgré ces deux décisions, il faut reconnaître que la question est grave et mérite un examen approfondi.

Il est certain, comme nous l'avons précédemment expliqué, que le directeur contracte des obligations par l'acte d'engagement : il doit employer l'artiste engagé et, en compensation de l'emploi, lui payer les appointements stipulés. S'il n'exécute point le contrat, il est hors de doute que des condamnations en dommages-intérêts peuvent être prononcées contre lui. Mais la force majeure est une cause de résolution de toutes les conventions : quand elle survient, le contrat est anéanti réciproquement sans indemnité : *Il n'y a lieu,* porte l'art. 1148 du Code civil, *à aucuns dommages-intérêts lorsque, par suite d'une force majeure ou d'un cas fortuit, le débiteur a été empêché de donner ou de faire ce à quoi il était obligé, ou a fait ce qui lui était interdit.*

D'après ce principe, si le directeur d'un théâtre est, par un événement de force majeure ou par un cas fortuit, placé dans l'impossibilité de continuer son exploitation, l'engagement contracté devra être résilié sans indemnité. Ainsi l'occupation de la ville par l'ennemi, une loi qui fermerait le théâtre, lui donneraient le droit de congédier ses acteurs sans dédommagement.

Il importe peu que le cas de force majeure ait été ou non prévu. L'art. 1148 assimile la force majeure au cas fortuit qui, par sa nature, ne peut être prévu, et il établit ainsi qu'elle doit produire son effet légal, même quand il n'existe point de stipulation à cet égard. Aussi nous ne saurions approuver le *considérant* de la cour d'Orléans qui se fonde sur ce qu'il n'avait point été question dans l'acte d'engagement de la résiliation par le fait de l'ordre de l'autorité. Si cet ordre constitue une force majeure, il doit entraîner la résiliation, et ni l'une ni l'autre des parties ne devra de dommages-intérêts.

Mais un arrêté municipal qui défend au directeur de laisser reparaître un acteur est-il un événement de force majeure? C'est là ce qu'il importe d'examiner.

Il est vrai que, sous l'empire de nos institutions administratives, le directeur est tenu de se soumettre à cet ordre. Mais il ne faut pas confondre cette puissance avec la force majeure dont parle la loi et devant laquelle doivent céder toutes les volontés et s'anéantir toutes les conventions. La force majeure ne peut résulter que d'un obstacle inévitable, invincible, supérieur à tous les efforts, plus grand que toutes les résistances et dont l'existence est une exception aux règles ordinaires : c'est là le fait qui, détruisant la possibilité d'agir, doit en même temps détruire les contrats; et toutes les fois

que ces caractères de nécessité absolue et d'empire
irrésistible ne se rencontrent point, les conventions doivent continuer de gouverner ceux qui les
ont souscrites. La foi donnée aux conventions légalement formées est trop impérieuse, leur exécution trop nécessaire pour que l'on puisse aisément
s'y soustraire.

Or, nous ne trouvons point ces caractères dans
l'ordre donné à un directeur de théâtre par l'autorité municipale. D'abord les pouvoirs que nous
lui avons reconnus (*V*. n° 101) l'autorisant à exiger le remplacement d'un acteur qui ne suffit pas
aux besoins de la troupe, le directeur seul doit
être responsable d'un ordre qui peut être occasionné par le choix qu'il aura volontairement fait
d'un sujet incapable de remplir convenablement son
service. Le comédien ne s'étant pas engagé à obtenir l'approbation de l'autorité, mais seulement à
subir ses débuts devant le public, ne peut souffrir
de l'erreur commise par le directeur en traitant
avec lui. Le pouvoir municipal, exercé dans la vue
d'assurer une bonne composition de la troupe, ne
frappe que le directeur, et ne peut s'étendre à
d'autres que lui. D'ailleurs les ordres de la mairie
ne sont pas assez irrévocables pour avoir le caractère d'une force majeure : elle peut elle-même les
retirer, elle peut les accorder par complaisance ou
par faiblesse ; soumettre les comédiens à en subir
toutes les conséquences, ce serait parfois leur imposer des obligations que le directeur pourrait
lui-même solliciter pour servir de prétexte à ses ca-

prices. Il est bien plus juste que ces conséquences retombent sur le directeur : lui seul peut critiquer et discuter les actes, en solliciter le rappel, en réclamer l'annulation ; le comédien, au contraire, y est tout-à-fait étranger ; il ne peut en examiner le mérite, ni répondre aux faits qu'ils énoncent. Le plus souvent le directeur n'obéit que par suite de la dépendance où il est placé ; lui seul doit souffrir de cette complaisance, et le sort du comédien ne peut être mis à la discrétion et dépendre de la docilité ou de l'énergie d'un entrepreneur à qui ses intérêts commandent souvent une aveugle soumission envers l'autorité.

Ainsi, à notre avis, le directeur ne pourra se mettre à l'abri de tout recours en se prévalant d'un ordre administratif. Mais, dans ce cas, les tribunaux seront chargés d'apprécier toutes les circonstances, ils fixeront la quotité des dommages-intérêts d'après la conduite et le talent du comédien, le plus ou moins de part qu'il aura pu prendre à l'intervention de la décision municipale, et ne contraindront le directeur à payer que les indemnités qui pourront être équitablement mises à sa charge.

284. Le décret impérial du 15 octobre 1812, art. 64, conforme aux traditions de l'ancien régime, prononce aussi la résiliation des engagements des théâtres secondaires de Paris et de ceux de la province, dans le cas d'un ordre de début sur un théâtre royal, donné par certaines autorités. Sans contester la légalité des décrets de l'empire, nous pensons que les droits consacrés par

la charte sont incompatibles avec cette disposition empruntée aux habitudes du despotisme. Un
engagement théâtral est un contrat aussi sacré
qu'aucun autre ; il ne peut être annulé que par la
volonté des parties ou la puissance des tribunaux.
D'un autre côté, contraindre un comédien à abandonner ses travaux, sa résidence habituelle, pour
venir, contre son gré, débuter sur un théâtre qui
n'est pas le sien, c'est attenter à sa liberté individuelle. Cependant, il y a quelques années, on a
prétendu appliquer la disposition dont nous nous
occupons. Mademoiselle More obtenait à Rouen des
succès qui laissaient présager la réputation qu'elle
a méritée depuis. On désira sa présence à l'*Opéra-
Comique*. M. le duc d'Aumont lui adressa un ordre
de début auquel elle déféra aussitôt. Le directeur
du *théâtre de Rouen*, convaincu de l'illégalité de
l'ordre donné par M. le premier gentilhomme,
cita mademoiselle More devant les juges de Paris,
pour la faire condamner au paiement du dédit stipulé en cas d'inexécution de son engagement.
L'actrice opposa pour toute défense l'ordre qu'elle
avait reçu ; mais, malgré la sincérité de cette excuse, un arrêt de la cour royale, du 18 mai 1820,
donna gain de cause au directeur. L'intendant des
Menus-Plaisirs du roi était intervenu sur l'appel
pour soutenir l'efficacité de l'ordre de début.

La même question a été sur le point de s'engager au sujet de M. Perlet, qui était attaché au
Gymnase. Il pouvait y avoir plus de difficulté à la
résoudre dans cette circonstance, en ce que ce

théâtre n'avait été autorisé que pour préparer des sujets à la *Comédie-Française*. Mais cette condition de l'autorisation n'était point obligatoire, d'après le principe que nous avons exposé, n°ˢ 19 et 20. En outre, il paraît que Perlet n'avait pas été prévenu de cette obligation imposée au théâtre par le gouvernement. Le procès ne fut pas intenté, sans doute dans la crainte que les tribunaux ne fussent pas disposés à accueillir la prétention de MM. les gentilshommes de la chambre.

Nous croyons donc que les ordres de début ne peuvent détruire les traités passés par les comédiens, et ne doivent point par conséquent être rangés parmi les causes de rupture des engagements.

285. Aucun acteur ne devant, aux termes des réglements, être engagé dans une troupe sans justifier d'un congé délivré par le directeur de celle qu'il quitte, tout directeur est tenu de délivrer ce congé aux comédiens dont l'engagement est expiré. Dans le cas de refus de sa part, une circulaire du 12 octobre 1815 décide que c'est au maire de la ville dans laquelle se trouve la troupe, ou au préfet, à juger le différend, et à faire délivrer le congé, ou à donner enfin, s'il y avait lieu, une déclaration qui en tiendrait la place. Si le refus du directeur avait causé un préjudice à l'acteur, nous croyons qu'il pourrait en outre réclamer des dommages-intérêts devant les tribunaux.

286. Lorsque les actes d'engagement stipulent une somme déterminée à titre de dédit pour

les cas de rupture, cette somme doit être accordée à celui qui en a acquis le bénéfice, et il n'est pas au pouvoir des juges d'y rien ajouter ou d'en rien retrancher (Code civil, art. 1152). Mais cette stipulation doit être appliquée seulement aux cas pour lesquels elle a été faite ; pour tous les autres, elle peut servir de base, par analogie, mais elle ne gêne en rien la faculté laissée aux juges d'apprécier la quotité des dommages-intérêts qui sont dus. C'est ainsi que dans l'affaire du sieur Flamarion, dont il a été question plus haut, le tribunal de Lyon, tout en accordant des dommages-intérêts, n'a point suivi la fixation contenue dans l'acte d'engagement pour le cas de fermeture du théâtre par force majeure.

287. Le dédit stipulé par l'engagement n'est exigible qu'à l'instant où le contrat doit s'exécuter. Ainsi l'acteur qui se serait attaché à une troupe et qui préviendrait à l'avance le directeur qu'il n'exécutera point sa promesse, et qu'il se soumet au paiement du dédit, ne pourrait être contraint à l'acquitter que lorsque le terme de l'engagement serait arrivé. C'est ce que le tribunal de Rouen a jugé entre le sieur Andrieu et le directeur du théâtre de Lyon, au mois d'octobre 1829. (*V. Journal des Comédiens* , du 18 du même mois).

§ V. — Des comédiens dans leurs droits politiques et civils.

288. Il n'est pas sans intérêt d'examiner si la profession des comédiens introduit quelques modifi-

cations dans leurs droits et leurs obligations personnelles, à l'égard de l'état, de leur famille et
des autres citoyens. On a si long-temps placé les
comédiens dans une position tout exceptionnelle,
qu'il importe de voir si sur quelques points ils se
trouvent hors du droit commun. D'un autre côté,
les obligations qu'ils contractent en s'engageant
dans un théâtre peuvent entraîner à l'égard des
tiers certaines modifications qu'il est nécessaire
de préciser.

289. Il est certain qu'aujourd'hui les comédiens,
sous le rapport politique, sont dans la même classe
que tous les autres citoyens. Ils peuvent exercer
toutes les fonctions civiles et politiques et remplir
tous les emplois publics, lorsque d'ailleurs ils réunissent les conditions exigées par les lois pour
tous les Français.

290. Cependant il existe encore un point sur
lequel l'autorité continue à les placer hors du
droit commun, c'est celui de la liberté individuelle. Dans quelques provinces on n'hésite pas à
mettre en prison, par mesure administrative, ceux
que les officiers municipaux ordonnent de priver
de leur liberté. Si un acteur arrive trop tard au
théâtre, fait manquer la représentation, ou se
rend coupable de quelque infraction à la discipline
intérieure des coulisses, on l'envoie, sans aucune
forme de procès, passer un ou deux jours avec les
vagabonds et les tapageurs que la police arrête
toutes les nuits. Cet usage est tellement enraciné
dans quelques localités, que ces arrestations ont

13.

lieu toutes les fois que l'occasion s'en présente,
sans réclamation ni difficulté.

C'est un abus très grave, et que l'autorité ne sou-
tiendra certainement point quand elle sera con-
vaincue de son illégalité. D'après les dispositions
de la charte, la liberté individuelle des citoyens est
garantie, et nul ne peut être arrêté ou détenu que
dans les cas prévus *par la loi*. C'est un des principes les plus sacrés de notre ordre politique, et celui
dont l'observation importe le plus à la sécurité publique. Or, quelle loi autorise l'arrestation des comédiens? Il n'en existe point qui les concerne spécialement, qui mette leur liberté individuelle à la
disposition de l'autorité. L'autorité municipale est,
comme nous l'avons déjà vu, préposée à la direction publique des théâtres, mais à ce pouvoir
n'est point attaché celui d'emprisonner.

291. Si le comédien est prévenu de quelque *délit*,
on pourra l'arrêter, non à titre de punition, mais
par mesure de précaution, comme on fait à l'égard
des autres citoyens. Il est en tout soumis aux dispositions du droit commun.

Mais les faits qui donnent lieu à ces arrestations
ne sont point des délits. Quelquefois ils constituent
des contraventions qui ne pourraient donner lieu
à aucun emprisonnement, quelquefois ils ne sont
punissables par aucune loi.

292. Aussi l'arrestation n'a point lieu pour in-
struire les procès qui pourraient résulter de l'infraction du comédien, mais administrativement pour
lui servir de punition. Sous ce rapport, il est im-

possible de trouver un seul texte de loi qui puisse appuyer cette mesure.

293. L'arrestation est donc illégale : et remarquez qu'elle le serait même dans le cas où le comédien s'y serait soumis soit par son engagement, soit par un consentement postérieur. La liberté individuelle ne peut être l'objet d'un compromis, elle ne peut être engagée par un consentement privé. Quelles que soient donc les clauses de l'acte d'engagement, des statuts de la société ou de ses réglements, le comédien pourra toujours se refuser à subir la prison. Dans le cas où sa réclamation ne serait pas admise, il devra demander à être conduit devant le procureur du roi, plus spécialement appelé par la nature de ses fonctions à réprimer les atteintes portées à la liberté individuelle. Enfin, s'il était emprisonné d'une manière illégale, il serait fondé à rendre plainte pour arrestation arbitraire, et les magistrats seraient tenus de prononcer sur cette plainte.

294. Tous ces principes sont certains, et nous avons déjà fait remarquer que l'autorité commence à les reconnaître. La dernière ordonnance sur le Théâtre-Français a supprimé la peine des arrêts prononcée par les ordonnances précédentes; si, depuis quelques années, les musiciens du théâtre de Bordeaux et les acteurs de celui de Caen ont été soumis à des détentions administratives (1), d'autres villes ont vu leurs magistrats, plus sages

(1) *V.* les Consultations du barreau de Caen et de plusieurs avocats du barreau de Paris, dans *le Courrier des Tribunaux* des 26 novembre et 3 décembre 1827.

observateurs des lois, se borner à traduire devant
les tribunaux les comédiens contrevenants aux
mesures de police, et l'opinion publique à flétri
l'arbitraire qui conservait, sous le gouvernement
constitutionnel, les formes de l'ancien régime et
du despotisme impérial.

295. Mais un abus s'est introduit au milieu des
formes de légalité qu'on semble avoir adoptées à
regret. On a reconnu que les peines encourues par
les comédiens ne pouvaient être prononcées que
par les tribunaux, et, comme il s'agit presque toujours de simples contraventions de police, on les
a traduits à la police municipale. Mais on a imaginé dans plusieurs villes qu'il était permis d'incarcérer préalablement ceux contre lesquels des
procès-verbaux avaient été rédigés, et de leur faire
passer plusieurs jours en prison avant de les traduire devant le juge de paix, où souvent ils n'étaient
et ne pouvaient être condamnés qu'à l'amende.
Des ordonnances de police, donnant à cet abus une
sanction formelle, ont décidé que tout comédien
contrevenant serait immédiatement arrêté. Cette
nouvelle manière de procéder est une illégalité substituée à celle des anciennes rigueurs déployées
contre les comédiens. Le Code d'instruction criminelle n'autorise dans aucun de ses articles l'arrestation préalable des personnes prévenues de *contraventions* de police. Cette précaution sévère ne
peut être employée que dans le cas de prévention de
crime ou de délit, et elle ne peut surtout être appliquée à des citoyens domiciliés, qui pour la

plupart des *délits* seraient admis à obtenir leur liberté provisoire. Nous pensons donc que les comédiens pourraient se refuser à exécuter les ordres
qui tendraient à les incarcérer, lorsqu'ils ne sont
prévenus que d'une contravention de police, et qu'il
leur suffirait de demander à être conduits devant le
président ou le procureur du roi, même devant le
maire, pour obtenir leur liberté. Si leur droit était
méconnu, ils pourraient rendre plainte, comme
nous l'avons dit n° 288.

296. Après avoir posé des limites aux droits de
l'autorité, qu'il nous soit permis d'en élever devant quelques exigences du parterre. On a vu, à
diverses époques, des comédiens contre lesquels
le public exerçait des mesures de sévérité et de
tyrannie. Il s'imaginait avoir à se plaindre d'eux,
soit sous le rapport de leur opinion politique dans
des temps de troubles, soit pour quelque propos
tenu, pour quelque mauvaise action commise hors
du théâtre; il se constituait juge du délit, il en
exigeait une réparation sur la scène, ordonnant
que l'acteur se mît à genoux, qu'il demandât par-
don, qu'il proférât tel cri, chantât tel couplet, etc.
Il est certain qu'en fait, la puissance physique et
matérielle se trouvait du côté du public, mais le
droit n'y était point. L'acteur est obligé envers les
spectateurs à remplir le rôle dont il est chargé, et,
s'il paraît coupable de négligence ou de paresse,
les sifflets sont les seules mesures répressives que
l'usage autorise et que le bon ordre puisse permettre. Pour tout ce qui est étranger à son emploi,

le comédien n'est point justiciable du parterre : que
sa conduite soit bonne ou mauvaise, ses opinions
politiques saines ou exagérées, peu importe; sa
conscience est un sanctuaire où nul ne doit pénétrer. Quant à ses actions, elles sont soumises,
comme celles de tous les citoyens, aux lois communes; il y a arbitraire, cruauté, tyrannie dans les
peines ignominieuses que le parterre prétend infliger à un acteur, et nous pensons que celui-ci a
le droit et même le devoir de s'y soustraire. Qu'il
se retire devant les cris tumultueux du public,
qu'il invoque la protection de l'autorité préposée
à la sûreté de tous les citoyens, et les spectateurs,
pénétrés de la dignité morale de tout citoyen, quels
que soient sa profession et son rang, sentiront que la
force numérique est un mauvais argument, et que
nulle loi n'a soumis les acteurs à leurs caprices et à
leurs fureurs.

297. Nos lois n'ayant frappé les comédiens d'aucune incapacité, il en résulte qu'aucune exclusion
ne pourrait être prononcée contre eux en raison
de leur profession. La disposition de la charte qui
déclare tous les Français égaux devant la loi n'admet point d'exception; elle ne permet pas d'invoquer contre un comédien la nature de son état
pour le mettre à part des autres citoyens. Cependant on a vu, il y a quelques années, une décision judiciaire empreinte des anciens préjugés qui
flétrissaient les comédiens et les frappaient d'une
espèce d'indignité.

M. Delestrade, recteur de l'église Saint-Jérôme

à Marseille, avait loué le premier étage d'une maison. Le bail portait que les autres étages ne pourraient être loués qu'à des personnes tranquilles, d'une conduite irréprochable, et à la convenance de M. Delestrade. Quelque temps après, le second étage fut loué à M. Saint-Alme, basse-taille noble du grand théâtre de Marseille. Aussitôt M. Delestrade demande la résiliation du bail, ou le renvoi du comédien. On répond que Saint-Alme est un homme honnête et de mœurs régulières, qui vit paisiblement avec sa femme légitime et ses enfants. Au dehors, il exerce la profession de comédien : chez lui, c'est un citoyen tranquille dont personne n'a jamais eu à se plaindre. Cependant, par son jugement du 15 décembre 1826, le tribunal de Marseille a décidé qu'il y avait incompatibilité dans les deux professions, et inconvenance dans le voisinage, et a adjugé les conclusions du sieur Delestrade.

On ne peut expliquer une pareille décision que par la clause insérée au bail du sieur Delestrade, laquelle, en exigeant que tous les autres locataires fussent à sa convenance, semblait le rendre maître du choix. Car nous ne pouvons adopter qu'en règle générale un comédien fût dans le cas d'être exclus d'une maison par la seule considération de la profession qu'il exerce. Il ne serait donc pas tenu de la déclarer en faisant le bail, et ce motif ne saurait être invoqué pour rompre un contrat qui aurait été passé avec lui. Cette opinion nous semble si juste, que nous sommes étonnés d'avoir besoin de l'exprimer, et qu'il ne nous paraît point possible qu'elle soit contestée.

298. Les comédiens ne sont point soumis à la contrainte par corps pour les obligations qu'ils contractent envers leurs créanciers, à moins que ces obligations ne soient des lettres de change, lesquelles entraînent la contrainte par corps contre tous ceux qui les souscrivent; mais ils sont exposés, comme tous les débiteurs, aux poursuites ordinaires que la loi autorise de la part des créanciers. Cependant on a soutenu que leurs appointements ne pourraient être saisis que jusqu'à concurrence du cinquième. Cette opinion a été adoptée plusieurs fois, et notamment en faveur de mesdames Herdliska et Perrin, actrices du *Vaudeville;* elle a été repoussée le 2 avril 1829 par un jugement du tribunal de Lille; mais le tribunal de la Seine la suit constamment, ainsi que le prouve une décision approfondie qu'il a rendue en 1828.

Voici l'espèce, telle qu'elle a été rapportée par la *Gazette des tribunaux* (N° du 29 mars 1828).

Des oppositions avaient été formées par trois créanciers de M. Lafond, acteur du *Vaudeville,* sur ses appointements. L'acteur, s'appuyant sur le décret du 21 ventose an IX, qui déclare insaisissables, jusqu'à concurrence des quatre cinquièmes, les appointements des fonctionnaires publics et des employés civils, a soutenu que ses créanciers ne pourraient avoir droit qu'au cinquième. Il a ajouté que les feux devaient échapper à une saisie, puisqu'ils étaient payés jour par jour, qu'ils n'avaient rien de fixe et devaient servir à indemniser l'acteur des frais qu'il fait le jour de la représentation.

On a répondu, au nom des créanciers, « que l'acteur ne pouvait pas être considéré comme un fonctionnaire public, et qu'il ne pourrait tout au plus être placé dans la classe des employés dont parle le décret, que s'il appartenait à un théâtre royal ; que les motifs du décret ne pouvaient point s'appliquer à l'acteur, puisqu'ils n'avaient eu pour objet que d'empêcher qu'un employé de l'état, se trouvant sans ressources, n'entravât la marche de l'administration en l'abandonnant subitement. M. Lafond n'est donc ni employé civil ni fonctionnaire public ; mais il soutient de plus qu'il est ouvrier à la journée, pour rendre ses feux insaisissables. Il n'est pas plus ouvrier que fonctionnaire ; c'est un fort modeste acteur, employé dans une société anonyme commerciale, ses feux font partie de ses appointements, ils doivent être le gage de ses créanciers. »

Le tribunal, par jugement du 27 mars, cinquième chambre, a décidé que le décret du 21 ventose an IX n'était pas applicable ; et néanmoins, « considérant que les appointements d'un acteur doivent servir à le mettre à même de remplir son engagement, et qu'il serait même nuisible pour ses créanciers de les saisir en totalité et de réduire ainsi l'acteur à l'impossibilité d'exercer son état ;

« Considérant, à l'égard des feux, qu'ils font partie des appointements, » le tribunal, arbitrant la quotité qui sera insaisissable, a décidé les saisies jusqu'à concurrence de la moitié des appointements et des feux.

Nous pensons que cette décision, en ce qui concerne les feux, est à l'abri de toute critique. Nous avons déjà dit qu'ils forment une partie des appointements, payables d'après le service du comédien ; mais, quant aux restrictions apportées au droit de saisie des appointements, nous ne pouvons dissimuler que l'opinion du tribunal nous paraît difficile à admettre.

Aux termes de l'art. 2092 du Code civil : « Quiconque s'est obligé personnellement, est tenu « de remplir son engagement sur tous ses biens « mobiliers et immobiliers, présents et à venir. » L'article suivant ajoute : « Les biens du débiteur « sont le gage commun de ses créanciers, et le « prix s'en distribue entre eux par contribution, « à moins qu'il n'y ait entre les créanciers des cau- « ses légitimes de préférence. »

Voilà les principes généraux : ils attribuent aux créanciers tous les biens des débiteurs, sans exception ni réserve. Leur disposition est tellement absolue, que l'état, pour préserver ses employés de la saisie de leurs appointements, et se garantir lui-même des conséquences qu'il en pourrait ressentir, a été dans la nécessité d'établir, par la loi du 21 ventose an IX, des dispositions particulières pour cette classe de citoyens.

Ces dispositions sont exceptionnelles : elles ne

s'appliquent point aux comédiens; c'est un point constant qui n'a pas besoin d'être développé et que le tribunal lui-même a reconnu. Or, ces exceptions sont de droit étroit : elles ne peuvent s'étendre d'un cas à un autre, elles doivent s'appliquer selon leurs termes, et non à l'aide d'analogies plus ou moins directes. Nous pensons donc que le décret du 21 ventose an IX, loin de justifier la décision que nous venons de rapporter, en prouve le peu de fondement.

Mais, dit-on, le comédien a besoin de ses appointements pour faire son état et remplir ses engagements : les lui enlever, c'est nuire à ses moyens d'existence, et par suite au créancier lui-même.

L'intérêt du créancier n'est point à considérer : c'est à lui de peser quel est le parti préférable ou d'une saisie entière qui lui donne à l'instant même une portion minime de ses droits, ou d'une saisie partielle qui en soumet le recouvrement à de longs délais. Les tribunaux ne sont point chargés de veiller à l'administration des droits des créanciers et de juger s'ils les exercent avec plus ou moins de sagesse.

Mais la nécessité pour le comédien de remplir son engagement est une considération plus spécieuse. On peut dire en effet que le directeur du théâtre est fondé à s'opposer à une attribution d'espèces qui lui enlevera son acteur, qu'il ne paye les appointements que pour les services passés et ceux à venir, et que si, à l'égard du comédien, les appointements sont saisissables, ils ne doivent point l'être à l'égard du directeur, de manière à paralyser l'effet de l'acte d'engagement et à en empêcher l'exécution.

Quelque puissante que soit cette considération, nous ne pensons point qu'elle doive prévaloir sur les principes généraux qui consacrent les droits des créanciers. Les appointements de l'acteur sont sa propriété, ils font partie de ses biens ; ils sont donc le gage commun de tous ses créanciers. Si la saisie qui en sera faite nuit au service de l'acteur, le directeur pourra se pourvoir pour obtenir des dommages-intérêts et demander lui-même à venir pour cet objet sur les deniers saisis. Mais aucune disposition de loi ne lui donne un pouvoir plus étendu.

Si l'on admettait l'opinion que nous combattons, il en résulterait une espèce d'inviolabilité pour le comédien : il pourrait se soustraire à la contrainte par corps, dans le cas où il l'aurait encourue, soit pour signature de lettre de change, soit pour faits de commerce, soit pour toute autre cause. Mon engagement, pourrait-il dire, met ma personne aux ordres et au service du théâtre, m'emprison- ner c'est le rompre. Cependant nous ne pensons point qu'on osât jamais élever une semblable pré- tention.

Ce système pourrait encore aller plus loin, il pourrait s'étendre à toute espèce d'employés dans quelque branche que ce soit : commis, préposés d'entreprises privées, caissiers, hommes à gages de toute espèce, tous pourraient prétendre que la saisie de leurs appointements est un obstacle à l'accomplissement de leurs engagements, et, à l'aide de la même argumentation que les comédiens, solliciter la nullité ou la réduction des saisies-arrêts de leurs créanciers.

Nous n'hésitons donc point à penser que le tribunal de la Seine a mal jugé, et que le créancier d'un comédien a le droit de saisir la totalité de ses appointements. Seulement les magistrats peuvent, en vertu de l'art. 1244 du Code civil, accorder des délais au comédien; et, comme la loi ne fixe aucune limite, ils sont maîtres de les calculer de manière à laisser au débiteur les facilités dont il a besoin pour l'exercice de sa profession.

299. Cette solution s'applique aux acteurs des théâtres royaux comme aux sujets des autres théâtres. Ces acteurs ne sont point des employés du gouvernement. L'état accorde, il est vrai, des fonds pour ces administrations, mais, de ce qu'elles profitent des deniers publics, il ne s'ensuit point que les comédiens qui y sont attachés soient des employés de l'état. Ils appartiennent seulement à l'entreprise qui les a engagés, et non point au gouvernement. Il pourrait y avoir plus de difficulté pour les acteurs de l'*Académie royale de musique*, engagés par la liste civile et rétribués par elle. Nous ne croyons pas qu'on puisse leur donner le titre d'employés du *gouvernement*, et considérer le décret du 21 ventose an IX comme s'appliquant à un service du genre de celui qu'ils remplissent. Mais avec la jurisprudence créée pour

les autres artistes, nous présumons qu'on ferait jouir ceux de l'*Opéra* du bénéfice du décret.

300. Les développements que nous avons donnés à la question de la saisie-arrêt s'appliquent aussi à la saisie-exécution des costumes du comédien. Vainement prétendrait-il que ces costumes sont engagés au service du théâtre et nécessaires à ses travaux, le principe général qui détermine les droits des créanciers devrait encore prévaloir. Il ne pourrait s'opposer à la saisie et à la vente de tous ses effets, sauf à en conserver jusqu'à la valeur de 300 fr., comme relatifs à son art, en vertu de l'art. 795 du Code de procédure civile.

301. L'autorisation donnée à l'engagement du mineur ou de la femme mariée entraîne comme conséquence nécessaire celle de faire les actes relatifs à l'engagement, tels qu'achat de costumes, frais de voyage, etc. Le châtelet de Paris l'a jugé le 19 juin 1756 pour une actrice de l'*Opéra*. S'il y a communauté entre les époux, la communauté est tenue de ces obligations, par la raison qu'elle profite des bénéfices de l'engagement.

302. Mais l'autorisation ne peut valider les actes étrangers à l'exercice de la profession du comédien. C'est ce que le parlement de Paris avait jugé le 19 mars 1783, et ce principe a été consacré de nouveau dans une affaire qui intéressait une actrice de Paris fort aimée du public.

Mademoiselle Jenny Colon avait souscrit plusieurs obligations, montant à 25,000 fr., au profit d'un sieur Delaporte; sa mère soutenant que mademoiselle Colon n'avait reçu personnellement aucune somme d'argent, et que les obligations par elle souscrites n'étaient autre chose que le cautionnement d'engagements usuraires contractés par une autre personne, forma une demande en nullité de ces mêmes obligations. Cette demande fut accueillie par jugement du 6 mars 1828, et la nullité prononcée, par le motif que « les obligations dont « il s'agissait avaient été souscrites par une mi- « neure, et qu'il n'était pas établi que les sommes « en provenant eussent été employées par ladite « mineure à ses propres besoins, ou à l'exploi- « tation de son art, ni qu'elles eussent en aucune « manière tourné à son profit. »

303. L'autorisation donnée par le mari à l'engagement de sa femme attribue à celle-ci le droit de toucher ses appointements, sans l'autorisation et même malgré l'opposition de son mari. C'est ce que le tribunal de Paris a eu occasion de décider à deux reprises.

La dame Duchaume, alors attachée au théâtre du *Vaudeville*, se trouvait empêchée, par une opposition de son mari, de toucher ses appointements. Une ordonnance de référé du 12 juin 1807, confirmée par la cour, prononça la main-levée de l'opposition, par le motif que « la dame Du- « chaume et son mari étaient, par des engage- « ments distincts, attachés au théâtre du *Vau- « deville*; que jusqu'alors elle avait touché ses « appointements sur ses seules quittances; qu'elle « était engagée personnellement au théâtre, que

« sous ce rapport elle pouvait être rangée dans la
« classe des marchandes publiques ; qu'enfin ses
« appointements étaient le fruit de son travail
« personnel et devenaient essentiellement néces-
« saires à sa subsistance. »

La dame Perrin, actrice du même théâtre, se
trouvant dans le même embarras que la dame
Duchaume, obtint une décision semblable le 27
novembre 1819. Le tribunal jugea que « l'acteur
« doit, dans l'exercice de sa profession, être assi-
« milé aux marchands, que la dame Perrin avait
« souscrit personnellement un engagement du
« consentement et sous l'autorisation de son mari ;
« que le mari qui consent une pareille autorisa-
« tion doit en subir les conséquences et modifie
« lui-même ses droits, que le traitement d'un
« acteur est le produit de son industrie person-
« nelle, et est nécessaire, au moins en partie,
« à l'exécution de son engagement. »

· 304. Si des comédiens se coalisaient pour haus-
ser le prix de leurs engagements, et gêner la liberté des directeurs par un concert destiné à les
contraindre de subir la loi, ou si des directeurs
se coalisaient pour faire baisser les appointements
des comédiens, pourrait-on leur appliquer les dispositions des art. 414 et 415 du Code pénal ? Nous
ne le pensons point. Les lois pénales ne peuvent
point s'étendre, et celle-ci ne concernant que les
coalitions faites par les ouvriers contre leurs maîtres, ou par ceux-ci contre leurs ouvriers, ne
peuvent s'appliquer aux comédiens et aux direc-

teurs qui n'appartiennent point à cette classe d'individus. Le tribunal de police correctionnelle de Paris a déjà décidé que l'art. 415 du Code pénal ne peut s'appliquer par analogie. On avait prétendu l'appliquer à des cochers de cabriolets qui s'étaient coalisés pour dicter des lois à leurs maîtres. Quoiqu'ils fussent dans une condition peu différente de celle des ouvriers, et que le fait eût d'ailleurs tous les caractères exigés par la loi, et présentât une égale gravité, le tribunal a déclaré qu'aucune peine ne pouvait être appliquée. A plus forte raison, les comédiens, dont la profession n'a rien de servile, dont la condition sociale est au-dessus de celle des ouvriers, seraient-ils à l'abri de toute poursuite en raison d'une coalition qui tendrait à faire augmenter le prix de leurs appointements. Aussi une poursuite correctionnelle ayant été dirigée contre des choristes du *Vaudeville*, qui étaient accusées de s'être coalisées pour faire augmenter leurs salaires, le même tribunal a jugé « que l'art. 415 du Code n'était applicable « qu'aux ouvriers, que les choristes d'un théâtre ne « rentraient dans aucune des catégories établies « par cet article, et que par conséquent le fait imputé « puté aux choristes du *Vaudeville* ne pouvait être « considéré comme une coalition d'ouvriers. »

305. Cependant le fait en lui-même serait illicite, et s'il ne pouvait donner lieu à aucune poursuite de la partie publique, il pourrait du moins motiver une action civile à fin de nullité des actes passés sous son influence. Le directeur, par

14.

exemple, pourrait établir que le prix n'a été fixé que par le résultat de la violence qui lui a été imposée ; que ce prix est supérieur à ceux qui avaient toujours été fixés, incompatible avec les usages de ces sortes de traités, même avec les ressources de son entreprise, et en prouvant qu'une coalition de tous les comédiens a seule produit cette augmentation, il serait fondé à demander sa décharge. Sans doute, il est permis à tous ceux qui louent leurs services, comme à ceux qui vendent des denrées, d'en porter le prix aussi haut qu'il leur plaît, mais cette faculté doit être exercée avec liberté et bonne foi de la part de ceux qui font les offres ; il ne peut pas leur être permis de se concerter de manière à faire violence aux consommateurs qui ont besoin de leurs services ou de leurs marchandises. La loi qui, dans certains cas, punit ces coalitions, laisse voir qu'elle en condamne l'esprit et les conséquences, et nous pensons qu'on ne ferait point difficulté d'annuler des traités qui en seraient le résultat.

306. La décision intervenue sur la question qui précède a reconnu avec raison que les comédiens ne pouvaient être assimilés à des ouvriers : on ne saurait donc appliquer à leurs rapports avec les directeurs les divers réglements qui concernent, dans les manufactures et établissements de commerce, les chefs d'ateliers, fabricants ou autres ; et les hommes qu'ils emploient : les amendes prononcées contre ceux qui prennent un ouvrier qui n'a point reçu un congé en forme, la responsabilité

imposée au maître pour le fait de ses serviteurs et apprentis, ne sauraient frapper les entrepreneurs de spectacles : ce n'est que par analogie que, dans certains cas, les règles suivies par nos lois en ce qui touche les serviteurs à gages, peuvent être adoptées pour les comédiens; lorsque quelque pénalité existe, elle ne peut résulter de cette analogie et être prononcée par induction.

§ VI. — Du tribunal dont les comédiens sont justiciables.

307. Cette question est grave et sérieusement controversée : dans les nombreux procès engagés contre des comédiens, on les a vus cités tantôt au tribunal civil, tantôt au tribunal de commerce : il importe de fixer avec soin la juridiction réellement compétente.

308. D'abord il est constant que pour tout ce qui est étranger à leur profession, les comédiens ne sont justiciables que des tribunaux ordinaires.

309. En second lieu, les questions qui touchent à leur état civil, même quand elles se rapporteraient à leurs engagements comme comédiens, ne peuvent jamais être jugées par le tribunal de commerce, qui n'a pas juridiction sur ces sortes de matières. La cour de Paris a consacré ce principe dans l'affaire de la demoiselle Ancelin, dont nous avons déjà parlé (n° 211).

310. Quant à l'exercice de leur profession, ils peuvent être assignés, soit à raison des achats qu'ils ont faits pour leur parure et autres objets

relatifs à leur art, soit pour l'exécution de leur acte d'engagement.

311. Les dettes contractées par les comédiens pour achat de parures ne sont pas commerciales. Le comédien ne fait point un acte de commerce en achetant un objet destiné à son usage personnel, même quand il devrait le porter sur la scène. La loi ne répute acte de commerce que les achats pour revendre ou louer ; or, le comédien ne revend ni ne loue les costumes, bijoux ou autres objets qu'il achète pour s'en servir. D'un autre côté, les comédiens ne sont point commerçants, et comme la compétence des tribunaux de commerce ne peut résulter que de la nature commerciale de l'acte dont l'exécution est demandée, et de la qualité de commerçant dans celui qui l'a fait, il en résulte que, dans le cas d'achat de costume, etc., les comédiens ne peuvent être traduits que devant les tribunaux civils. C'est l'opinion de M. Pardessus, *Cours de droit commercial*, t. I, n° 19.

312. Mais à quelle juridiction doivent être soumises les contestations relatives à l'exécution des engagements dramatiques ?

Plusieurs tribunaux, et notamment la cour de Paris, ont jugé que les tribunaux de commerce sont compétents. La question a été, il y a peu de temps, discutée sérieusement devant le tribunal de commerce de Strasbourg, dont nous rapporterons la décision comme la plus explicite que la jurisprudence nous fournisse.

Un sieur Lesoyer engagé dans la troupe de Strasbourg avait plusieurs fois manqué à son service. Le directeur dirigea une action contre lui à fin de dommages-intérêts, et il la porta devant le tribunal de commerce.

L'avocat du sieur Lesoyer proposa le déclinatoire : la loi, disait-il, n'a point rangé parmi les actes commerciaux les engagements contractés par des artistes dramatiques, vis-à-vis des entrepreneurs de spectacles publics; bien plus, elle leur a implicitement refusé cette qualification, car l'art. 632 du Code de commerce ne range parmi les actes commerciaux que les entreprises de spectacles publics, et non les engagements contractés par des acteurs qui ne sont point entrepreneurs, et qui louent simplement leurs talents moyennant un salaire déterminé; *qui dicit de uno, negat de altero*. D'ailleurs, un acteur ne saurait être considéré comme le facteur où le commis d'un directeur de spectacle : l'art. 634 du Code de commerce ne peut recevoir dans la cause aucune application.

Le tribunal a prononcé ainsi sur sa compétence :

« Attendu que l'art. 632 du Code de commerce « répute acte de commerce toute entreprise de « spectacles publics; que l'art. 634 soumet à la « juridiction commerciale les actions contre les fac- « teurs, commis des marchands ou leurs servi- « teurs, pour le fait seulement du trafic du mar- « chand auquel ils sont attachés ;

« Attendu qu'il est reconnu en fait que le défen-

« deur s'est engagé au service du théâtre de cette
« ville ; que, par cet engagement, il est naturelle-
« ment placé dans la catégorie établie par le der-
« nier article de la loi citée ;

« Le tribunal rejette l'exception de déclina-
« toire. » (V. *Gazette des Tribunaux de commerce*
du 3o octobre 1827.)

Pour apprécier cette décision, il convient de se
reporter aux principes généraux en matière de
compétence.

Les tribunaux de commerce ne peuvent prononcer sur une contestation qu'autant que la loi
leur a expressément attribué le droit d'en connaître. Il faut donc, pour leur donner pouvoir de
juger un comédien assigné par son directeur, que
l'on trouve quelque disposition qui le prononce
ainsi.

D'après l'art. 63i du Code de commerce, les
tribunaux de commerce connaissent : 1º de toutes
contestations relatives aux engagements et transactions entre *négociants, marchands et ban-*
quiers.

Un comédien qui s'engage n'est ni négociant,
ni marchand, ni banquier : donc cette partie de
l'article ne peut le concerner.

2° Entre toutes personnes, des contestations relatives aux actes de commerce.

C'est là que l'on prétend d'abord trouver une
attribution de juridiction en faveur des tribunaux
de commerce pour les engagements dramatiques : on se fonde sur ce que l'art. 632 répute

acte de commerce une entreprise de spectacle public.

Qu'une entreprise de spectacle soit commerciale, il n'en résulte point que tous les actes faits par l'entrepreneur aient ce caractère. Le traité qui intervient entre lui et un comédien nous paraît, comme nous l'avons déjà dit, n'être qu'un louage d'ouvrage, contrat purement civil, et pour l'exécution duquel les tribunaux de commerce n'ont pas compétence. Les comédiens engagés doivent être assimilés aux facteurs, commis et préposés que les négociants attachent à leur maison. Le traité fait avec ceux-ci est considéré, par presque tous les auteurs, comme un acte non commercial, et qui ne peut être soumis qu'aux tribunaux civils. C'est l'opinion de M. Dalloz, v° *Compétence*, t. III, p. 322; de MM. Delvincourt, *Instit. comm.*, t. II, p. 437; Vincens, *Leg. comm.*, tom. I, p. 141, et Favart, *Rép.*, v° *Trib. de comm.* Dès-lors l'acte d'engagement dramatique ne peut donner d'action contre le directeur ou contre le comédien que devant la juridiction civile.

Mais en admettant que cet acte dût être considéré comme commercial pour l'entrepreneur de spectacle, il n'en résulterait point qu'il eût le même caractère pour le comédien qui s'engage.

Les contrats peuvent n'être commerciaux que pour une seule des parties qui les souscrivent. Ainsi, le propriétaire de forêts qui vend du bois de sa propriété à un marchand de bois, ne fait point acte de commerce : celui, au contraire, qui achète pour revendre, fait acte de commerce. Si lui-même il revend à un marchand, il y aura acte de commerce dès deux parts.

Cette distinction est fort importante ; car, en matière de contrats, c'est l'objet de la convention, abstraction faite de la qualité des contractants, qui détermine la juridiction : le tribunal de commerce, s'il se trouve appelé à prononcer, ne l'est qu'en considération d'une opération qui, ayant le caractère commercial, se trouve par cela même susceptible d'être appréciée par la loi commerciale ; il faut donc que la partie assignée devant lui ait fait un acte de commerce ; car, si elle ne s'est mêlée en rien à une spéculation, si elle n'a fait qu'un acte civil, qu'une transaction ordinaire, il n'y a aucun motif pour la traduire devant des juges d'exception.

D'après cette considération, dans une discussion qui s'engage à l'occasion d'un acte commercial pour l'une les parties seulement, et non pour l'autre, il faut considérer quelle est celle contre laquelle le procès est engagé, pour déterminer si à son égard il s'agit de l'exécution d'un acte de commerce ou d'un acte purement civil. Dans le cas que nous avons cité plus haut, le marchand qui a acheté du bois pour le revendre devra être assigné devant le tribunal de commerce, le propriétaire qui a vendu le produit de sa coupe ne pourra être assigné que devant le tribunal civil.

Ces principes sont consacrés par les débats qui ont eu lieu au conseil-d'état lors de la discussion du Code de commerce, et par la jurisprudence des arrêts. (*V.* Locré, *Esprit du Code de com.*, t. VIII, p. 200, et Dalloz, *Jurisprudence générale*, v° *Compétence*, t. III, p. 321.)

Ceci posé, la question qui nous occupe est facile à décider. En supposant que l'engagement contracté par un comédien soit un acte de commerce pour le directeur, parce que c'est un fait relatif à une entreprise que la loi déclare commerciale; il n'est évidemment pour le comédien qu'un contrat purement civil, un louage d'ouvrage, une opération tout-à-fait étrangère au commerce. L'art. 632, comme le dit très bien M. Pardessus, ne s'appliquant qu'aux *entreprises* de spectacles, ne rend point commerciaux les engagements des comédiens qui ne sont pas entrepreneurs.

Dans cette position, si le directeur est assigné en exécution du contrat, il pourra, si l'on veut, l'être devant le tribunal de commerce. Si au contraire la demande est dirigée contre le comédien, elle devra être portée devant le tribunal civil.

Mais on oppose la disposition de l'art. 634 du Code de commerce qui attribue aux tribunaux consulaires la connaissance des actions contre les facteurs, commis des marchands, ou leurs serviteurs, pour le fait seulement du trafic du marchand auquel ils sont attachés.

Les expressions de facteurs, commis et serviteurs, ne s'appliquent point au comédien engagé dans la troupe et qui n'a aucun de ces titres; cependant nous reconnaissons que, par analogie, elles le comprennent nécessairement. Nous avons

déjà plusieurs fois déclaré que l'acte d'engagement
devait être considéré comme un louage de services,
et évidemment il rentre, sinon littéralement, du
moins pas une conséquence rigoureuse, dans l'esprit de l'art. 634; mais il faut bien entendre le sens
de cet article.

La loi ne s'applique aux actions dirigées contre
les individus qu'elle désigne que *pour le fait seulement du trafic du marchand auquel ils sont attachés*. Que doit-on entendre par ces expressions?
Elles ne peuvent s'appliquer qu'aux opérations
que ces diverses personnes auront pu faire avec les
tiers comme représentant le marchand qui les emploie. Ces opérations, se rattachant au trafic du
maître, sont commerciales, et quoique ce caractère leur appartienne nécessairement, la loi a dû
fixer la compétence, parce que le facteur, commis
ou serviteur, n'étant point commerçant par lui-
même et ne faisant point un acte de commerce
pour son propre compte, la compétence consulaire aurait pu être douteuse, si la loi ne l'avait pas
fixée positivement.

Mais cette disposition ne s'applique point aux
actions qui ont pour objet l'acte passé entre le
commerçant et ses facteurs, commis ou serviteurs,
pour engager leurs services. Cet acte est tout-à-
fait distinct de ce que la loi appelle le trafic du
marchand. C'est un contrat privé, appartenant au
droit commun et non commercial pour la personne
qui s'engage.

Il y aurait une grande bizarrerie à adopter une

solution contraire. Il en résulterait que le même acte pourrait être civil ou commercial, quoique toutes les circonstances en fussent semblables, selon la qualité de celui avec lequel il serait passé. Ainsi, le serviteur qui louerait ses services à un marchand devrait subir la juridiction consulaire, tandis qu'en faisant le même traité, sous des conditions identiquement pareilles, avec un non-marchand, il ne serait justiciable que des tribunaux civils. On ne peut admettre ainsi que la même convention varie quant à ses conséquences, par un fait tout-à-fait étranger aux conditions qu'elle renferme et à la qualité de celui qui la souscrit.

Il résulterait encore de l'interprétation que nous combattons, que le marchand qui serait en discussion avec un de ses serviteurs devrait l'assigner devant le tribunal de commerce, qui se trouverait ainsi appelé à connaître de contestations tout-à-fait étrangères à sa juridiction habituelle; n'est-il pas évident que la loi ne peut être entendue ainsi?

Plusieurs arrêts ont déjà jugé que les procès entre le marchand et ses commis étaient de la compétence des tribunaux civils. *V.* Dalloz, v° *Compétence*, t. III, p. 323.

Il nous paraît donc incontestable que les tribunaux civils sont seuls compétents pour connaître des actions dirigées contre les comédiens, pour leurs engagements dramatiques.

313. Mais devant le tribunal civil de quel lieu doivent-ils être traduits?

Aux termes de l'art. 59 du Code civil, tout défendeur doit être assigné devant le tribunal de son domicile ; s'il n'a pas de domicile, devant le tribunal de sa résidence. Cette règle doit être suivie, et comme la plupart des comédiens de province n'ont pas de domicile fixe, il s'ensuit qu'ils pourront être assignés au tribunal du lieu où ils se trouveront engagés, et s'ils ne sont pas engagés, au tribunal du lieu où ils seront trouvés en résidence. Ils pourront aussi être assignés au tribunal du lieu où ils auront contracté, ainsi que la cour de Nîmes l'a jugé par un arrêt du 4 pluviose an IX. Enfin, si l'acte contient une élection de domicile, ils pourront être cités devant le juge du lieu où cette élection aura été faite.

314. S'il s'agit de l'exécution d'un acte d'engagement, pourront-ils être assignés au lieu où l'engagement doit s'exécuter, par application de l'article 420 du Code de procédure civile, qui permet de s'adresser au juge du lieu où le paiement doit être effectué. Nous ne le pensons point. L'article 420 ne s'applique qu'aux matières commerciales, et nous croyons avoir démontré que, pour le comédien surtout, l'engagement n'est point un acte de commerce.

CHAPITRE III.

Des divers employés dans l'administration, la surveillance et l'entreprise des théâtres proprement dits.

315. Relativement aux divers employés des théâtres, depuis les conseils d'administration jusqu'aux

employés subalternes, les dispositions du droit commun doivent être suivies. Les actes passés avec ces employés n'ont point de caractère exceptionnel, et doivent être jugés d'après les conventions écrites et les règles tracées par la loi. Il serait inutile de retracer ici tous les principes; leur exposé serait trop long et pourrait encore être incomplet. Nous pensons d'ailleurs que quelques unes des solutions que nous avons déjà énoncées pourront servir à décider les difficultés qui seraient dans le cas de se présenter. Nous ferons remarquer seulement que les engagements passés avec ces divers employés sont, pour ce qui les concerne, soumis aux mêmes règles que ceux des comédiens, et que particulièrement les mêmes obligations pèsent sur eux, en ce qui concerne les réglements et les amendes qui peuvent être établies par le directeur.

TITRE TROISIÈME.

Des entreprises de spectacles dans leurs rapports avec le public, comme partie contractante.

316. Le public a été considéré, dans la première partie de cet ouvrage, dans ses intérêts généraux, pour lesquels il est représenté par les autorités que les lois ont préposées à ce soin. Si quelque sujet de plainte s'élève, c'est à ces autorités qu'il appartient d'en connaître dans la limite de leurs pouvoirs, et selon les règles que nous avons tracées. Mais, outre

ces intérêts généraux, chaque spectateur a des droits personnels et privés dont il nous reste à fixer les caractères et l'étendue.

317. Il se forme un contrat entre l'entreprise dramatique et chacun des spectateurs qui paie son entrée, par suite duquel s'établissent des droits et des obligations respectives. Le spectateur porteur de son billet a rempli toutes ses obligations : celles de l'entreprise sont déterminées par les annonces qu'elle a faites, soit par les affiches qu'elle a fait apposer, soit par tous autres moyens de publication. L'entreprise doit donner tout ce qu'elle a promis, et les spectateurs ne peuvent rien exiger au-delà. Ainsi le directeur du théâtre est fondé à se refuser à toute demande qui serait faite de pièces, de couplets, de divertissements quelconques qui n'auraient pas été annoncés, et réciproquement les spectateurs peuvent s'opposer à ce qu'aucun changement soit fait au spectacle annoncé, quant aux pièces et aux acteurs qui y doivent paraître.

318. Le spectateur qui a pris son billet ne peut en exiger le remboursement. Communément les affiches le déclarent expressément, mais dans leur silence, il en serait encore de même. Il ne peut être au pouvoir de celui qui s'est engagé, et qui a déjà exécuté le contrat, de revenir sur sa convention, quand la partie adverse est prête à exécuter ses engagements ; mais on peut vendre le billet que l'on a acheté : le contrat n'ayant rien de personnel au spectateur, il peut se subroger qui bon lui semble.

319. Si l'administration ne remplit pas ses engagements, soit qu'elle ne joue point le spectacle
qu'elle avait promis, soit qu'elle ne produise point
les acteurs dont le nom a été annoncé au public, tout
spectateur a le droit de se faire rendre son argent
et de se retirer, quand même il aurait déjà assisté à
une partie du spectacle, à moins pourtant que le
changement ne lui ait été annoncé d'une manière
suffisante et qu'il soit néanmoins resté au spectacle : mais il ne pourrait pas exiger le remboursement du billet dans le cas où l'autorité viendrait,
par mesure d'ordre, à empêcher que la représentation s'achevât ; cette mesure serait un fait de force
majeure dont l'administration ne devrait pas
souffrir.

320. Les abonnements assurent les mêmes droits
que chaque billet séparément acheté, car ils ne sont
autre chose que le consentement donné à l'avance
de prendre un certain nombre de billets. Les
abonnés sont soumis à accepter toutes les représentations pour lesquelles ils ont contracté, sans
pouvoir se plaindre de la composition du spectacle,
ni même des changements qui seraient faits aux
spectacles annoncés. En s'abonnant, ils ont consenti à suivre le répertoire composé par l'entreprise. Mais celle-ci doit donner le nombre de
représentations promises, sauf les accidens impré-
vus qui pourraient forcer à faire relâche, et à la
charge, dans les spectacles qui ne jouent pas
tous les jours, et où l'abonnement est compté
sur le nombre des représentations et non sur

15

celui des jours, de remplacer par d'autres les représentations qui n'auraient pas eu lieu.

321. Les locations de loges sont de véritables abonnements et restent soumises aux mêmes règles.

322. Chaque spectateur a droit d'exiger la place pour laquelle il a pris son billet ou son abonnement, et il doit y être convenablement : on ne pourrait le contraindre à accepter une place où il devrait se tenir debout, si l'endroit pour lequel il a pris son billet est destiné à des spectateurs assis. Cependant l'abonné qui ne trouverait plus de place disponible ne pourrait pas exiger le remboursement de son abonnement. La direction du théâtre serait fondée à lui dire qu'en arrivant plus tôt, il aurait trouvé sa place, et qu'on n'était pas tenu de la lui conserver : cependant si toutes les places avaient été mises en stalles et louées à l'avance, de telle façon que l'abonné, à quelque heure qu'il fût arrivé, n'en eût pu trouver aucune, il serait fondé à demander la rupture de son abonnement, avec indemnité, car il n'y aurait aucune différence entre ce cas et celui où on l'aurait empêché d'entrer.

323. Les locataires de loges peuvent seuls disposer de leur loge : ils ont le droit d'y placer qui bon leur semble, sans toutefois excéder le nombre auquel elle est destinée. On ne peut y placer personne sans leur consentement, même quand la loge serait vide. Ils ont droit de la conserver à toutes les représentations, sauf les représentations extraordinaires où le prix des places est augmenté, et qui ne sont pas considérées comme comprises dans la loca-

tion. Mais, sauf cette exception, leur droit ne peut jamais être suspendu, même pour le service des princes, qui ont le privilége de faire jouer par ordre. Le contrat qu'ils ont passé leur donne un droit formel que nul ne peut leur enlever ; mais il est restreint à la place pour laquelle il leur a été concédé, et les locataires ne peuvent se mettre ailleurs.

324. Dans les villes de province où l'on ne joue point tous les jours, l'administration a le droit de donner, outre les représentations usitées, des représentations lors desquelles les abonnements sont suspendus. Elle ne pourrait point augmenter le nombre des représentations de telle façon que, par exemple, l'abonnement, pris pour douze représentations qui devaient occuper un mois, s'épuisât en un moindre espace de temps. L'abonné qui a traité pour un mois a, outre le nombre de représentations qui lui ont été promises, le droit d'exiger qu'elles occupent le temps pour lequel il a souscrit.

325. Les entrées accordées dans les théâtres, aux auteurs ou à d'autres personnes, sont essentiellement personnelles, et ne peuvent être transmises à autrui sans le consentement de la direction. Elles donnent droit d'assister à toutes les représentations. Mais elles peuvent être suspendues les jours extraordinaires, à moins qu'il n'ait été convenu que l'exercice en serait sans exception pour tous les jours où le théâtre ouvrirait. Les entrées accordées en récompense d'un service fait pour le théâtre, d'une pièce donnée

15.

par un auteur, ne peuvent être retirées avant le terme fixé par la concession ou l'usage. Les entrées accordées gratuitement et par une pure faveur sont toujours révocables.

326. Le droit attaché à celles qui sont achetées à prix d'argent est réglé par l'acte d'acquisition. Si elles sont annuelles et que celui qui en jouit continue à se présenter au théâtre après l'expiration de l'année, il s'opère entre lui et la direction un nouvel engagement d'un an, par l'effet de la tacite reconduction. Un jugement du tribunal de la Seine, du 26 septembre 1827, a consacré ce principe.

327. Les billets de faveur donnent les mêmes droits que ceux qui sont pris moyennant une rétribution pécuniaire : cependant la direction du théâtre peut, comme il est quelquefois d'usage, attribuer certaines places aux porteurs de ces billets, pourvu que ces places soient du nombre de celles désignées sur le billet. Elle peut aussi n'assigner à ces billets qu'une valeur de convention lorsqu'on veut les échanger contre d'autres, et les prendre à un prix inférieur à celui de la place qui y est désignée : elle pourrait refuser l'échange, à plus forte raison peut-elle n'y consentir qu'à bas prix, et les porteurs qui n'ont eu le billet qu'à titre de faveur n'ont point le droit de se plaindre. La direction peut aussi refuser de donner à ces mêmes billets des facilités égales à celles qu'elle accorde aux autres; par exemple, ne point délivrer à ceux qui sortent des contremarques dont ils pourraient disposer à son préjudice. Elle peut enfin imposer

aux porteurs des billets l'obligation de payer une somme déterminée pour tel emploi qui lui convient, tel que la caisse des pensions, la subvention des pauvres, etc. Ce sont des restrictions qu'elle est maîtresse d'attacher à un don qui a le caractère de la libéralité.

328. Cependant plusieurs billets de faveur sont donnés à titre de droit à ceux qui les obtiennent : tels sont ceux qu'on accorde aux auteurs, et nous pensons que ceux-ci seraient fondés à demander que ces billets ne fussent exposés à aucune gêne. Mais, dans quelques théâtres, l'usage est de ne les point distinguer des autres, et jusqu'à ce qu'il ait été modifié, nous pensons que les porteurs de ces billets sont tenus de s'y soumettre.

329. Depuis quelque temps, plusieurs théâtres, avertis qu'on abusait des billets de faveur en les vendant, et qu'ainsi les recettes du théâtre éprouvaient un préjudice, ont interdit cette vente et annoncé qu'ils refuseraient tous les billets de cette espèce qui auraient été achetés. Incontestablement ces théâtres sont fondés à agir ainsi. Mais cette mesure ne peut guère être exécutée : comment en effet reconnaître si un billet a été obtenu gratuitement ou à prix d'argent ? On a vu refuser à la porte des personnes qui présentaient de ces billets, et les contrôleurs déchirer le billet, en prétendant qu'il avait été acheté. Cette manière d'agir nous paraît violente et illégitime. Le porteur du billet serait fondé à en réclamer la restitution, et si la direction ne prouvait point que le billet ait été

vendu, il devrait être admis ; en cas de refus, nous n'hésitons pas à penser qu'on aurait droit de se pourvoir contre l'administration, et quelque peu important que soit le dommage, de réclamer une indemnité. Le billet est un titre légitime d'admission, l'administration ne peut pas le refuser sans cause justifiée.

330. Les abonnés, locataires de loges, titulaires d'entrées n'ont point le droit de pénétrer sur le théâtre et dans les coulisses. Ce droit pourrait leur être accordé, mais il n'est pas attaché à leur titre d'admission dans la salle.

331. Les affiches, sur la foi desquelles les curieux se rendent au spectacle, où ils demeurent quelquefois fort long-temps à attendre, obligent les entrepreneurs du théâtre à ouvrir les bureaux et à délivrer des billets. On a vu quelquefois des spectacles où, à certains jours, aucun billet n'était vendu au public ; la salle se trouvait remplie à l'avance par des privilégiés introduits secrètement à l'aide des entrées dérobées qui entourent les théâtres. Les personnes éconduites ainsi après une longue attente ont sujet de se plaindre, et, à la rigueur, il pourrait leur être accordé une indemnité pour le voyage que leur a fait faire la promesse de l'affiche, pour les peines et l'ennui qu'elles se sont données dans le juste espoir d'assister à la représentation. Cependant il est difficile qu'un pareil procès soit jamais engagé. Mais souvent le désordre accompagne cet acte de mépris du théâtre pour le public. A notre avis, il serait du

devoir de l'autorité de prévenir ce scandale en forçant les entreprises de théâtre d'annoncer à l'avance sur leurs affiches le nombre de billets qui sera donné aux bureaux, lorsque ce nombre doit être inférieur à celui des places que contient la salle.

332. Toutes les difficultés qui s'élèvent entre l'administration du théâtre et les spectateurs sont soumises à la décision provisoire des officiers de police présents au spectacle. (*V*. n° 96.) C'est à ces fonctionnaires que doivent recourir les personnes qui ont quelque réclamation à faire contre le théâtre.

TITRE QUATRIÈME.

Des théâtres entretenus par des subventions.

333. Les subventions accordées à certains théâtres par l'état, par la liste civile, ou par les communes, introduisent quelques modifications dans leur existence. Leurs rapports habituels sont soumis aux règles précédemment exposées, sauf les droits particuliers que nous allons indiquer.

§ I. — Académie royale de Musique.

334. Un arrêt du conseil, du 27 mars 1780, a retiré à la ville de Paris le privilége de l'*Opéra*, qu'elle possédait, et a arrêté que les suppléments de fonds que pourrait exiger cette entreprise seraient fournis par le roi. Depuis cet arrêt, l'*Opéra* a été constamment administré au nom et pour le

compte du gouvernement. (Merlin, Répertoire de jurisprudence, v° *Opéra.*) Aujourd'hui ce théâtre dépend de la liste civile, et est soumis à l'autorité du ministre de la maison du roi ou de l'intendant général de la liste civile. C'est ce fonctionnaire, ou ceux qu'il désigne pour le remplacer, qui nomment le directeur, les artistes, et qui pourvoient à l'administration supérieure du théâtre. Les soins de l'exploitation intérieure et journalière sont confiés aux directeurs, régisseurs, et autres préposés.

335. Les droits et les obligations des artistes, ceux de l'entreprise à leur égard, ne diffèrent des autres théâtres que relativement à quelques questions de compétence (*V.* n° 296).

336. La liste civile est, pour l'*Académie royale de Musique*, ce que sont les bailleurs de fonds des autres entreprises de théâtres, mais sa gestion diffère de toutes les autres en ce qu'elle n'a point le caractère commercial. Elle aide l'*Opéra* des suppléments qu'elle fournit pour établir l'équilibre entre ses recettes et ses dépenses : il est évident qu'une pareille intervention n'est point une spéculation, qu'elle constitue seulement une protection de munificence, et ne peut passer pour une entreprise mercantile ; il suit de là que les actions qui seraient dirigées contre la liste civile ne pourraient être portées devant le tribunal de commerce. C'est donc aux tribunaux civils qu'il appartient de statuer sur les contestations qui s'engagent entre elle et les personnes qui ont traité à l'occasion de l'*Opéra*.

337. On avait prétendu que ces contestations

devaient être soumises à l'autorité administrative ;
on s'appuyait sur les dispositions du décret du
11 juin 1806 qui enlève aux tribunaux ordinaires
la connaissance des procès relatifs aux marchés et
fournitures passés avec les ministères. Mais un
arrêt du conseil-d'état, du 6 février 1828, a décidé
« que l'engagement souscrit par un artiste dra-
« matique pour l'exercice de son talent sur un
« théâtre public, ne rentre dans aucun des cas
« déterminés par l'art. 14 du décret du 11 juin 1806 ;
« que la mise en régie du *Théâtre-Italien* (alors
« administré comme l'est encore l'*Académie royale*
« *de Musique*), ne suffit point pour étendre à ce
« genre d'engagement l'application dudit décret »,
et, en vertu de ces motifs, la compétence des tribunaux ordinaires a été reconnue et consacrée.

338. Relativement aux pensions réclamées par
les artistes de l'*Opéra*, la compétence dépend de
la nature de la pension réclamée. S'il s'agit d'une
pension établie par l'acte d'engagement à la charge
de la liste civile, la demande doit être portée devant les tribunaux ordinaires. Dans ce cas, la pension fait partie du traitement, et puisque l'action
relative au traitement est de la compétence de ces
tribunaux, ils doivent connaître de la demande
à fin de pension. La liste civile dans les obligations qu'elle contracte est une personne privée,
soumise aux mêmes règles que le reste des citoyens. Mais s'il s'agit d'une pension réclamée par
l'artiste en vertu de réglements d'administration
qui accorderaient cette récompense après un cer-

tain temps de service, la demande doit être faite
et jugée administrativement, aux termes d'un décret du 20 janvier 1811.

33g. Une question s'est élevée devant le conseil-
d'état au sujet des pensions. Il s'agissait de savoir
si elles doivent être fixées d'après les réglements
en vigueur lors de l'entrée des artistes au théâtre,
ou d'après ceux qui existaient à l'époque de la demande à fin de pension. Le conseil-d'état a jugé,
le 16 novembre 1825, que la pension devait être
réglée par les dispositions de l'ordonnance en vigueur lors de la demande. Nous ne pouvons admettre une pareille opinion. L'artiste engagé sous
l'empire d'un réglement public qui fixe les conditions de son engagement, se trouve soumis à ce réglement dans toutes ses charges, et a droit à tous
les avantages que ses dispositions lui offrent. Le
réglement en vigueur lors de son admission se lie
à son engagement dont il est le complément, et ne
peut pas, ce nous semble, être modifié plus que
l'engagement lui-même, sans le consentement de
l'artiste ; autrement le sort de tous ceux qui sont
attachés à l'*Académie royale de Musique* serait livré tout entier à l'arbitraire et au bon plaisir de la
partie même avec laquelle ils contractent, puisque la liste civile, qui fait les engagements pour
l'*Opéra*, établit elle-même ses réglements particuliers et son régime administratif.

340. L'*Académie royale de Musique*, quoique
placée sous l'administration suprême de la maison
du roi, est, aussi-bien que les autres théâtres,

soumise au pouvoir du préfet de police et tenue d'obéir aux ordonnances qu'il rend dans la sphère de ses attributions.

341. Nous avons déjà parlé de la rétribution imposée aux théâtres secondaires de Paris au profit de l'*Opéra*. (N° 62 et suiv.) Cette entreprise a la prétention de posséder plusieurs priviléges relativement à son genre de spectacle et aux bals masqués. Mais elle n'est pas plus privilégiée que les autres, et le ministre pourrait étendre à des entreprises rivales la faculté de jouer les ouvrages attribués jusqu'ici à l'*Opéra*, sans que ce dernier eût aucun moyen de s'y opposer. (*V*. le n° 33.)

342. L'*Opéra* possédait autrefois certains droits qui ne peuvent plus être exercés aujourd'hui : les artistes des autres théâtres devaient déférer à ses ordres de débuts ; la puissance paternelle cédait devant un engagement contracté avec lui par un mineur. Ces prérogatives ne sont plus. Aujourd'hui l'*Académie royale de Musique* ne diffère des autres théâtres que par la source où elle puise les fonds nécessaires à son exploitation : du reste, elle est soumise au droit commun, tenue des engagements imposés aux autres entreprises de spectacle, et justiciable comme elles des tribunaux ordinaires.

§ II. — Des théâtres royaux.

343. Les théâtres royaux, dont nous avons déjà parlé (n° 44), diffèrent de l'*Académie royale de Musique*, en ce qu'ils constituent des entreprises commerciales, comme les autres théâtres, qu'ils

soient exploités par les artistes eux-mêmes réunis en société, comme la *Comédie-Française*, ou par des capitalistes, comme le *Théâtre-Italien*, l'*Opéra-Comique* et l'*Odéon ;* ils diffèrent des autres entreprises dramatiques en ce qu'ils reçoivent des subventions de la liste civile.

344. Les actions à intenter contre ces entreprises doivent être portées au tribunal de commerce ; mais celles qui seraient dirigées contre la liste civile, en raison des engagements qu'elle aurait pris, ne peuvent être soumises qu'aux juges civils. Nous avons vu que, pour l'*Opéra* qu'elle administre, la maison du roi ne peut être appelée que devant cette dernière juridiction ; il en doit être ainsi, à plus forte raison, pour les théâtres qu'elle ne régit point, et qu'elle aide seulement du secours de ses subventions.

345. Il n'y a d'exception à cette règle que pour les pensions dont le réglement s'opère dans la forme que nous avons indiquée pour l'*Académie royale de Musique*. Dans quelques uns de ces théâtres, les artistes expulsés perdent leurs droits à toute pension ; mais ils sont fondés à réclamer la restitution des retenues faites pour le fonds des pensions. C'est ce qui a été jugé le 28 mai 1829 par le conseil-d'état, entre mademoiselle Georges et les sociétaires du *Théâtre-Français*.

346. Il n'importerait que la liste civile ne fût assignée que comme garante de l'entreprise théâtrale. Cette forme de procédure ne la rendrait pas justiciable du tribunal de commerce. L'art. 181

du Code de commerce, qui oblige le garant à procéder devant le tribunal où la demande originaire est pendante, ne peut recevoir d'application que quand il s'agit de tribunaux du même ordre, et il n'enlève au garant que le droit de réclamer le tribunal de son domicile; en un mot, il donne juridiction au tribunal incompétent en raison du domicile, mais non au tribunal incompétent en raison de la matière. Ainsi, une partie domiciliée à Versailles pourra être assignée à Paris, si elle est appelée en garantie dans une instance qui y soit pendante; mais elle ne pourra pas être tenue de procéder devant des juges d'exception, tels que des arbitres, si le fait qui donne lieu à la garantie ne l'y soumet point. La cour de Paris a consacré ce principe à l'égard de la maison du roi, en décidant qu'elle ne pouvait être appelée devant le tribunal de commerce, comme garante d'un théâtre royal qui y était en instance, et que les tribunaux civils seuls pouvaient connaître des actions dirigées contre elle. (*V*. Carré, *Lois de la Procédure civile*, t. 1er, p. 482; arrêts de cassation, des 30 novembre 1813, 16 mai 1816, 8 novembre 1820.)

347. Pour tout ce qui concerne les droits des comédiens à l'égard de l'entreprise, et ceux de l'entreprise à leur égard, les théâtres royaux sont soumis aux règles précédemment tracées. Ceux qui, comme la *Comédie-Française*, sont régis par des ordonnances royales, doivent suivre les dispositions qui leur sont imposées par ces ordonnances.

348. En raison des secours pécuniaires qu'elle

distribue, la liste civile a un droit de contrôle et
de surveillance qui ne peut être méconnu : elle
peut employer ces secours comme il lui convient,
et apposer à ses dons les conditions qui lui plaisent. Les entreprises qui acceptent le bienfait ne
peuvent se soustraire aux charges qui y sont attachées : ainsi la maison du roi peut exiger un
certain nombre de loges, ou entrées gratuites,
sans blesser les règles relatives à cet objet.

349. Elle peut aussi préposer un commissaire
chargé de surveiller l'entreprise et même de lui
imprimer une direction. Elle est fondée à soumettre les théâtres royaux à l'autorité des fonctionnaires qui lui appartiennent ; tout donateur
exercerait des droits analogues : il est donc impossible de les lui contester.

350. Les actes faits par le commissaire ainsi
nommé ne peuvent engager le théâtre si les entrepreneurs n'y ont concouru ou ne les ont autorisés.
Le commissaire ne représente que la liste civile ;
il ne peut engager qu'elle, et, s'il outrepassait ses
pouvoirs, il deviendrait personnellement responsable, sans pouvoir exercer aucun recours ni
contre le théâtre, ni contre la maison du roi.

351. Cependant il existe des circonstances où
les obligations prises par le commissaire seraient de nature à peser sur le théâtre. S'il avait
contracté des engagements qui eussent profité à
l'entreprise, celle-ci ne serait pas fondée à en dé-
cliner la responsabilité. Il serait injuste qu'elle
s'enrichît aux dépens d'autrui, et que, trouvant

un avantage dans les traités passés par le commissaire, elle refusât d'en supporter les charges ; mais il faudrait que l'avantage fût réel ; car, si les traités n'avaient eu pour objet que d'augmenter le personnel ou le matériel de l'entreprise au-delà de ses besoins ; si, par exemple, le commissaire avait engagé des acteurs dont l'introduction dans la troupe constituerait une superfétation inutile, s'il avait fait des dépenses exagérées de costumes ou de décorations, l'entreprise pourrait refuser d'exécuter les obligations qu'il aurait contractées.

352. La liste civile n'a point de juridiction réelle sur les comédiens attachés aux théâtres royaux : elle ne peut rompre leurs engagements et disposer arbitrairement de leur sort. Si jamais elle élevait cette prétention, les tribunaux seraient efficacement saisis de la réclamation des artistes. Il est vrai que la plupart des engagements souscrits avec les théâtres royaux portent que les difficultés qui s'éleveront seront soumises à l'autorité supérieure, quelques uns même à l'autorité des gentilshommes de la chambre ; mais cette clause ne peut obliger le comédien à faire vider par l'autorité supérieure, ou par les gentilshommes de la chambre, les différends qui s'élèvent entre lui et l'entreprise. Elle ne pourrait valoir que comme compromis, puisqu'elle tend à soumettre les parties à des juges d'élection ; mais elle est nulle en la forme, ne désignant point positivement le juge choisi et l'objet litigieux qui lui sera soumis : elle

est nulle, puisqu'elle tend à donner juridiction à des fonctionnaires de l'ordre administratif, en raison même de leurs fonctions, sur des faits dont la connaissance ne leur appartient pas. Le tribunal de commerce de la Seine l'a jugé implicitement ainsi, le 14 septembre 1827, à l'occasion d'une contestation qui s'était élevée entre l'acteur Clozel et le directeur de l'*Odéon*. Ce dernier demandait le renvoi devant *l'autorité supérieure*, désignée par l'engagement pour juger toutes contestations entre les artistes et le théâtre; mais le tribunal a renvoyé la cause devant un arbitre rapporteur de son choix; ce qui n'eût pas eu lieu s'il eût pensé que la clause l'obligeât à s'en dessaisir.

353. Cependant, nous ne croyons point que cette clause doive demeurer sans effet. Elle nous paraît applicable aux difficultés qui naîtront sur des objets de détail intérieur, comme, par exemple, sur le refus du comédien de se charger d'un rôle, de paraître à une représentation, en un mot de remplir son service de la manière qui serait exigée par les directeurs; mais elle ne s'appliquera point aux questions qui toucheront l'interprétation ou l'exécution de l'engagement en lui-même; comme, par exemple, la quotité des appointements, la durée de l'engagement, sa validité, etc.; c'est ce que le tribunal du commerce a encore jugé le 2 septembre 1828. (*V. Gazette des tribunaux* du 4 du même mois.)

354. Il n'entre point dans notre plan d'exami-

ner, sous le rapport de l'art, les résultats de l'intervention de la liste civile dans l'exploitation des théâtres royaux. Nous ne pouvons pas non plus, quoique cette discussion soit judiciaire, examiner en détail la constitution qui régit la *Comédie-Française*. Les plus graves questions peuvent s'élever au sujet de cette société qui possède des biens, dont aucun des sociétaires ne peut faire la vente ni le partage, qui constitue ainsi une véritable communauté de *main-morte* et se trouve livrée au régime des ordonnances, même pour la transmission de ses propriétés et l'exercice de ses droits privés. Cet examen pourrait, à lui seul, fournir la matière d'un traité spécial, et la *Comédie-Française* étant aujourd'hui le seul théâtre royal qui ait conservé cette existence anomale, l'intérêt qui se rattacherait à ce travail ne serait pas assez général pour qu'il nous convienne de nous y livrer.

§ III. — Théâtres des villes où des subventions sont accordées.

355. Les règles qui viennent d'être tracées, à l'égard de la liste civile et de ses rapports avec les théâtres auxquels elle donne des subventions, s'appliquent aux municipalités des villes qui accordent un avantage du même genre à leur théâtre. Les droits de la mairie, la compétence en cas de difficulté, sont absolument semblables.

356. Dans quelques uns des contrats passés entre les maires et les directeurs, on a l'habitude d'insérer que toutes les discussions qui pourront s'élever au sujet de l'exécution, de la résiliation, etc.,

seront jugées administrativement. Cette stipulation est-elle obligatoire et peut-elle donner juridiction aux tribunaux administratifs pour les questions qui, légalement, ne seraient pas de leur
compétence? Deux arrêts du conseil-d'état, des
10 avril 1818 et 14 novembre 1821, ont décidé
l'affirmative; mais nous croyons que tous les principes du droit résistent à cette solution. Les juridictions sont d'ordre public, et les citoyens ne
peuvent les intervertir. Cette règle est surtout absolue pour les tribunaux exceptionnels. Ainsi, les
citoyens justiciables des tribunaux civils ne peuvent convenir de soumettre leurs différends aux
juges de commerce. Il n'y a que la juridiction ar-
bitrale à laquelle il soit permis à tous de s'en réfé-
rer, parce qu'en général elle n'a le pouvoir de juger
qu'en vertu d'une délégation volontaire, et que
d'ailleurs la loi contient à ce sujet une disposition
expresse. La stipulation qui remet à l'autorité administrative le jugement des contestations qui,
par leur nature, ne seraient pas de son ressort, est
donc nulle et ne peut créer une compétence qui ne
se trouve pas dans la loi : il y a d'autant plus lieu
de le décider ainsi, que les directeurs des théâtres
des départements, lorsqu'ils traitent avec les villes,
sont souvent obligés de se soumettre à des conditions qu'ils n'accepteraient pas s'ils étaient complétement libres, et qu'on ne peut pas dire qu'une
clause qui tend à les distraire des tribunaux ordinaires, soit entièrement volontaire de leur part.
Ainsi, dans les actes et contrats que les directeurs

auront pu faire, la compétence des juridictions à choisir, en cas de discussion, devra toujours être déterminée par la nature de la contestation, selon les règles ordinaires, sans égard aux stipulations qui auraient indiqué d'autres juges, à moins que ce ne soit des arbitres. Le conseil-d'état est revenu à cette doctrine, dans un arrêt du 10 juin 1829, rendu en faveur d'un fournisseur qui était convenu, dans un marché passé avec une ville, de soumettre toutes les difficultés à venir au jugement de l'autorité administrative.

Le conseil-d'état a jugé « que le traité devait « être, par sa nature, soumis à la juridiction des « tribunaux, et que les parties n'avaient pu, par « une convention privée, insérée dans ledit « traité, déroger à l'ordre des juridictions. »

Cette décision confirme pleinement les principes que nous venons d'exposer.

———

TITRE CINQUIÈME.

Des correspondants dramatiques.

357. On donne ce nom aux intermédiaires établis à Paris entre les comédiens et les directeurs de théâtre. Ce sont des mandataires ordinaires qui ne peuvent engager les parties pour lesquelles ils traitent que dans la limite des pouvoirs qu'ils ont reçus. Ils sont soumis aux principes généraux du droit en matière de mandat.

16.

TITRE SIXIÈME.

Des spectacles publics autres que les théâtres proprement dits.

358. Nous avons déjà donné la définition de ces sortes d'entreprises (n° 181). Elles sont soumises à la même règle de compétence que les théâtres proprement dits. L'art. 632 du Code de commerce les embrasse toutes dans sa généralité, et c'est avec raison que le tribunal de commerce de Paris a jugé, le 1er février 1828, qu'il s'appliquait à une collection d'animaux lorsqu'elle était exposée à la curiosité publique par un entrepreneur. Les spectacles publics, autres que les théâtres, sont des entreprises qui ont pour objet de louer la vue de certaines choses animées ou inanimées, moyennant un salaire. C'est sous ce rapport qu'ils ont un caractère commercial.

359. L'organisation de ces sortes d'entreprises est trop simple pour qu'il soit nécessaire de s'en occuper longuement. Si l'entrepreneur emploie d'autres personnes pour le service de son spectacle, tels que des musiciens, des danseurs de corde, des faiseurs de tours, etc., les actes passés avec ces personnes doivent être assimilés aux engagements des comédiens ou des autres employés des théâtres, et soumis aux règles que nous avons exposées. Si l'entreprise se borne à l'exposition d'animaux ou d'objets d'art, l'entrepreneur est simple-

ment un commerçant soumis aux règles générales du droit, relatives aux personnes qui font le commerce, et ses droits, ainsi que ses obligations, sont tracés par les dispositions du Code de commerce.

TROISIÈME PARTIE.

DES AUTEURS DRAMATIQUES.

360. La propriété littéraire a donné lieu à de nombreuses et vives discussions. En quoi consiste-t-elle? doit-elle être reconnue par la loi? quelles seront ses limites et sa durée? Ces questions ont été souvent débattues par les gens de lettres et par les jurisconsultes ; nous n'avons pas le dessein de les examiner : nous devons nous borner à l'exposition des principes positifs de la loi, sans embrasser des difficultés de théorie. La loi reconnaît la propriété littéraire; elle la protége; qu'il nous suffise d'en développer les dispositions, de les suivre dans leurs conséquences et dans leur application.

361. En ce qui concerne les auteurs dramatiques, la propriété littéraire se présente sous deux points de vue tout-à-fait distincts. Outre les rapports ordinaires des auteurs avec le public et les diverses professions consacrées à l'impression et à la publication des ouvrages de littérature, l'auteur dramatique a des relations avec les entreprises théâtrales qu'il charge de la représentation de son

ouvrage : de ces relations, résultent des droits et des obligations dont la nature et l'étendue doivent être examinées sérieusement. Cette troisième partie sera consacrée à cet examen.

TITRE PREMIER.

Des auteurs dramatiques dans leurs rapports avec les entre-prises théâtrales.

CHAPITRE I.

De la présentation des pièces. — Comités de lecture.

362. Quand un auteur dramatique présente une pièce à la direction d'un théâtre, il est dans la position de toute personne qui propose un contrat. La direction peut accepter ou refuser l'ouvrage, selon sa volonté, imposer des conditions, prescrire des délais, et l'auteur exiger les concessions qui lui conviennent, fixer sa part dans les bénéfices et les droits qu'il prétend exercer. La liberté la plus absolue règne de part et d'autre. Toutes les conventions à faire sont entièrement hors du domaine de l'autorité publique. La loi du 6 août 1790 consacre cette indépendance : *la convention entre les auteurs et les entrepreneurs de spectacles*, porte l'art. 2, *sera parfaitement libre, et les officiers municipaux, ni aucun autre fonctionnaire public, ne pourront taxer lesdits ou-*

vrages, ni modérer ou augmenter le prix convenu.
Le même principe est sanctionné par l'art. 10 du
décret du 8 juin 1806, ainsi conçu : *Les auteurs et
les entrepreneurs seront libres de déterminer entre
eux, par des conventions mutuelles, les rétributions
dues aux premiers, par somme fixe ou autrement.*

363. Le théâtre peut refuser de lire le manuscrit qui lui est offert; il peut en confier l'examen
préparatoire à un préposé chargé de le lire avant
le comité de lecture ; toutes les mesures intérieures
prises à ce sujet sont la loi des auteurs qui ne peuvent éviter de s'y soumettre, quand le théâtre les
leur impose.

364. L'auteur qui présente un ouvrage peut
être autorisé à le lire lui-même ou contraint à le
confier à l'entreprise théâtrale pour qu'elle le fasse
examiner. Il est en droit d'exiger un récépissé
lorsqu'il le dépose, et peut toujours en réclamer la
restitution. L'entreprise, en acceptant le dépôt,
devient responsable de l'ouvrage ; cependant elle
aurait le droit d'exiger que l'auteur fît faire deux
copies, et en conservât une, pour que celle qu'elle
aurait reçue, venant à être perdue ou détruite,
on ne la rendît pas responsable du préjudice occasionné à l'auteur par la perte d'une copie unique qui ne serait pas susceptible d'être rem-
placée.

365. En cas de perte, les tribunaux seront chargés d'apprécier le préjudice éprouvé par l'auteur.
Si, par un abus de la communication faite du ma-

nuscrit, on dérobait l'ouvrage à l'aide d'une copie, en tout ou en partie, l'auteur aurait également le droit de réclamer une indemnité contre celui qui aurait commis la soustraction et contre l'entreprise, civilement responsable. Cette action pourrait être portée devant le tribunal de police correctionnelle, parce qu'elle aurait pour objet la répression d'une véritable contrefaçon frauduleuse. (V. ci-après le chapitre de la contrefaçon.)

366. La communication du manuscrit a plusieurs fois donné lieu à une autre espèce d'abus. Il arrive que, sans contrefaire précisément l'ouvrage, ni en copier aucune partie, on s'empare du sujet que l'on exploite sous une autre forme, et ainsi l'on prive l'auteur d'un des plus précieux éléments de son succès, et de la portion quelquefois la plus essentielle de son ouvrage. Quelque préjudiciable que soit cette soustraction, elle demeurera le plus souvent impunie. D'abord, il sera presque toujours impossible de constater le fait. La même pensée peut trouver accès dans plusieurs imaginations; Comment prouver qu'elle a été suggérée par la lecture d'un ouvrage déjà composé? Comment séparer le sujet de la forme dont il avait été revêtu, comment l'apprécier à part? Les tribunaux seront donc souvent sans armes pour punir ce procédé coupable. L'opinion publique, vengeresse des actes de déloyauté qui échappent à l'action de la loi, pourra seule accorder à l'auteur trompé une satisfaction qu'elle ne lui refusera jamais. Cependant il n'est pas impossible que l'infidélité ne vienne

à être constatée : des indiscrétions, une ressemblance frappante entre l'original et l'imitation, d'autres circonstances encore, sont de nature à porter la conviction dans l'esprit des juges, et à servir de justification à la demande en indemnité que l'auteur pourra porter devant les tribunaux. La trahison pratiquée à son préjudice ne sera point une contrefaçon dans le sens de la loi, mais elle pourra fonder une action en dommages-intérêts qui sera de la compétence de la juridiction civile.

367. L'administration théâtrale, responsable du manuscrit, peut toujours exiger que l'auteur le reprenne et là dégage de sa responsabilité. Si, sur l'invitation adressée à cet effet, l'auteur ne se présentait point, l'administration pourrait lui faire faire sommation de retirer l'ouvrage, et en cas de silence ou de refus, en opérer la remise dans un dépôt public aux risques et périls de l'auteur. Cette remise effectuée dans les formes légales, l'administration cesserait d'être soumise à aucune garantie. La même marche devrait être suivie par les entrepreneurs qui se retireraient de l'exploitation d'un théâtre et qui se trouveraient détenteurs de manuscrits présentés à leur acceptation. En négligeant d'employer cette précaution, ils s'exposeraient à des difficultés de la part des auteurs, et pourraient, pendant long-temps, se trouver en butte à des actions en indemnité qu'il leur serait peut-être difficile de faire écarter.

368. De leur côté, les auteurs ont toujours le

droit de réclamer la restitution de leur manuscrit, tant que par la lecture et l'acceptation ils ne se trouvent point soumis aux obligations qui seront exposées plus tard. Jusque-là, le théâtre n'étant point lié envers eux, ils ne peuvent point l'être envers lui, et sont toujours maîtres de retirer l'offre qu'ils avaient faite de laisser jouer leur ouvrage, offre pour l'acceptation de laquelle la remise du manuscrit avait eu lieu.

369. Dans l'usage ordinaire des théâtres, les manuscrits présentés par les auteurs sont soumis à l'approbation préalable d'un comité qui en entend la lecture et qui décide s'ils doivent être reçus. Dans quelques théâtres, ce comité est composé des comédiens eux-mêmes; dans d'autres, il l'est d'hommes de lettres désignés par le directeur. Sa composition est tout entière laissée à la volonté de l'entreprise. Il constitue un simple conseil, ayant voix consultative, et n'engage point le théâtre auprès duquel il siége. S'il rejette l'ouvrage, l'auteur peut encore obtenir du directeur la faveur d'être joué : s'il l'approuve, le directeur est encore recevable à le refuser. Cependant, si l'auteur avait traité à l'avance avec le théâtre, à la seule condition que son ouvrage serait reçu par le comité de lecture, l'approbation du comité obligerait le directeur envers lui; elle constituerait l'accomplissement de la condition à laquelle le contrat aurait été subordonné et le rendrait définitif. Lorsque le comité est composé des entrepreneurs du théâtre, par exemple des sociétaires, dans une

entreprise exploitée par une société, son approbation forme aussi un engagement définitif, parce que
dans ce cas les sociétaires prononcent à la fois
comme juges de l'ouvrage et comme membres
de l'entreprise, ayant capacité de traiter pour
elle.

370. Un auteur peut être dispensé de la formalité préalable de l'approbation du comité de lecture. Si cette dispense lui a été accordée, le contrat par lequel son ouvrage a été attribué au
théâtre n'est subordonné à aucune condition préparatoire pour son exécution.

371. Les théâtres sont aussi dans l'usage de soumettre à un premier examen, préalable à la lecture
devant le comité, les ouvrages des auteurs incon-
nus qui n'ont encore donné aucune preuve de leur
talent dramatique. Cet usage, comme tous ceux
qui se rattachent à l'acceptation des pièces de
théâtre, ne peut être l'objet d'aucune remarque, ni
d'aucune difficulté sérieuse.

372. La présentation des pièces de théâtre, la
lecture devant le comité, le délai dans lequel elle
doit avoir lieu, le droit des auteurs d'assister à
la délibération, enfin toutes les formalités intérieures qui accompagnent l'offre faite par un auteur d'une pièce qu'il a composée, appartiennent
plus aux devoirs prescrits par les convenances
qu'aux principes du droit. Quelques auteurs ont eu
à se plaindre de la fierté des comédiens, de la lé-
géreté des comités de lecture, de la partialité de
plusieurs de ces juges littéraires; mais ces griefs ne

peuvent être l'objet de nos recherches : il ne nous
appartient pas d'indiquer aux hommes de lettres la
fierté que commande le respect de soi-même, la
dignité d'une profession illustrée par tant de gé-
nies, ni de tracer aux comédiens les justes égards
qu'ils doivent aux hommes dont les veilles labo-
rieuses enrichissent la scène et contribuent à la fois
à la gloire de notre littérature et à la fortune particulière des entreprises de théâtre.

CHAPITRE II.

Admission ou refus des pièces de théâtre. — Conséquences.

373. Le refus de l'ouvrage, par le comité de
lecture et par le théâtre, rend à l'auteur la liberté
d'en disposer, et l'entreprise, après la restitution
du manuscrit, se trouve dégagée, de son côté,
de toute obligation.

374. L'admission est l'origine d'un contrat qui
impose des obligations réciproques au théâtre et à
l'auteur. Souvent les conventions sont réglées par
un acte écrit. Dans certains cas, le droit des parties est fixé par les traités passés entre l'administration du théâtre et le corps des auteurs, représenté
par quelques uns d'entre eux. L'administration est
présumée offrir à l'auteur, et l'auteur accepter les
conditions adoptées pour les traités faits avec les
autres hommes de lettres qui ont travaillé pour
le théâtre. Cette présomption est surtout exacte
pour les théâtres royaux, où, le plus souvent,
au lieu de passer un traité avec l'auteur, on se

borne à lui faire connaître les réglements qui fixent les droits des auteurs en général et les obligations réciproques du théâtre.

375. Mais quelques traités ont lieu sans que des conventions positives aient été arrêtées ; ceux qui sont rédigés par écrit présentent presque toujours de nombreuses lacunes ; il est donc essentiel de déterminer les droits réciproques de l'entreprise et de l'auteur. Cet exposé servira à régler les intérêts qui ne l'auront pas été dans les conventions arrêtées, et à donner aux auteurs l'indication des clauses qu'il leur importe d'exiger, ou qu'ils peuvent être tenus de consentir.

§ I. — Obligations imposées au théâtre par l'acceptation d'une pièce de théâtre.

376. La principale obligation imposée au théâtre est celle de jouer l'ouvrage reçu : il ne lui est donné que dans ce but ; son acceptation n'en peut pas avoir d'autre. Dans le cas de refus de satisfaire à cette obligation essentielle, les auteurs sont fondés à demander que le théâtre soit tenu de représenter leur ouvrage, sous peine de dommages-intérêts.

377. Plusieurs décisions judiciaires ont consacré ce droit.

MM. Cuvellier, Boin et Henry avaient fait recevoir, au théâtre de *la Porte Saint-Martin*, un ouvrage intitulé *les Filles d'enfer*. On avait suivi le tour de réception ; déjà l'ouvrage était en répétition, lorsque tout à coup les directeurs refusèrent de le représenter. Ils furent condamnés à jouer ou à payer une somme de 1200 fr.

Un procès de même nature s'est élevé entre le directeur du *Vaudeville* et MM. Ramond et Letournelle. Ces deux derniers, auteurs d'un ouvrage intitulé *J'épouse ma femme*, se plaignaient du retard apporté à la représentation de cette pièce, et réclamaient une indemnité de 1200 fr., aux termes d'un article du traité passé entre le théâtre de la rue de Chartres et les auteurs, selon lequel le directeur, s'il refuse de jouer une pièce dont le tour est venu, est de plein droit obligé de payer une indemnité de 1200 fr. Le directeur offrit de représenter le vaudeville de MM. Ramond et Letournelle; et comme il n'était pas constant qu'il s'y fût précédemment refusé, le tribunal, en lui donnant acte de ses offres, l'a condamné seulement à jouer la pièce dans un délai de quatre mois, sinon à payer 1200 fr.

En 1829, des décisions semblables ont condamné le théâtre de l'*Ambigu-Comique* à jouer, dans l'espace de deux mois, un mélodrame de MM. Maillard et Frédérick Lemaître, sinon à payer 800 fr. de dommages-intérêts aux auteurs, et le théâtre de la *Porte Saint-Martin*, à représenter, dans le délai de trois semaines, un ballet de MM. Aniel et Petipas, intitulé *M. Deschalumeaux*, sous peine d'une indemnité de 2,000 fr.

La *Comédie-Française* a été l'objet d'une condamnation pareille au mois de décembre dernier. M. Dorvo avait fait recevoir, depuis long-temps,

une comédie intitulée *l'Envieux*. La représentation n'ayant pas eu lieu, le tribunal de la Seine,
saisi de la demande, a prononcé en ces termes :

« Attendu que la pièce intitulée *l'Envieux* a
« été reçue par le comité de la *Comédie-Fran-*
« *çaise;*

« Attendu qu'aux termes des réglements, les
« pièces reçues doivent être représentées, et qu'*il*
« *ne peut appartenir à une administration théâ-*
« *trale de différer indéfiniment la représentation*
« *des ouvrages qu'elle a reçus et agréés;*

« Le tribunal condamne la *Comédie-Française* à
« jouer la pièce intitulée *l'Envieux* dans le délai
« de six semaines; et, en cas de refus, à payer à
« M. Dorvo la somme de 3,000 fr. »

378. Cette série de décisions conformes ne peut
laisser de doute sur le droit des auteurs; mais ce
droit est soumis à quelques modifications. D'abord,
il faut que l'auteur attende son tour; les ouvrages
admis avant le sien doivent le précéder, selon leur
date, pour la représentation; il peut même, dans
certains cas, être obligé de laisser passer avant lui
des ouvrages reçus postérieurement. En effet, il
est d'usage, dans quelques théâtres, d'accorder, à
certaines pièces, en considération de l'auteur, du
sujet ou du mérite de l'ouvrage, un rang privilégié,
que l'on appelle *tour de faveur*, et qui a pour résultat d'en fixer la représentation avant celle des
ouvrages déjà reçus. Cet usage a des limites fixées
par les réglements. Ainsi, il ne peut être accordé,
par année, qu'un certain nombre de tours de fa-

veur, et les causes susceptibles d'y donner lieu sont indiquées. Tant que l'administration n'a point dépassé ces limites, l'auteur d'un ouvrage déjà reçu ne peut se plaindre des tours de faveur qui viennent retarder la représentation de sa pièce. Ainsi, il n'est recevable à se pourvoir devant les tribunaux que quand son tour, y compris ceux de faveur régulièrement accordés, est arrivé, sans que le théâtre se soit mis en mesure de jouer son ouvrage. Jusque-là, toute demande devrait être écartée comme prématurée.

379. Si les réglements du théâtre n'admettent point de tours de faveur, il n'en peut être accordé sans le consentement des auteurs déjà reçus. Leur rang d'inscription, sur la liste des ouvrages à jouer, constitue à leur profit un droit réel qui ne saurait être violé : la préférence accordée à un seul auteur, à leur préjudice, suffirait pour les autoriser à agir devant les tribunaux contre l'administration du théâtre.

380. L'auteur qui a obtenu un tour de faveur doit être joué immédiatement. Si le théâtre prétendait l'ajourner et le placer sur la liste commune pour retarder la représentation de son ouvrage, il pourrait se plaindre de la même manière que l'auteur dont le tour est arrivé.

381. Il est certains ouvrages dramatiques qui, par leur nature, doivent être joués immédiatement. Le théâtre qui les reçoit n'en peut différer la représentation, même quand un tour de faveur n'aurait pas été expressément accordé. Ce sont les

pièces de circonstance composées pour une solennité publique, ou à propos d'un événement dont la reproduction sur le théâtre peut intéresser les spectateurs. Si le théâtre s'était rendu coupable de retard, il ne serait plus en son pouvoir d'offrir de jouer l'ouvrage pour éviter de payer l'indemnité due à l'auteur. Ces sortes de pièces perdant tout leur mérite par l'éloignement de la circonstance qui les a inspirées, l'intérêt de l'auteur serait blessé par une représentation tardive. Dans ce cas particulier, les tribunaux devront seulement accorder des dommages-intérêts, en raison du préjudice souffert, et ne pourront pas, comme dans les procès que nous avons rapportés plus haut, laisser à l'administration théâtrale la facilité de jouer l'ouvrage dans un délai déterminé ou de payer une indemnité.

C'est ce qui a été jugé dans l'espèce suivante :

En 1818, M. Joigny présenta à la direction du théâtre de la *Porte-St-Martin* un drame intitulé *les Rochellais*. Cette pièce, qui, à ce qu'il paraît, contenait une allusion à l'évasion du général Lavalette, fut admise à correction par le comité de lecture. La censure dramatique donna une première autorisation le 3 juin 1819, et l'ouvrage fut définitivement reçu le 21 mars 1820. La pièce fut mise en répétition : on donna même cent francs à l'auteur à compte sur ses droits. Mais les répétitions cessèrent, parce que la censure dramatique voulut examiner la pièce. Elle donna une nouvelle autorisation le 21 septembre 1820.

Cette pièce fut alors négligée pendant plusieurs années, malgré les réclamations de l'auteur pour la faire représenter : las de ces retards, M. Joigny prit le parti, en 1825, d'assigner l'administration du théâtre, et demanda que les directeurs fussent tenus de lui payer par corps 3,000 fr. pour indemnité de ses droits d'auteur, et trois autres mille francs pour retard de la mise en scène.

Le tribunal de commerce de Paris, saisi de la contestation, nomma M. Picard pour arbitre rapporteur. M. Picard pensa que l'opportunité de la représentation était passée, et que l'auteur avait le droit de ne pas faire jouer sa pièce et de recevoir une indemnité de ses droits d'auteur pendant vingt-cinq représentations, c'est-à-dire 1,250 fr. d'après le taux fixé par un traité particulier passé le jour où l'ouvrage avait été définitivement reçu.

Les débats des parties s'engagèrent sur ce rapport : M. Joigny fit valoir les motifs invoqués par l'arbitre, et réclama son manuscrit ou une somme de 3,000 fr. pour en tenir lieu.

Les directeurs offraient de jouer le drame des *Rochellais*, et demandaient seulement un délai d'une année pour les répétitions et la mise en scène, attendu qu'ils avaient des ouvrages prêts à être représentés. Ils refusaient de payer aucune indemnité, soutenant qu'ils n'avaient pas été mis régulièrement en demeure, et que l'offre qu'ils faisaient désintéressait complétement l'auteur.

17 mai 1826, jugement du tribunal de commerce, confirmé par la cour le 24 avril 1827, et

17.

ainsi conçu (*V*. la *Gazette des Tribunaux* des
19 et 23 mai 1826) :

« Attendu que la propriété littéraire, en ce qui
« concerne les ouvrages dramatiques, serait un
« droit tout-à-fait illusoire, s'il dépendait des ad-
« ministrations théâtrales, après avoir reçu de tels
« ouvrages, d'en ajourner indéfiniment la repré-
« sentation ;

« Attendu que le drame du sieur Joigny, reçu
« pour être joué sur le théâtre de la *Porte-Saint-*
« *Martin* dès l'année 1818, a été soumis à la cen-
« sure et la représentation permise par l'autorité
« supérieure, et que même la direction du théâtre
« en avait distribué les rôles ;

« Attendu que, si cette pièce a été aban-
« donnée, et n'a point été représentée dans un
« temps opportun, la cause n'en peut être im-
« putée à l'auteur, mais bien à la direction de ce
« théâtre ;

« Attendu que, par suite de la non-représen-
« tation de son drame, le sieur Joigny a été privé
« des fruits qu'il pouvait espérer de son travail,
« et qu'il serait injuste que ses droits pussent être
« anéantis par la mauvaise volonté ou le caprice
« d'une administration théâtrale ;

« Attendu qu'il est justifié suffisamment que le
« sieur Joigny a fait auprès de la direction de la
« *Porte-Saint-Martin* les démarches nécessaires
« pour faire représenter sa pièce ;

« Attendu que cette direction en a perpétuel-
« lement éludé la représentation, et qu'il serait

« injuste de faire supporter aujourd'hui à l'auteur
« la chance d'un succès ;

« Par ces motifs, le tribunal condamne les di-
« recteurs du théâtre de la *Porte-Saint-Martin* à
« payer 1,200 fr. d'indemnité au sieur Joigny ;

« Ordonne l'exécution provisoire moyennant
« caution, et la remise du manuscrit à l'auteur,
« ou le paiement de 3,000 fr. pour en tenir lieu. »

382. Déjà nous avons fait remarquer que les
nouveaux directeurs d'un théâtre sont tenus de
toutes les obligations contractées par leur prédécesseur, et qu'à ce titre ils doivent maintenir les
engagements faits avec les comédiens. Il en est de
même à l'égard des pièces qui ont été reçues. Un
directeur nouveau ne peut revenir sur cette réception, et soumettre les ouvrages à l'épreuve
d'une seconde lecture et à l'approbation d'un nouveau comité. C'est ce que le tribunal de commerce
de Paris a décidé le 7 mai 1828, entre le directeur
du *Vaudeville* et des auteurs qui sous le précédent directeur avaient fait recevoir une pièce à ce
théâtre. (*V.* la *Gazette des Tribunaux*, du 9
mai 1828.) Cependant si le nouveau directeur se
présentait avec une troupe et une société nouvelles, s'il ne continuait l'ancienne exploitation que
sous le rapport du local qu'il occuperait après
elle, ou du titre qu'il aurait adopté, il est évident
qu'on ne pourrait lui opposer les engagements
pris par l'ancienne société : la continuation d'obligation ne peut exister qu'autant qu'il y a continuation d'intérêts, et que la nouvelle direction re-

cueille tout l'actif de l'ancienne. Dans ce cas elle
est considérée comme un héritier qui est obligé
de faire face aux obligations de la succession dont
il recueille le profit. Mais quand la nouvelle entreprise n'a aucun rapport avec l'ancienne, qu'elle
commence sur nouveaux frais, elle ne peut, à aucun titre, être tenue des engagements de celle-ci.

Ce principe a été consacré par la cour royale
de Paris dans le procès engagé par M. le duc de
Choiseul contre M. Ducis. L'ancienne troupe de
l'*Opéra-Comique* s'étant obligée à donner une
loge dans son théâtre à M. de Choiseul, il voulut
réclamer l'exercice de ce droit contre M. Ducis,
devenu directeur de l'*Opéra-Comique;* mais il fut
reconnu en fait que la nouvelle entreprise était
entièrement étrangère à l'ancienne, qu'elle s'était
formée sur de nouvelles bases, avec de nouveaux
moyens d'exploitation, et ces circonstances firent
rejeter la demande.

383. Le droit qui appartient à l'auteur de faire
jouer sa pièce est une conséquence de l'avantage
que la représentation peut lui donner, sous le
rapport pécuniaire comme sous celui de sa réputation. S'il avait vendu la propriété de son ouvrage
au théâtre, moyennant une somme fixe, payée à
forfait pour le prix de toutes les représentations,
il n'en serait pas moins fondé à demander qu'il fût
joué. La cession lui enleverait tout intérêt d'argent aux représentations; mais l'intérêt de son nom
suffirait pour l'autoriser à exiger la représentation.
Seulement, dans ce cas, les tribunaux pourraient

traiter le directeur avec plus de ménagements.

384. Le directeur n'est pas recevable à alléguer que l'ouvrage reçu ne peut plaire au public. En le recevant, il a reconnu qu'il pouvait le jouer avec espoir de succès, et s'est ôté le droit d'en faire la critique. Il ne pourrait pas non plus prétendre que la représentation peut être dangereuse pour l'ordre public ou les bonnes mœurs. La même raison s'y opposerait, et en outre la surveillance toujours si sévère de la censure ôterait toute vraisemblance à ce reproche, et serait d'ailleurs une garantie complète contre les poursuites de l'autorité.

385. Quand l'ouvrage a été reçu définitivement, il n'est plus au pouvoir des directeurs d'exiger des auteurs aucune correction. Ils ne peuvent ajouter aux clauses d'un contrat accepté réciproquement, et imposer des conditions qui n'avaient point été prévues lors de sa passation. Ce principe, fondé sur les règles les plus positives et les plus élémentaires du droit, doit servir à juger toutes les questions qui pourraient s'agiter entre les directeurs et les auteurs après la réception d'un ouvrage de théâtre.

386. Si la pièce n'a été reçue qu'à correction, les directeurs ne sont en rien obligés, même quand des corrections seraient faites ; car ils sont toujours maîtres d'alléguer que les corrections ne suffisent point, et il n'existe aucun moyen de prouver le contraire. Dans ce cas, leur obligation est subordonnée à une condition de l'accomplissement de laquelle ils sont les seuls juges : en effet, ils ne

peuvent être soumis à accepter l'ouvrage qu'autant qu'il leur convient, et de l'acceptation à correction résulte toujours pour eux le droit de le refuser. Ce genre de réception ne donne donc aucun droit à l'auteur, c'est un simple encouragement qui peut le déterminer à retoucher son ouvrage dans l'espoir d'une réception définitive, mais qui laisse les choses entières de part et d'autre. Il n'en serait pas de même d'une acceptation formelle lors de laquelle on aurait seulement engagé l'auteur à faire quelques corrections peu importantes. Dans ce cas, le contrat serait définitif, et les corrections à faire ne pourraient être considérées comme conditions nécessaires de l'admission.

387. L'admission est également incomplète quand elle porte sur les paroles d'un ouvrage qui doit être mis en musique. Le théâtre n'est engagé que du jour que la musique a été composée et reçue : jusque-là, la pièce ne pouvant être représentée, aucune action ne peut être intentée par l'auteur; mais l'ouvrage reçu prend son rang sur la liste de réception avec ceux qui se trouvent dans le même cas.

388. Si un auteur avait deux ouvrages reçus au même théâtre à des époques différentes, aurait-il le droit de substituer l'un à l'autre et de demander que le dernier reçu fût joué à l'époque où aurait dû l'être le premier, sauf à celui-ci à reprendre le tour du dernier? Cette question doit être envisagée moins dans ses rapports avec la direction du théâtre que relativement aux auteurs ayant des

pièces reçues au même théâtre. Si la substitution de
tour pouvait nuire à ceux-ci : par exemple si la dernière pièce était plus longue que la première, ou
si elle portait sur un sujet semblable à celui qu'aurait traité un auteur précédemment reçu, la substitution ne pourrait avoir lieu. La liste des ouvrages admis et l'ordre qui y est adopté, d'après la date
de l'admission, sont la propriété de tous les auteurs qui s'y trouvent inscrits. Il ne peut y être
porté aucune atteinte préjudiciable aux intérêts
d'un seul de ceux qui y figurent, sans qu'on ait obtenu son consentement, et nous avons déjà dit
que l'administration théâtrale pourrait être responsable des dommages qui en résulteraient. Mais si
la substitution n'a point l'effet de nuire à aucun
des autres ouvrages, nous ne voyons point de
motifs pour que l'administration s'y refuse, et
nous croyons que l'auteur pourrait légalement
l'exiger.

389. La réception de l'ouvrage peut être prou-
vée par les lettres d'avis, par les livres de délibération de la société théâtrale et par les autres
preuves que la loi autorise. Quoiqu'il résulte de
cette réception un contrat synallagmatique, puisqu'elle fait naître des obligations réciproques, il
n'est point nécessaire qu'il existe un contrat écrit
et fait en double. L'usage n'étant point de rédiger
toujours de ces sortes d'actes en pareille occasion,
leur absence ne pourrait nuire aux droits de l'auteur. Ce serait d'ailleurs le cas d'appliquer l'art.
109 du Code de commerce qui autorise la preuve

par témoins pour les engagements contractés avec des commerçants, de quelque espèce qu'ils soient, ainsi que la cour de cassation l'a jugé par arrêt du 11 novembre 1812. (Denevers, tom. XIII, 1, 65.)

390. Les principes qui viennent d'être exposés s'appliquent à toute espèce d'entreprise de théâtre, quelles qu'en soient la forme et l'organisation. Ils tiennent à la nature même du contrat qui résulte de l'admission d'une pièce, et doivent être suivis par tout théâtre qui reçoit des ouvrages pour les jouer.

391. Toutes les obligations résultant de la réception de l'ouvrage cessent, quand il a été défendu par la censure. L'interdiction prononcée par le pouvoir est un cas de force majeure qui rompt l'engagement.

392. Les obligations du directeur cesseraient également, si l'auteur, par son fait, empêchait la représentation; si, par exemple, il retenait le manuscrit, ou portait obstacle aux travaux préparatoires de la mise en scène.

393. Si l'entreprise théâtrale qui avait reçu la pièce n'existait qu'à terme, l'échéance de l'époque marquée pour la dissolution entraînerait aussi la révocation de la réception, et l'auteur n'aurait aucune indemnité à réclamer, quoiqu'il en résultât un dommage pour lui.

394. Dans le cas même où l'entreprise théâtrale viendrait à manquer par un fait volontaire, tel que la retraite non forcée du directeur et des sociétaires, par une faillite ou autres événemens particuliers, la réception de l'ouvrage n'engagerait la di-

rection à aucune indemnité, à moins que la retraite n'eût eu lieu à dessein de nuire à l'auteur,
ce qui ne peut guère arriver. De pareils événemens doivent être considérés comme étant dans
les chances auxquelles l'auteur a entendu se soumettre, et l'on ne pourrait raisonnablement penser
que l'entreprise, en recevant une pièce, s'interdit
la faculté de cesser son exploitation avant que cette
pièce ait été représentée.

395. Outre l'obligation de jouer l'ouvrage reçu,
l'administration théâtrale est encore tenue à certaines rétributions envers les auteurs, après la représentation. Nous les expliquerons dans un chapitre séparé.

§ II. — Obligations qui résultent pour l'auteur de l'acceptation
de son ouvrage.

396. L'auteur, en faisant recevoir une pièce,
contracte l'obligation de la laisser jouer par le
théâtre qui l'a acceptée. Il peut bien, comme nous
l'avons dit, la retirer jusqu'au moment de l'acceptation ; mais ce droit ne lui appartient plus ensuite.
L'administration étant soumise à l'obligation de
jouer la pièce, il est juste que l'auteur soit tenu,
de son côté, de la laisser représenter. Si l'auteur
n'était point lié envers le théâtre, il serait contraire à l'équité et au droit que le théâtre le fût envers lui. Il ne peut y avoir de contrat sans engagement réciproque, et l'on ne pourrait laisser
l'auteur libre de disposer de son ouvrage sans accorder au théâtre la liberté de ne le pas jouer.

397. Ainsi, l'auteur qui manquerait à son engagement pourrait être traduit devant les tribunaux pour se voir condamner à l'exécuter. S'il était resté détenteur du manuscrit, le théâtre n'aurait aucun moyen d'en obtenir la remise; mais il aurait droit de réclamer une indemnité. Si, au contraire, le manuscrit avait été remis au théâtre, celui-ci pourrait jouer l'ouvrage; et, en cas d'opposition de la part de l'auteur, obtenir des tribunaux la reconnaissance et le maintien de son droit.

398. Cependant on ne peut se dissimuler que l'obligation contractée par l'auteur est d'une espèce toute particulière; la représentation de sa pièce peut avoir, pour lui, des inconvénients graves, qu'il n'avait point prévus lors de la présentation; une juste défiance de son talent peut lui faire redouter les chances d'une chute; des considérations de famille, de position sociale, survenues depuis que la pièce a été reçue, peuvent le porter à la retirer. D'un autre côté, la production de son esprit est tellement attachée à lui-même, que l'on conçoit difficilement qu'il en soit entièrement dépouillé et qu'il appartienne à qui que ce soit de le livrer aux orages d'une première représentation, aux traits acérés de la critique, et de disposer ainsi de sa réputation, de son avenir, et, dans certains cas, de son existence sociale. Racine, renonçant au théâtre pour se livrer aux pieuses rêveries de Port-Royal, aurait-il donc été obligé de laisser les comédiens

représenter un ouvrage qu'il aurait composé sous l'influence des passions vives de la jeunesse, et que la sévérité de l'âge mûr et le retour à des sentiments moins profanes l'auraient porté à désavouer. La pensée de l'homme n'est – elle pas inaliénable? Peut-elle, parce qu'il l'a confiée au papier, devenir une propriété privée et tomber dans le commerce? Ne serait-ce pas donner aux théâtres une puissance contraire à tous les principes de la liberté morale, que de leur attribuer le droit de jouer un auteur malgré lui-même? et tous les intérêts qui, pour l'auteur, se rattachent à la représentation de son ouvrage, peuvent-il être mis en balance avec le seul intérêt pécuniaire qui dirige les entrepreneurs de spectacles?

Ces considérations font penser à beaucoup de bons esprits qu'un auteur est toujours maître de retirer son ouvrage, lorsqu'il ne veut point le livrer à la scène, sauf à indemniser le théâtre du préjudice occasionné par la résiliation du traité. Nous n'admettons pas cette opinion. Il est vrai que le travail de l'homme de lettres est sa propriété exclusive; il n'est pas permis d'en disposer sans sa volonté, et ses créanciers eux-mêmes n'ont pas, comme on le verra plus tard, le droit de saisir ses manuscrits. Mais cette propriété exclusive nous paraît susceptible d'être aliénée comme toutes les autres. Si la représentation peut avoir quelques inconvénients, l'auteur a consenti à les subir en faisant recevoir la pièce; il est lié par ce consentement. Tout engagement, non prohibé par la loi

ou les bonnes mœurs, lie celui qui l'a contracté.
Aucune exception à ce principe général n'est
établie pour les ouvrages de l'esprit, et ne peut
être créée par les tribunaux.

399. Incontestablement l'homme de lettres qui
a vendu un manuscrit à un libraire ne peut point
le retirer ; la position des auteurs dramatiques ne
diffère en rien de celle des autres littérateurs.
L'engagement qu'ils prennent envers le théâtre
est, en tous points, semblable à celui qui serait
pris avec un libraire ; le mode de publication seul
n'est point le même : mais pour l'un et pour l'autre, l'aliénation de la propriété est également stipulée, elle doit donc produire également son
effet.

400. Le contrat passé au sujet d'un ouvrage de
théâtre devrait surtout être protégé par les tribunaux, si l'auteur annonçait l'intention de retirer
sa pièce pour la porter à une autre entreprise. Dans
ce cas, l'auteur ne pourrait alléguer aucune considération de liberté morale, et ne céderait qu'à un
mouvement d'humeur ou à un sentiment de cupidité que les magistrats condamneraient à juste
titre.

Il y a peu de temps, le tribunal civil de Paris a
eu occasion de signaler la protection due aux entreprises dramatiques dans une circonstance de ce
genre.

M. Alexandre Dumas, auteur de *Henri III*,
avait fait recevoir à l'*Odéon* le drame historique de
Christine de Suède. Toutes les conditions avaient

été réglées par correspondance, et l'ouvrage était déjà en répétition, lorsque l'auteur voulut le retirer, avec l'intention, annoncée d'avance, de le porter à la *Comédie-Française*. Il forma demande à cet effet devant le tribunal, et allégua que le directeur de l'*Odéon* avait manqué à quelques unes des conditions du traité intervenu entre eux.

Cette demande a été repoussée par un jugement fondé sur ce que « les engagements tiennent « lieu de loi à ceux qui les ont contractés; que « M. Alexandre Dumas, par convention intervenue entre lui et le directeur de l'*Odéon*, s'était « engagé à laisser jouer son drame de *Christine*, et « qu'il n'était pas justifié que le directeur eût donné « lieu à M. Dumas de retirer sa pièce en n'exécu- « tant pas lui-même ses engagements ».

401. Mais les obligations de l'auteur cessent, quand le théâtre n'accomplit point ses propres engagements. Ainsi, s'il faisait passer avant leur tour des ouvrages qui ne devraient être joués que plus tard, l'auteur serait fondé à demander la résiliation du contrat et la restitution de son manuscrit. Dans le procès de M. Dumas, le tribunal a implicitement reconnu ces principes, en se fondant sur ce que si une tragédie avait été jouée avant *Christine*, quoique reçue plus tard, c'était de l'autorisation expresse de M. Dumas : d'où l'on peut induire que le tribunal aurait prononcé autrement, si ce passe-droit avait eu lieu contre le gré de l'auteur.

402. La simple reprise d'un ouvrage déjà joué ne peut pas être considérée comme une infraction

à la règle qui fixe le rang où chaque ouvrage doit être représenté. Quoique la reprise donne à la pièce quelques uns des avantages attachés à une première représentation, et qu'elle occupe les acteurs par des études qui retardent le travail nécessaire aux ouvrages nouveaux, on ne peut l'assimiler à une première représentation, proprement dite. Le théâtre, en s'obligeant à jouer les ouvrages qu'il a reçus, conserve la disposition entière de son répertoire, il peut jouer toutes les pièces qui en font partie, l'enrichir même par d'anciens ouvrages qu'il n'aurait pas encore représentés, et ne contracte, à l'égard des pièces nouvelles, d'autre obligation que de maintenir entre elles leurs rangs respectifs, abstraction faite des anciens ouvrages. Telle paraît être encore l'opinion adoptée par le tribunal de Paris dans le procès de M. Alexandre Dumas, qui se plaignait qu'on eût joué avant son drame la tragédie de *Marino Faliero*. L'avocat du directeur de l'*Odéon* opposait que cette tragédie avait déjà paru sur une autre scène, et le tribunal, en décidant que les griefs de M. Dumas n'étaient pas justifiés, a accueilli cette justification.

403. L'admission d'une pièce à correction n'engageant point le théâtre qui l'a prononcée, ne peut pas non plus engager l'auteur, il est donc toujours le maître de reprendre son ouvrage et de le porter à un autre théâtre.

404. Il pourrait arriver qu'un auteur fît recevoir une pièce à deux théâtres à la fois, soit qu'il eût gardé le manuscrit en ses mains, soit qu'il en

possédât plusieurs exemplaires. Le théâtre qui l'aurait acceptée le second aurait-il le droit de la représenter, ou devrait-il être contraint à laisser l'ouvrage à celui qui l'aurait obtenu avant lui. Cette difficulté est fort sérieuse. Nos lois ne contiennent aucune disposition qui puisse la résoudre. En fait de mobilier, la possession vaut titre, selon l'art. 2279. L'art. 1141 décide aussi qu'en cas de vente à deux personnes successivement d'une chose purement mobilière, celle des deux qui en a été mise en possession réelle est préférée et en demeure propriétaire, encore que son titre soit postérieur en date, pourvu toutefois que la possession soit de bonne foi. La jurisprudence a appliqué cette disposition aux droits incorporels, c'est-à-dire aux créances, effets de commerce, etc. Si elle pouvait être suivie en matière d'ouvrages dramatiques, c'est-à-dire si le manuscrit était le titre de la propriété littéraire et qu'il n'en existât jamais qu'un seul pour chaque composition, comme pour la constitution d'une créance, il faudrait décider que celui des deux théâtres qui en aurait été mis en possession, eût-il été été le dernier à accepter l'ouvrage, devrait être autorisé à le représenter. Mais le manuscrit d'un ouvrage n'est point le titre de la propriété, il n'est que l'expression matérielle de la pensée, et sa possession ne désigne ni l'auteur, ni son cessionnaire. D'autre part, il arrivera très souvent, dans le cas d'une fraude semblable à celle dont nous nous occupons, que l'auteur aura fait faire deux manuscrits, et que les deux

18

théâtres posséderont chacun le leur. Les art. 2279 et 1141 seraient donc sans application possible. Nous pensons que dans l'incertitude d'une pareille position, les règles de l'équité et les principes généraux du droit devraient être suivis. L'auteur qui a vendu ou fait accepter son ouvrage a cessé d'en avoir la libre disposition : il n'a donc pas pu le céder utilement une seconde fois, et dans le choix à faire entre les deux théâtres qui l'ont accepté, nous pensons que la préférence appartient à celui qui, le premier, est devenu cessionnaire, à la charge par lui de prouver sa bonne foi et de justifier légalement de la date du traité fait avec l'auteur.

405. L'auteur dont l'ouvrage est reçu peut encore, après la réception, y faire les corrections qu'il juge convenables, mais il faut qu'elles aient lieu de bonne foi et ne soient pas de nature à changer la pièce ou à en dénaturer le caractère et l'esprit; et, pour sa sécurité, la direction du théâtre peut demander que ces corrections soient approuvées par le comité de lecture.

406. Il peut exiger que sa pièce ne soit point communiquée à des personnes étrangères au théâtre. En cas d'inobservation de cette précaution, il pourrait réclamer des dommages-intérêts, si l'indiscrétion lui avait causé quelque préjudice. L'auteur peut aussi demander que le secret soit gardé sur son nom, mais il serait sans droit pour exercer aucune action dans le cas où ce secret n'aurait point été observé. Comment trouver celui qui a

commis cette indiscrétion? quel tort cause-t-elle à l'auteur? Enfin, s'il tenait tant à se couvrir de l'*incognito*, il lui était libre de l'observer dans ses rapports avec le théâtre. On peut dire que l'indiscrétion vient d'abord de lui, et que par conséquent il n'est pas recevable à s'en plaindre.

407. L'administration qui a reçu une pièce de théâtre et qui veut la faire jouer, n'est tenue d'y employer que les costumes et les décorations qu'elle possède, sans être assujettie à faire les frais soit de costumes neufs, soit de décorations nouvelles, à moins qu'il n'existe des conventions contraires. Les droits de l'auteur, à cet égard, ne seraient pas plus étendus, quand même il aurait indiqué sur son manuscrit la nature des costumes et des décors. La réception de la pièce en elle-même n'entraîne point nécessairement l'obligation de suivre toutes les indications de ce genre qui s'y trouvent : il suffit que les costumes et les décorations ne contrarient point l'action ou ses incidents.

408. Après la représentation, les droits et les obligations de l'auteur subissent quelques modifications qui seront indiquées ci-après.

CHAPITRE III.

Exécution du contrat produit par la réception d'un ouvrage dramatique.

§ I. — Distribution des rôles. — Répétitions.

409. Lorsqu'il s'agit de mettre l'ouvrage à l'étude, à qui appartient le droit de choisir les acteurs qui seront chargés de chaque rôle ? sera-t-il attribué à

18.

la direction du théâtre? Devra-t-on suivre l'ordre d'ancienneté des acteurs, et ne remettre le rôle qu'aux chefs d'emploi? Pourra-t-on imposer à un comédien l'obligation de représenter un personnage qui ne serait pas de son emploi? Toutes ces questions sont résolues par l'usage. Les anciens réglements de la *Comédie-Française* et de l'*Opéra italien* donnaient aux auteurs seuls le droit de choisir eux-mêmes les acteurs. La plupart des théâtres ont adopté cette règle. En cas de difficultés, les réglements intérieurs indiquent de quelle manière elles doivent être aplanies. Lorsque les auteurs sont admis à faire eux-mêmes la désignation, ils peuvent en user, sans autre restriction que le respect des droits attribués aux comédiens par leur actes d'engagement. Ils peuvent confier les rôles à un acteur secondaire, à un double, de préférence au chef d'emploi ; mais ils ne pourraient pas contraindre un acteur à sortir de son emploi pour jouer dans leur ouvrage. Après avoir choisi le double, ils ne pourraient point exiger du chef d'emploi qu'il prît le rôle pour le jouer en remplacement de celui à qui ils l'auraient remis , en cas d'empêchement de celui-ci. Ces usages connus des auteurs doivent tenir lieu de loi. Les parties sont censées les avoir eus en vue lorsque la pièce a été présentée et reçue, et les avoir pris tacitement pour base de l'exécution du traité.

410. Quand un acteur a été chargé d'un rôle par l'auteur, celui-ci ne peut plus le lui retirer. Il s'est formé entre eux, lors de la remise du rôle, un con-

trat qui doit les obliger tous deux. L'acteur s'est engagé à jouer, l'auteur à prendre l'acteur pour in-
terprète. Il ne serait pas juste que celui-ci pût être
exposé à des travaux sans résultat, et que, quand
il aurait donné tous ses soins à l'étude du rôle, il
fût permis de l'en dépouiller, de le priver du fruit
de ses peines, et de lui ravir les avantages attachés
à la création d'un rôle nouveau. Mais le droit de l'acteur cesserait, s'il donnait à l'auteur quelque juste
sujet de plainte ; s'il négligeait l'étude de son rôle,
s'il se montrait incapable de le remplir, si, en un
mot, il rompait par son fait l'espèce de contrat
formé entre l'auteur et lui.

411. L'administration théâtrale est seule chargée
de fixer l'ordre, le jour et l'heure des répétitions.
Elle en détermine le nombre, en ordonne la disposition, sans que l'auteur puisse l'entraver. Ce
sont des mesures de discipline intérieure et, pour
ainsi dire, domestique, dans lesquelles l'auteur n'est
point admis à s'immiscer. Mais il doit assister aux
répétitions, il peut donner aux comédiens les avertissements qui lui paraissent convenables, prescrire
les changements dont l'aspect de la mise en scène
lui démontrerait l'avantage, et, sur tous ces points,
ses avis doivent être suivis. Tout ce qui concerne
l'exécution de son ouvrage, les moyens de le produire, l'interprétation de ses pensées, lui appartient en propre ; c'est son droit le plus intime. Il
peut introduire aux répétitions les personnes dont
il lui convient de s'entourer, pourvu que leur
nombre ne soit point de nature à troubler le si-

lence ou à gêner le service, et à moins que les réglements particuliers ne s'y opposent.

§ II. — Prémière représentation.

412. Les rôles appris, les répétitions terminées,
le jour de la première représentation doit être fixé.
C'est à l'administration qu'il appartient de le désigner. Cependant, si l'auteur pensait que les rôles
ne fussent pas bien sus, ou que toute autre raison
pût nuire au succès de l'ouvrage, dans le cas
d'une représentation immédiate, aurait-il le droit
d'en demander l'ajournement? Nous le pensons.
S'il ne lui appartient pas d'exiger que la pièce
soit jouée au jour qu'il lui plaît, il peut empêcher qu'elle le soit à une époque inopportune.
Son intérêt est une garantie de la justice de sa
demande et constitue son droit; mais il faut qu'il
ait réclamé en temps utile. S'il avait laissé afficher
sa pièce; si le jour même désigné pour la représenter était arrivé, il ne pourrait plus s'opposer à
la représentation, il serait censé y avoir consenti,
et ne pourrait plus, les choses ayant cessé d'être
entières, exercer un droit qui exposerait la direction à de graves embarras.

413. La composition du spectacle, c'est-à-dire
la désignation des pièces qui doivent accompagner
celle qui est représentée pour la première fois,
appartient aussi à la direction. L'auteur pourrait
seulement s'opposer à ce que le spectacle fut composé de manière à nuire à son ouvrage: par exemple, il pourrait empêcher que plusieurs longues

pièces précédant la sienne, elle fût exposée à
trouver un public fatigué et mécontent. On a vu,
dans plusieurs circonstances, des causes aussi lé-
gères influer sur le sort d'un ouvrage de théâtre,
et la direction ne peut avoir le droit d'exposer
l'auteur à de pareilles chances.

414. La rédaction de l'affiche, en ce qui touche la pièce nouvelle, appartient à l'auteur : il peut
empêcher ou exiger que son nom y soit annoncé,
et s'opposer à ce qu'il y soit inséré rien qui puisse
lui nuire. Ainsi, dans le cas où il aurait été contraint
à recourir aux tribunaux pour faire condamner le
théâtre à représenter son ouvrage, on ne pourrait
insérer sur l'affiche que la représentation a lieu en
vertu de jugement. Le tribunal de commerce l'a
ainsi jugé, le 7 mai 1828, dans la cause entre le
directeur du *Vaudeville* et MM. Ramond et Letournelle : il a, par son jugement, défendu au
directeur d'*insérer sur l'affiche que la pièce dont
il s'agissait était jouée en vertu de ses ordres.*

415. Au moment de la représentation, l'auteur
doit être admis dans les coulisses, ainsi que le
prescrivaient les anciens réglements de la *Comédie-Française.* Sa présence y est nécessaire pour
les avertissements qu'il peut encore donner aux
acteurs, pour les mesures nécessitées par la disposition bonne ou mauvaise du public. Si les marques d'improbation déterminent une chute, il peut
faire baisser le rideau; le même pouvoir appartient
au directeur. Cependant, si l'un d'eux s'opposait
à cette mesure, le spectacle devrait continuer. La

représentation achevée, l'auteur a toujours le droit de se faire nommer ou de garder l'anonyme.

416. Quelques réglements de théâtre portent qu'un auteur dont la pièce a été mal accueillie a droit de la faire jouer trois fois, pour tenter de ramener le public à de meilleures impressions. Il n'y a que la police qui, dans l'intérêt de l'ordre public, s'il était compromis par une seconde représentation, pût s'opposer à ce qu'elle eût lieu. Quant à l'administration du théâtre, cette clause est obligatoire pour elle, et elle ne pourrait refuser d'en faire jouir l'auteur qui serait tenté de s'exposer de nouveau à l'improbation que sa pièce aurait provoquée le premier jour. Si la clause est réciproque, elle liera également l'auteur. Dans le cas contraire, il aura toujours le droit de retirer son ouvrage après la première représentation, s'il a eu le malheur d'éprouver une chute. Nous croyons aussi que ce droit lui appartiendrait, quand même le mauvais succès n'aurait pas été complet. Un auteur peut avoir assez de susceptibilité pour reculer même devant l'improbation de la minorité; ce sentiment d'un juste amour-propre est pour lui un motif suffisant de retirer son ouvrage, et servirait de justification à sa conduite.

CHAPITRE IV.

Des droits réciproques de l'auteur et du théâtre après la première représentation.

417. Si la pièce est tombée, les droits et obligations réciproques de l'auteur et du théâtre sont

rompus. La chute est une résolution du contrat qui s'était opéré par la réception de l'ouvrage, et chacune des parties se trouve déliée de ses engagements.

418. Si l'ouvrage a réussi, le contrat passé entre le théâtre et l'auteur continuera d'être obligatoire, et leur intérêt mutuel sera une garantie de son exécution. On doit penser que l'auteur laissera représenter sa pièce par les acteurs qu'il a lui-même choisis et que le théâtre ne voudra pas arrêter des représentations qui lui seront lucratives. Mais si l'un ou l'autre voulait cesser d'exécuter le contrat, cette volonté devrait-elle être suivie, et quelles en seraient les conséquences? C'est ce qu'il importe d'examiner.

419. Supposez une pièce dont le succès a été remarquable et soutenu : avant même que le public ait cessé d'y accourir, quand les recettes sont encore abondantes, sans aucune cause réelle, la direction du théâtre cesse de la représenter, elle l'abandonne. Comment l'auteur pourra-t-il agir pour la faire jouer, en aura-t-il même le droit? On peut dire, dans l'intérêt de l'auteur, qu'il n'a livré son ouvrage au théâtre qui l'a reçu, qu'il n'a attendu son tour, suivi les répétitions, dirigé la mise en scène, que dans la perspective et sous la condition, qu'en cas de succès, les représentations seraient suivies tout le temps qu'elles seraient accueillies par le public, et que cette condition du traité doit être exécutée; que la suspension des représentations lui cause un préjudice, qu'enfin il a droit

de demander une indemnité si elles ne sont point
reprises. Ces considérations nous paraissent puis-
santes ; mais leur adoption présenterait de graves
difficultés : qui pourra constater que la pièce réussit encore, à quelle somme faudra-t-il que la recette ait monté pour qu'on la considère comme une
preuve de la continuation du succès ? Comment
savoir si la recette a été produite par cette pièce
ou par celles jouées en même temps ? Que l'administration soit condamnée à reprendre le cours des
représentations, combien de temps devra-t-elle
le faire ? N'y aura-t-il pas mille moyens d'éluder la
condamnation, d'éloigner le public, de dégoûter
l'auteur ? Nous pensons que ces difficultés sont
trop graves pour ne pas faire écarter une demande
qui les ferait naître : d'ailleurs, sur ce point encore,
on peut consulter l'usage, qui est toujours une
bonne règle d'interprétation ; on voit souvent des
théâtres renoncer à un ouvrage qui fait encore de
l'argent, parce qu'ils veulent essayer de plus puis-
santes attractions sur le public, et jamais les auteurs ne se sont plaints judiciairement de cet
abandon. La plus sûre garantie des droits de l'auteur est dans l'intérêt du théâtre. Si la pièce attire
le public, pourquoi cesserait-on de la jouer, et
renoncerait-on aux produits qu'elle donne ? D'ailleurs, si le théâtre abandonne l'auteur, l'auteur
pourra à son tour abandonner le théâtre ; il sera
libre de porter son ouvrage ailleurs, et ne sera
pas embarrassé pour le faire jouer, s'il est vrai
qu'il plaise aux spectateurs. Ajoutez à ces considé-

rations la liberté dont l'administration dramatique doit jouir dans son exploitation, les intérêts de toute espèce qu'elle doit ménager, et l'inconvénient qui pourrait s'attacher à une contrainte exercée sur les représentations. Nous pensons donc qu'un auteur dont l'ouvrage cesse d'être représenté, même après un succès, n'aurait aucune action à former contre le théâtre qui l'avait reçu ; tout son droit se borne à retirer l'ouvrage pour le porter à tel autre théâtre qu'il en voudra charger.

420. Mais si les représentations continuent sans interruption, si l'auteur n'a aucun sujet de plainte contre l'administration, pourra-t-il retirer son ouvrage, soit pour le garder en portefeuille, soit pour le porter à un autre théâtre; et s'il le retire, sera-t-il tenu à des dommages-intérêts. L'administration n'étant point liée envers lui, il semble que la réciprocité voudrait qu'il ne le fût pas envers elle, et que soumis à voir les représentations suspendues quand il plaira à celle-ci, il pût disposer de son ouvrage sans entrave. Cependant cette solution n'est point rigoureusement juste. L'auteur qui a composé sa pièce pour la faire jouer ne perd point cette faculté, quand le théâtre, qui l'avait accueillie d'abord, se décide à la lui rendre : son ouvrage lui reste, les représentations déjà faites n'ont pu que lui donner de la réputation, s'il en mérite ; et l'on peut dire que le théâtre, qui était maître de refuser cet ouvrage quand il lui a été présenté, ne s'est point engagé à le jouer indéfiniment, mais seulement tant qu'il lui conviendrait. Il en est au-

trement de l'administration qui a fait des frais pour
jouer la pièce nouvelle, et qui a dû compter sur sa
conservation pour se couvrir des dépenses qu'elle
avait entraînées : elle éprouverait une perte réelle
du retrait de l'ouvrage, elle serait privée de la juste
indemnité de ses soins et de ses avances, et elle devrait, à notre avis, être maintenue en possession
de le jouer.

421. Cependant l'auteur ne pourrait être exposé
à aucun reproche, ni soumis à aucun recours, si
l'administration théâtrale n'avait point rempli ses
devoirs envers lui, soit en suspendant les représentations, soit en donnant les rôles à des doubles,
soit en accompagnant la pièce de tel autre ouvrage
qui, peu agréable au public, pourrait avoir pour
conséquence de l'éloigner du spectacle. Mais il faudrait encore pour que ces diverses circonstances,
séparées ou réunies, pussent justifier le retrait de
son ouvrage, qu'il fût constant qu'elles ont eu pour
but et pour résultat de lui porter préjudice.

422. Pour que l'infraction du théâtre à ses engagements autorise l'auteur à retirer son ouvrage,
il faut qu'elle soit relative à l'ouvrage même que
l'auteur prétend reprendre. Car si le théâtre avait
contrevenu à ses promesses pour d'autres pièces,
ces pièces seules pourraient être retirées. De même
si l'auteur croyait avoir à se plaindre de l'administration, ce grief ne suffirait pas pour l'autoriser à
reprendre toutes les pièces qu'il aurait données au
théâtre. La représentation de chaque ouvrage crée
un contrat particulier, complétement indépendant

des autres, et qui doit être exécuté par l'auteur tant qu'il l'est par le théâtre.

Quelques auteurs sont aujourd'hui en procès avec différents théâtres qui veulent, pour les pièces qu'ils présenteront à l'avenir, changer les conditions des traités faits jusqu'ici pour la représentation de leurs ouvrages. A moins qu'il n'existe une stipulation qui impose ces conditions pour les pièces non encore reçues, stipulation qui nous paraîtrait contraire à toutes les règles, puisqu'elle engagerait les théâtres seuls et non les auteurs, nous ne pensons pas que les derniers puissent soutenir que ces théâtres sont liés à toujours par les réglements faits pour le passé ; mais en supposant que les auteurs soient fondés dans leur prétention, ils ne le sont certainement pas à soutenir que le tort imputé aux théâtres les autorise à retirer tous les ouvrages qu'ils ont donnés et pour lesquels les conventions arrêtées entre eux paraissent avoir été exécutées. L'engagement qui les lie à l'égard de ces pièces est définitif et ne peut être annulé par un fait qui y est étranger, et auquel leur exécution n'est point subordonnée.

423. Les auteurs qui ne peuvent retirer leur ouvrage ne peuvent pas davantage en accorder la jouissance simultanée à une autre entreprise : ils ne peuvent pas dénaturer ainsi le contrat passé avec le premier théâtre, et lui enlever une partie des bénéfices quand il a couru toutes les chances. Si l'on voit en ce moment à Paris des pièces, non tombées dans le domaine public, qui se jouent à

plusieurs théâtres, c'est qu'il y a concession ou tolérance de la part du théâtre possesseur du droit ;
car le contrat passé avec l'auteur est de sa nature
exclusif et n'admet point de partage.

424. Non seulement l'auteur ne peut point accorder à un second théâtre la jouissance de la pièce
dont il a déjà disposé, mais il ne pourrait pas
même lui donner une imitation faite sur le même
plan. Le tribunal de police correctionnelle de Paris l'a ainsi jugé, dans l'espèce suivante, pour le
droit concédé au libraire. Après avoir fait jouer
au théâtre de la *Porte-Saint-Martin* un vaudeville
intitulé la *Servante justifiée*, M. Carmouche vendit
au libraire Quoy le droit exclusif de publier son
ouvrage ; plus tard, l'actrice qui jouait le principal
rôle de ce vaudeville ayant quitté la *Porte-Saint-
Martin* pour les *Variétés*, l'auteur voulut faire
faire le même voyage à sa pièce ; mais le théâtre
qui en était possesseur refusa de la céder ; M. Carmouche refit alors la *Servante justifiée*, avec un
nouveau collaborateur : quelques changements eu-
rent lieu, de nouveaux couplets furent substitués
aux anciens ; mais la donnée de l'ouvrage, sa marche, son dénoûment restèrent identiques. La nouvelle *Servante* fut jouée aux *Variétés*, et le libraire
Pollet l'imprima. Le libraire Quoy réclama. On
soutint, dans l'intérêt de l'auteur, que la donnée
de la *Servante justifiée*, prise dans un conte de La
Fontaine, appartenait à tout le monde ; que divers
changements dans l'ordre des scènes et dans leur
arrangement intérieur, que trente couplets nou-

veaux détruisaient toute identité entre les deux
pièces; mais le tribunal reconnut l'existence de la
contrefaçon, et prononça contre les auteurs amende
et dommages-intérêts. L'action, qui dans cette circonstance fut exercée par le libraire, aurait pu,
à notre avis, l'être également par le théâtre : une
décision semblable eût nécessairement été prononcée, car le droit concédé au théâtre est de la
même nature que celui qui est transmis au libraire,
et doit par conséquent jouir des mêmes garanties.

425. Dans plusieurs théâtres, il est passé en
usage que les auteurs peuvent retirer leurs pièces
lorsque la direction laisse écouler un an et un jour
sans les représenter. Cet usage doit être suivi dans
les entreprises où il existe; dans celles où rien ne
détermine dans quel cas l'auteur peut retirer sa
pièce, les tribunaux, en cas de plainte, devront
juger, d'après les circonstances, si l'entreprise, en
ne jouant plus la pièce pendant un temps déterminé, a rendu à l'auteur le droit d'en disposer.

426. Une discussion d'une nature toute nouvelle
a été sur le point de s'engager entre M. Mazères et
la *Comédie-Française*. Picard, dont tous les gens
de lettres ont déploré sincèrement la perte, a
laissé la comédie des *Trois Quartiers*, qu'il avait
composée avec M. Mazères. Après sa mort, la
Comédie-Française a acheté tout son répertoire,
et s'est trouvée propriétaire de sa part d'auteur
dans les *Trois Quartiers*. M. Mazères a cependant
porté cet ouvrage à l'*Odéon*, qui s'est empressé
de le monter et de le représenter. La *Comédie-*

Française a prétendu s'opposer à cette émigra-
tion d'une pièce dont elle se trouvait propriétaire
pour moitié. Question de savoir à qui appartient
le droit de disposer d'une comédie composée par
plusieurs auteurs. L'indivision de la propriété rendrait nécessaire une vente par licitation, s'il s'agissait d'une propriété ordinaire. Mais un ouvrage
dramatique ne peut être vendu contre le gré de
son auteur, puisqu'il n'est pas même susceptible
de saisie. D'ailleurs, où trouver des acquéreurs,
et combien d'autres difficultés attachées à une pareille mesure? Selon nous, la seule manière de
vider ce conflit est de laisser à chacun des auteurs
le droit de disposer de l'ouvrage à son propre gré :
il pourra ainsi être joué à autant de théâtres différents qu'il aura de créateurs; aucun des théâtres
qui n'auront traité qu'avec un seul des auteurs ne
pourra se plaindre de voir l'ouvrage porté sur une
autre scène par ceux qui ne se seront pas engagés
envers lui; et chacun des auteurs, n'ayant traité
que relativement à sa part de propriété, ne pourra
être responsable de ce que ses collaborateurs auront fait en raison de la leur. Mais si, par suite de
l'indivisibilité du droit qui appartient aux auteurs
de permettre la représentation de leur ouvrage,
chacun d'eux peut en disposer ainsi pour le tout
sans le concours des autres, il n'en est pas de même
des produits pécuniaires de la représentation. Ils
sont essentiellement divisibles entre les auteurs,
et leur appartiennent toujours au prorata de leurs
droits. Aucun ne pourrait renoncer à la part d'au-

teur, ou en réduire l'importance au préjudice de ses collaborateurs, qui doivent toujours être admis au partage de tout ce que l'ouvrage rapporte.

427. Les diverses règles qui viennent d'être tracées, sur la prohibition faite à l'auteur de porter son ouvrage à un autre théâtre, ne s'appliquent pas à ceux des départements, dont la concurrence n'est pas à craindre pour les entreprises de la capitale.

CHAPITRE V.

Droits acquis aux auteurs par la représentation de leurs ouvrages.

428. De la représentation des pièces naît pour les auteurs un triple droit, de distributions pécuniaires, d'entrées personnelles et de billets. Des questions particulières se rattachant à chacun de ces avantages, il est nécessaire de les examiner séparément.

§ I. — Rétributions pécuniaires des auteurs.

429. Les conventions relatives aux droits pécuniaires des auteurs doivent, comme toutes les autres, recevoir leur exécution. Nous avons déjà rapporté (n° 362) les articles de lois qui consacrent à cet égard la liberté des parties contractantes. Le décret du 18 juin 1806 va plus loin; il place ces sortes de conventions sous la surveillance des autorités.

430. Si aucune convention n'a été faite relativement aux émoluments de l'auteur, ils devront être réglés conformément aux tarifs établis dans

19

chaque théâtre, l'auteur et l'entreprise étant présumés s'y être tacitement soumis.

431. Le droit des auteurs dramatiques est une
propriété mobilière et qui ne diffère en rien des
autres propriétés. On a élevé la question de savoir
si des créanciers pouvaient s'en emparer et l'on a
cité l'exemple de Crébillon, dont il avait été décidé que les droits d'auteur ne pouvaient être saisis. Mais il ne peut y avoir de difficulté réelle à ce
sujet : les lois soumettent à l'action du créancier
tous les biens de son débiteur (Code civil, articles
2092 et 2093); ce principe ne peut cesser d'être
appliqué que dans les cas d'exception formellement établis par la loi elle-même. Or, il n'en existe
point relativement aux droits des auteurs. Ce serait sans doute un beau privilége que celui qui
placerait ces valeurs, heureux produits du génie,
hors des chances de la mauvaise fortune. Mais il y
aurait quelque injustice à consacrer une pareille
exception, et si le génie peut invoquer quelque
faveur, ce n'est certainement point celle de vivre
dans l'opulence au mépris de tous les engagements.

432. Une question plus sérieuse consiste à savoir
si, dans le cas de faillite de la part de l'entreprise
théâtrale, l'auteur aurait un privilége pour le
paiement de ses droits. La loi du 19 juillet 1791,
art. 2, contient à cet égard une disposition formelle : *La rétribution des auteurs convenue entre
eux ou leur ayants cause*, porte-t-elle, *et les entrepreneurs de spectacles, ne pourra être ni saisie, ni*

arrêtée par les créanciers des entrepreneurs de spectacle. Ce privilége s'explique et se justifie parfaitement par la nature du droit attribué aux auteurs. Il doit être considéré moins comme une créance contre l'entrepreneur que comme un droit de propriété particlle dans le montant de la recette. Il se forme entre l'auteur et l'entreprise une véritable association, où l'un met son travail et l'autre ses moyens d'exécution. L'auteur est réellement propriétaire de la portion qui lui a été attribuée dans le produit de cette collaboration, et il aurait été injuste que les créanciers de l'entrepreneur pussent s'en emparer.

433. Les auteurs sont donc fondés à prélever sur la recette même le montant de leur part, afin d'en assurer le paiement, et le théâtre ne peut s'opposer à cette mesure de précaution. Ce droit a été consacré récemment par deux ordonnances de référé, rendues par M. le président Debelleyme; plusieurs auteurs de pièces représentées au *Cirque Olympique* avaient assigné en référé les administrateurs de ce théâtre pour être autorisés à prélever sur la recette de chaque jour le montant de leurs droits. Malgré l'opposition de ces derniers, les auteurs ont obtenu deux décisions qui ont déclaré que leur droit est suffisamment établi, par la loi de 1791 et par une ordonnance de 1816, définissant leur portion dans la recette, *un dépôt sacré qui doit toujours leur être remis à première réquisition.*

434. Lorsque les auteurs ne prennent point la

précaution dont il vient d'être question, conser-
vent-ils leur privilége ? peuvent-ils, à l'égard des
entrepreneurs du théâtre devenus leurs débiteurs,
demander à toucher par préférence à tous autres
créanciers le montant de leurs droits qu'ils ont
laissé entrer dans la caisse du théâtre ? la solution
de cette question dépend des circonstances. Le
caissier du théâtre, recevant l'intégrité de la recette, est nécessairement détenteur de la part des
auteurs. Ceux-ci ne doivent pas perdre leur privilége
pour avoir employé un intermédiaire qu'ils ne
pouvaient refuser. Si la difficulté de comptes quo-
tidiens, l'embarras attaché à une perception de
chaque jour, les ont portés à ne se faire payer qu'à
certaines époques, cette condescendance ne peut
encore altérer leur droit. Mais s'il résultait des circonstances qu'ils auraient laissé leurs fonds à la
disposition du directeur, devenu maître de les
dépenser, et accepté pour seul débiteur, ce consentement aurait opéré novation, la co-propriété de
la recette se trouverait échangée contre une simple
créance sur le directeur, et cette créance cesserait
d'être privilégiée. Du reste, la loi porte que la novation ne se présume pas (Code civil, art. 1273),
et dès-lors on ne devrait pas admettre facilement
la rigueur de cette conclusion.

435. Lorsque le droit de l'auteur est proportion-
nel à l'importance de la recette, il se prélève sur
la recette brute ou après déduction des frais,
selon les conventions arrêtées entre les parties.
L'usage est de déduire, à forfait, une quotité fixe

de la recette, pour couvrir les frais, et de calculer la rétribution de l'auteur sur ce qui reste après cette déduction.

436. La part des auteurs, lorsqu'elle est proportionnelle, doit être perçue sur la recette tout entière, même quand, pour une représentation extraordinaire, le prix des places a été augmenté. Il n'y a point de motifs pour les restreindre au taux qu'aurait donné une recette au prix ordinaire : leur ouvrage ayant été joué, ils entrent dans le partage du tout, et peuvent alléguer qu'ils ont contribué pour leur compte au succès de la représentation. Ce droit a été une seule fois contesté à l'occasion d'une représentation donnée au bénéfice des pauvres et pour laquelle on prétendait que l'emploi auquel la recette était destinée, avait contribué, plus que le mérite des pièces, à l'affluence du public ; mais cette assertion ne pouvait être justifiée, et les auteurs répondaient avec raison que leur droit était toujours le même, et qu'on ne pouvait les contraindre à faire la charité malgré eux.

Le tribunal de commerce leur donna gain de cause, par jugement du 16 mai 1828, ainsi conçu :

« Vu les lois de janvier et août 1791, attendu « qu'aux termes de ces lois, aucune production « dramatique ne doit être représentée qu'avec le « consentement préalable et nécessaire des auteurs « et sous la condition d'une rétribution convenue, « hors le cas d'une renonciation expresse.

« Attendu que le directeur ne justifie d'aucune

« convention dérogatoire aux traités relatifs à la
« représentation des ouvrages dont il s'agit.

« Le tribunal condamne le directeur à payer
« les droits réclamés. »

437. Pour assurer la perception des droits d'auteur, plusieurs précautions ont été employées par
les lois. Il est défendu aux théâtres de changer le
titre des pièces, ce qui empêcherait de reconnaître
celles qui ont été jouées, et ôterait à l'auteur la
faculté de réclamer sa rétribution. En outre, les
entrepreneurs ou associés sont tenus d'avoir un
registre où ils doivent inscrire et faire viser par
l'officier de police de service, à chaque représentation, les pièces qui sont jouées, pour constater
le nombre de représentations de chacune. Aucune
peine n'est attachée à l'inobservation de ces formalités, mais il est du devoir des autorités préposées à la conservation des droits des auteurs de
veiller à leur exécution. Les officiers de police ont
en conséquence le droit de réclamer la communication du manuscrit des ouvrages représentés pour
s'assurer de la fidélité du titre annoncé, ils doivent en outre s'assurer de la tenue du registre des
représentations et ne point omettre d'y apposer
leur *visa*.

438. Les auteurs dont le droit est subordonné à
la recette seraient fondés à exercer un recours
contre le théâtre qui leur présenterait des comptes
inexacts du produit des représentations. Si des
billets avaient été vendus sans qu'on leur fît raison
du prix, le même droit leur appartiendrait. Mais

de leur co-propriété dans les recettes ne résulte point pour eux la faculté de s'immiscer dans les moyens employés par l'administration pour remplir la salle. Ils ne pourraient donc se plaindre des billets de faveur qui auraient été distribués, non plus que des diverses mesures intérieures qui seraient prises pour l'exploitation du théâtre. Ils ne peuvent intervenir dans la gestion ; leur droit se borne à réclamer leur part dans tous les produits des représentations, obtenus par la location des loges, la vente des billets au bureau, et même celle des billets de faveur, s'il était établi que le théâtre en eût concédé à prix d'argent.

439. Les droits des auteurs sont les mêmes, quant aux principes qui les règlent, sur les théâtres des départements. Une loi du 30 août 1792 avait cru devoir accorder quelques priviléges à ces derniers, mais elle a été abrogée par un décret de la convention du 1er septembre 1793, motivé sur la nécessité de *faire cesser, entre les théâtres de Paris et ceux des départements, une différence abusive.* Ainsi les uns et les autres sont soumis aux mêmes dispositions.

440. A Paris, où résident tous les auteurs qui y donnent des pièces, leur consentement à ce qu'elles soient représentées ne peut être douteux : c'est donc principalement pour la province qu'a été faite la disposition contenue dans l'art. 1er de la loi du 19 juillet — 6 août 1791, qui veut « qu'aucun ouvrage dramatique ne puisse être re- « présenté sur aucun théâtre public, dans toute

« l'étendue du royaume, sans le consentement
« formel *et par écrit* des auteurs ou de leurs héri-
« tiers et cessionnaires, pendant la durée de leurs
« droits, sous peine de confiscation du produit
« total des représentations au profit de l'auteur ou
« de ses héritiers et cessionnaires. »

Cette disposition est pourtant applicable à Paris
comme dans les départements; et partout où il serait établi que la représentation d'un ouvrage a eu
lieu sans le consentement de l'auteur, la confiscation de la recette devrait être prononcée. Mais
nous ne croyons pas que la formalité de l'écriture
doive nécessairement être jointe au consentement.
Quand il est certain que l'auteur a permis qu'on
jouât sa pièce, il importe peu que cette permission ait été donnée verbalement ou par écrit : c'est
son consentement que la loi exige, et l'*écriture*
n'est requise que pour la preuve. Ainsi c'est à tort,
selon nous, que les auteurs se croient en droit de
saisir les recettes des théâtres des départements
qui, sur la foi de l'usage en vertu duquel la permission n'est jamais donnée par écrit, ne s'en mu-
nissent point avant la représentation des pièces
nouvelles. Il est certain que les auteurs donnent
leur consentement tacite à ce que leurs ouvrages
soient joués dans les départements; que, loin de
s'y opposer, ils le désirent, et qu'il y aurait beaucoup d'inconvénients attachés à la nécessité de
prendre à l'avance le consentement par écrit de
chacun d'eux. C'est le cas d'appliquer la jurisprudence qui décide que le propriétaire d'une maison

qui a interdit des sous-locations sans son consentement par écrit, n'est pas recevable à se plaindre de celles qu'il a approuvées verbalement. Le principe est le même pour les théâtres, relativement aux auteurs, et ce serait les rendre victimes d'une surprise odieuse que de s'emparer de leur recette lorsqu'ils ont présumé le consentement des auteurs et n'ont point pensé qu'il pût leur être refusé.

441. La difficulté des rapports à entretenir avec les théâtres de chaque département, celle de perceptions de droits souvent peu considérables à recouvrer sur des points divers et fort éloignés, ont donné lieu à l'établissement de certaines agences qui se chargent d'entretenir ces relations et de faire tous les recouvrements des droits d'auteur. Les chefs de ces agences, qui prennent ordinairement le nom de *correspondants dramatiques*, représentent les auteurs dont ils ont les procurations, et leurs délégués dans chaque localité peuvent faire valoir tous les droits que les auteurs eux-mêmes seraient fondés à exercer. A ce titre, ils opèrent le recouvrement des rétributions. Comme les théâtres ne peuvent représenter un ouvrage sans la permission de l'auteur, celui-ci et par suite ses fondés de pouvoir ont la faculté d'imposer telle condition qu'il leur plaît à cette permission. Sous ce rapport les règles établies par les correspondants dramatiques deviennent une loi pour les théâtres des départements, et comme, en général, ces règles n'ont rien d'injuste, leur application ne donne lieu à aucune difficulté. Les auteurs trouvent leur pro-

fit à employer des intermédiaires qui les représentent partout à peu de frais et d'une manière uniforme, et les théâtres des départements ont l'avantage de n'avoir affaire qu'à un petit nombre de personnes, au lieu de tous les mandataires que les auteurs pourraient se choisir séparément.

442. Ces intermédiaires ont sans contredit tous les droits de l'auteur dont ils ont reçu la procuration : ils ne peuvent prétendre à exercer aucune réclamation au nom de ceux qu'ils ne sont point chargés de représenter. Nous avons vu des circulaires de correspondants dramatiques où l'on annonçait que leurs agents dans les départements pouvaient demander le paiement ou le dépôt du montant des droits, même sans avoir reçu le mandat de l'auteur, parce que, disait-on, tout devait faire présumer que leur ministère serait tôt ou tard employé. Une semblable prétention est tout-à-fait déraisonnable. Les correspondants dramatiques n'ont aucun pouvoir public, ils ne sont que les représentants des auteurs et ne peuvent réclamer ce que ceux-ci ne seraient point en droit d'exiger. Ils n'ont aucun caractère pour discuter les intérêts des auteurs qui ne se sont point adressés à eux, et s'ils voulaient le faire, les entrepreneurs de spectacle seraient parfaitement fondés à refuser toute explication. Seulement dans les cas où ces agents soupçonneraient quelque fraude dans la vue de nuire à leurs commettants, ils pourraient avec le secours de l'autorité, qui, comme nous l'avons vu, a reçu mission speciale à cet égard, provoquer

toutes les justifications et employer toutes les mesures propres à déjouer les calculs de la mauvaise
foi.

§ II. — Droit d'entrée. — Billets.

443. La durée du droit d'entrée est reglée par
les conventions passées avec l'auteur ou par les réglements du theâtre. Dans quelques entreprises,
l'auteur qui a déjà ses entrées et qui fait recevoir un
nouvel ouvrage peut transporter le droit d'entrée
qui lui reviendrait à une personne qu'il désigne :
cette transmission peut n'être autorisée qu'une
fois, ou se renouveler tous les ans. Les conventions ou les réglements sont la seule règle à suivre,
et nous n'avons pas besoin d'entrer sur ce point
dans de plus longs détails. (*V*. n° 325.)

Il en faut dire autant des billets accordés aux auteurs. Nous devons seulement répéter ce que nous
avons déjà dit (n° 328), que les billets appartiennent aux auteurs à titre de droit et non de faveur, comme représentant leur part d'auteur : par
conséquent, il n'est pas au pouvoir des théâtres
d'en réduire le nombre, ni d'opposer à ceux qui
en sont porteurs des difficultés que ne subissent
point les porteurs de billets achetés au bureau.

444. Aux premières représentations, on accorde
à l'auteur un nombre de billets plus considérable
qu'aux suivantes, et généralement on laisse passer
tous ceux qu'il donne. Mais cet usage est entièrement facultatif, et l'auteur ne pourrait en exiger
l'application. S'il distribuait un nombre de billets

supérieur à celui qu'on l'aurait autorisé à émettre,
l'administration serait en droit de lui en demander
le prix, même après avoir laissé entrer les personnes qui les auraient reçus. Elle devrait être
considérée comme ne les ayant admises que sous
la réserve de compter . ensuite avec l'auteur, et
moins pour reconnaître le droit de celui-ci que
pour lui éviter le désagrément de voir sa signature
méconnue. Si l'auteur et l'entreprise n'étaient point
d'accord sur les conventions arrêtées : par exemple, sur le nombre des billets de faveur dont l'é-
mission aurait été autorisée, il faudrait s'en rapporter aux stipulations arrêtées ordinairement
dans des circonstances semblables.

CHAPITRE VI.

Des tribunaux compétents pour prononcer sur les contestations entre les auteurs et les théâtres.

445. Lorsque les difficultés sont de nature à interrompre le cours des représentations, elles doivent être d'abord soumises à la décision de l'autorité chargée de la police des spectacles. (*V*. n°ˢ 82 et
83.) Les réglements de 1807 et 1814 le prescrivent
ainsi, et ordonnent que la décision rendue en pareil cas soit exécutée provisoirement. (*V*. n° 96.)

Si la contestation n'est point aplanie par cette
première juridiction, le tribunal qui doit en être
saisi varie selon que la demande est formée contre le directeur ou l'auteur. Contre le directeur,
elle doit être portée au tribunal de commerce ;
contre l'auteur, au tribunal civil. L'auteur n'est

point commerçant, et c'est le cas d'appliquer les règles exposées ci-dessus, numéro 312.

S'il s'agissait de la poursuite d'une contrefaçon, la plainte devrait être portée devant la juridiction correctionnelle ou devant la juridiction civile, selon que le fait qui y donnerait lieu constituerait une contrefaçon proprement dite, ou un simple abus de confiance.

TITRE DEUXIÈME.

De la propriété littéraire des auteurs dramatiques.

CHAPITRE I.

Nature, étendue et durée de la propriété littéraire des auteurs dramatiques.

446. On donne le nom de propriété littéraire au droit exclusif de vendre, faire vendre et distribuer une production de l'esprit. Ce droit est établi pour les ouvrages de théâtre par les décrets des 24 juillet et 1er septembre 1793. A la propriété littéraire de ces ouvrages se trouve attaché en outre le droit d'en permettre ou d'en empêcher la représentation sur les théâtres publics ; c'est la disposition de la loi du 6 août 1791. Nous devons dire à qui appartiennent ces divers droits, sur quels ouvrages ils peuvent porter, et quelle est leur durée.

§ I. — Par qui peut être exercée la propriété littéraire?

447. Les auteurs sont les premiers propriétaires de leurs ouvrages et de tous les droits qui
y sont attachés. Ils peuvent donc seuls en faire
ou en autoriser la publication, soit par l'impression, soit, lorsqu'il s'agit d'une pièce de théâtre,
par la représentation.

448. Les propriétaires, par succession ou à autres titres, d'un ouvrage posthume, ont les mêmes
droits que l'auteur. (Décrets du 1ᵉʳ germinal
an XIII, et du 8 juin 1806.) Ils possèdent d'une
manière aussi illimitée que lui, et sans conditions,
le droit d'autoriser ou de défendre la représentation des ouvrages dramatiques publiés de son
vivant. Mais pour conserver le privilége exclusif
de la publication par l'impression, ils sont tenus
d'imprimer séparément l'ouvrage posthume, sans
le joindre à une nouvelle édition des ouvrages déjà
devenus propriété publique.

Dans le cas où l'ouvrage aurait été publié avec
les œuvres de l'auteur mises au jour de son vivant,
il suivrait le sort de celles-ci; la loi l'a voulu ainsi
pour empêcher qu'en imprimant les œuvres posthumes avec les autres, le propriétaire des premières n'acquît une espèce de privilége pour la
vente d'ouvrages devenus propriété publique.

Mais dans ce cas, le propriétaire de l'œuvre posthume ne perdrait point le droit exclusif d'autoriser ou défendre la représentation sur un théâtre;
le motif qui a fait prononcer la déchéance du droit

exclusif d'impression, ne s'applique point au droit
d'autoriser la représentation, et rien ne s'oppose
à ce qu'il ne soit pas au pouvoir de tous de faire
jouer un ouvrage que tous ont le droit d'imprimer.
Aussi le décret du 8 juin 1806, en déclarant celui
de l'an XIII applicable aux ouvrages dramatiques,
ne reproduit-il point contre eux la disposition
établie relativement aux autres compositions littéraires.

449. L'auteur ou le propriétaire de l'ouvrage
posthume peut céder sa propriété à un tiers, qui
se trouve subrogé à tous ses droits. La vente
d'un ouvrage dramatique peut porter sur le droit
de le faire représenter, séparé de celui de le
faire imprimer, ou sur tous les deux à la fois.
L'acte de cession doit s'en expliquer; s'il se taisait,
le contrat devrait être interprété selon les circonstances; par exemple, on devrait présumer
que la cession faite à un théâtre ne comprend que
le droit de jouer la pièce, et que celle faite à un
libraire n'a eu lieu que pour le droit d'impression.

450. La vente de la propriété d'auteur, sans
aucune réserve, n'a pas les mêmes effets que celle
des propriétés ordinaires. Elle ne donne pas à
l'acheteur, comme l'observe très bien M. Pardessus (*Cours de droit com.*, tom. II, p. 317), le
droit de disposer du manuscrit de la manière la
plus absolue, par exemple de le changer, re-
fondre, augmenter par des intercalations, de le
réduire par des suppressions. Le théâtre qui aurait
acheté un ouvrage dramatique pourrait toutefois

y faire les suppressions que la représentation aurait indiquées comme nécessaires.

451. L'acheteur d'une propriété littéraire ne peut pas non plus détruire l'ouvrage, ni se dispenser de le publier ou de le représenter. Il n'est qu'un usufruitier, comme le dit le même auteur, qui doit jouir en conservant la substance de la chose.

452. Il convient que la cession soit faite par écrit ; la preuve du contrat et de ses diverses conditions se trouve ainsi acquise. En l'absence de convention écrite, la preuve par témoins pourrait être faite contre le théâtre ou contre l'éditeur, s'il est commerçant. Contre l'auteur, elle ne pourrait avoir lieu qu'autant qu'il existerait un commencement de preuves par écrit. La possession du manuscrit de la part de celui qui alléguerait la vente ne serait pas une preuve complète, mais elle établirait une présomption à l'appui de laquelle d'autres moyens de justification pourraient être employés.

453. Un auteur étranger a, en France, la propriété littéraire de ses ouvrages, en se conformant aux formalités imposées aux nationaux pour la conservation de ce droit.

La loi du 19 juillet 1793 attribuait cette propriété aux *auteurs d'écrits en tous genres*, et comme elle ne distinguait point, on pouvait soutenir qu'elle n'excluait pas les étrangers. Cependant la jurisprudence paraissait incliner pour l'opinion contraire ; mais l'art. 40 du décret du 5 février 1810,

a assimilé les auteurs étrangers aux auteurs français, et la cour de cassation a reconnu, dans l'espèce suivante, les droits de propriété qui leur appartiennent.

Les demoisellés Erard étaient cessionnaires
d'une œuvre musicale de la composition du sieur
Cramer, professeur et compositeur à Londres;
elles l'avaient fait graver et imprimer à Paris.
Deux exemplaires avaient été déposés à la bibliothèque nationale.

Un an après, le sieur Siéber, éditeur de musique à Paris, fit graver et imprimer le même
ouvrage. Une plainte ayant été rendue contre lui,
le tribunal correctionnel de Paris l'avait acquitté ;
mais, sur l'appel, il avait été condamné. Il se pourvut en cassation ; son recours fut rejeté par arrêt
du 3 mars 1810 « attendu qu'en jugeant qu'un
« Français, cessionnaire d'un étranger du droit
« d'imprimer, de graver et de vendre exclusive-
« ment en France, un ouvrage littéraire ou mu-
« sical non encore publié en pays étranger, acqué-
« rait en France, en se conformant à la loi du 19
« juillet 1793, antérieurement à la publication
« de l'ouvrage en pays étranger, l'exercice exclusif
« de la propriété par lui acquise, et avait droit à
« la protection et aux avantages accordés par cette
« loi, la cour n'avait pas violé cette même loi ; que
« les principes reconnus par l'art. 40 du décret du
« 5 février 1810 établissaient au contraire que
« la cour, en interprétant ainsi la loi du 19 juillet
« 1793, en avait fait une juste application. »

20

454. Le droit de l'auteur étranger ne peut lui appartenir qu'autant qu'il l'a exercé ou fait exercer ;
s'il avait publié son ouvrage en pays étranger, et
qu'un autre l'eût publié en France avant lui, il ne
serait pas recevable à revendiquer sa propriété,
ni à exercer aucune poursuite. N'ayant fait aucune
publication sur notre territoire, il n'aurait pas effectué le dépôt des exemplaires qui doivent être
remis à la bibliothèque du roi, pour l'exercice et
la conservation de la propriété littéraire ; cette
circonstance seule suffirait pour écarter l'action
d'un auteur même français. Nos lois ne peuvent
protéger l'étranger dans un droit qu'il n'exerce
pas sous leur empire, elles ne peuvent l'aller
chercher loin de notre sol pour le couvrir de leur
égide, et lui permettre d'inquiéter le Français qui,
sans réclamation de la part de l'auteur, quand
celui-ci paraît renoncer à un droit que nos lois
hospitalières lui permettraient d'exercer, emprunte
à la littérature étrangère une production qu'il croit
digne de nos suffrages.

455. Le Français qui a fait imprimer un ouvrage
en pays étranger et qui le publie ensuite en
France, a droit de poursuivre ceux qui en feraient *postérieurement* la publication. C'est ce que
la cour de cassation a décidé, par arrêt du 3i janvier 1818, par le motif que l'impression, hors de
France, où quelques exemplaires n'avaient circulé
que par tolérance, ne devait pas être réputée une
renonciation au droit d'auteur en France, conformément aux lois françaises.

456. Cette décision pourrait-elle s'appliquer à un auteur étranger ? La raison de douter tient à ce que l'on ne doit point supposer que l'auteur qui publie son ouvrage dans sa patrie, se réserve le droit de le publier encore en France, mais il ne se l'interdit point ; et la loi qui met les étrangers sur la même ligne que les nationaux, nous paraît avoir pour conséquence de les assimiler encore pour ce cas particulier.

457. Les lois et les arrêts que nous venons de rapporter n'ont point prononcé sur le droit que peuvent avoir des auteurs dramatiques étrangers à autoriser ou défendre la représentation de leurs ouvrages en France, mais on peut juger ce droit par analogie. Si les pièces de théâtre ont été représentées hors de France, et que leur auteur ne les ait point fait jouer sur notre scène, nous pensons qu'elles peuvent être représentées librement comme tombées dans le domaine public. Il est évident que la loi qui exige une autorisation écrite n'a point été faite pour les étrangers, et qu'un théâtre ne peut être contraint d'aller chercher à Berlin ou à Londres le consentement d'un auteur à ce qu'une pièce qu'il a composée pour son pays soit jouée dans le nôtre. L'auteur n'a pas dû compter sur le produit des représentations que nous en donnerions, il n'éprouve aucun préjudice en ne le recevant point. Lorsqu'il n'exerce pas son droit, il est censé y renoncer : mais s'il vendait sa pièce à un théâtre de France avant qu'aucun autre l'eût jouée, il lui transmettrait un droit utile et exclusif. Ainsi tout

20.

théâtre peut s'emparer de l'ouvrage joué sur un théâtre étranger, comme tout éditeur peut publier le livre imprimé hors de France, mais celui qui recevrait de l'auteur la concession de son droit, et en prendrait possession par la représentation, pourrait s'opposer à ce qu'un autre le jouât, comme le cessionnaire d'un ouvrage d'impression, lorsqu'il a traité avec l'auteur et fait le dépôt à la bibliothèque du roi, peut s'opposer à toute publication rivale. La représentation nous paraît être pour la pièce de théâtre ce qu'est le dépôt pour les autres compositions littéraires, et devoir produire les mêmes résultats.

458. Si l'ouvrage n'avait encore été représenté sur aucune scène, l'auteur étranger qui le céderait à un théâtre français lui attribuerait aussi une propriété certaine et également exclusive. Le théâtre serait certainement lié par le contrat qu'il aurait passé, et quant aux tiers, ils n'auraient aucun droit à prétendre sur la pièce nouvelle, à moins qu'on ne veuille établir en principe qu'un étranger n'a aucune propriété en France, ne peut y disposer de ses droits, et se trouve dépouillé de ses biens en touchant notre sol, assertion que repousseraient et l'ensemble de notre législation et les principes de notre droit public.

459. Il peut y avoir quelque inconvénient dans une législation qui, en donnant aux étrangers des droits aussi étendus, nous rend la communication de leurs ouvrages moins facile; mais pourquoi la propriété littéraire serait-elle moins garan-

tie que les autres, et est-il permis, en aucun cas, de causer préjudice même à ceux qui n'ont point avec nous une patrie commune ? Que les travaux de l'esprit ou du génie ne soient point privés de leur juste récompense ; félicitons-nous, loin de nous en plaindre, d'avoir consacré des principes qui peuvent appeler parmi nous les hommes dont les veilles contribueront à notre amélioration ou à nos plaisirs; et que la France, amie des arts et enthousiaste de la gloire littéraire, continue à prouver qu'elle se plaît à mêler les encouragements de l'opulence aux satisfactions de la célébrité.

460. Lorsqu'un ouvrage a été fait par plusieurs auteurs, qui se sont partagé le travail, en composant chacun une partie des paroles, la propriété se divise entre eux, selon leurs droits et leurs conventions. En cas de dissentiment pour l'exercice du droit, nous avons déjà dit (n° 426) comment il nous paraît que la difficulté doit être levée. De même que chacun d'eux peut autoriser un théâtre à représenter la pièce, de même chacun peut en confier l'impression à un libraire différent. Un pareil désaccord sera fâcheux et pourra nuire à leurs intérêts, mais il ne peut amener d'autre solution, et ne nuit point aux tiers qui, ne traitant qu'avec un des auteurs, seront avertis de la concurrence dont ils sont menacés.

461. Mais cette décision, qui tient à l'indivisibilité de la propriété, ne s'applique point aux ouvrages où la part de chaque auteur est distincte : tels que les opéras où les paroles et la musique

appartiennent à des auteurs différents. Pour ces
sortes d'ouvrages chacun des auteurs peut disposer
séparément de son travail, sauf les engagements
qui les lieraient ensemble, et aucun ne peut exercer
de droit sur la part de son collaborateur.

§ II. — Des ouvrages susceptibles de propriété littéraire.

462. Il est inutile de dire que la propriété littéraire attribue aux auteurs leurs œuvres, mais il
est certaines compositions sur lesquelles leur droit
peut être contesté; ainsi l'auteur qui aurait fait des
additions, des corrections, des changements à une
pièce tombée dans le domaine public, aurait-il la
propriété, non de l'ouvrage ancien, mais des portions qu'il y aurait ajoutées? ou bien son travail
entre-t-il dans le domaine public avec l'ouvrage
dont il n'est que l'accessoire : ne pourra-t-il pas par
suite en interdire l'impression ou la représentation?

Cette question n'est point étrangère aux ouvrages dramatiques. Plusieurs pièces du vieux répertoire ont été retouchées dans ces derniers temps
par des hommes de lettres qui ont tenté d'en effacer
les incorrections ou d'en adoucir les situations :
M. Andrieux, de concert avec Talma, a occupé sa
plume spirituelle et gracieuse à polir la rudesse de
quelques vers de Corneille; M. Onésime Leroy a
tenté, en abrégeant la *Femme juge et partie,* de
donner plus de vigueur à l'œuvre piquante de
Montfleury. Sont-ils propriétaires de ce travail; les
auteurs qui suivraient leur exemple le seraient-
ils à leur tour? C'est là ce qu'il s'agit de décider.

D'après les anciens réglements, l'auteur qui faisait une addition de plus du quart à un ouvrage du domaine public pouvait en obtenir le privilége. Les lois nouvelles n'ont pas reproduit cette disposition. Les jurisconsultes qui ont examiné cette question s'accordent à penser que, dans ce cas, le travail de l'auteur vivant n'est qu'un accessoire de l'ouvrage tombé dans le domaine public et doit en suivre le sort. La cour de cassation paraît avoir adopté cette opinion en décidant, par arrêt du 23 octobre 1806, que des additions faites à la *grammaire de Veneroni*, ouvrage du domaine public, s'étaient confondues avec elle, et qu'on devait appliquer par analogie la disposition du décret du 1er germinal an XIII qui fait tomber dans le domaine public les ouvrages posthumes imprimés avec ceux du même auteur qui s'y trouvent déjà. Cette opinion doit être suivie toutes les fois que le travail nouveau est peu considérable relativement à l'ouvrage sur lequel il a été fait ; relativement aux pièces de théâtre, la correction de quelques vers, la suppression de quelques passages remplacés par d'autres, ne peut constituer une propriété : mais si un auteur, en s'emparant d'un ouvrage du domaine public, l'avait entièrement refondu, et s'était seulement borné à emprunter quelques scènes ou quelques passages, il aurait, sur cette nouvelle composition, malgré le plagiat, tous les droits attachés à la propriété littéraire. Ce principe posé, il appartiendra aux tribunaux de peser les circonstances et de les prendre pour base de leur décision.

463. Les scènes ou les ouvrages dramatiques créés par un improvisateur sont incontestablement la propriété de leur auteur. Vainement on objecterait que les spectateurs, admis à prix d'argent à la représentation, semblent avoir acheté la composition de l'improvisateur ; le contrat passé entre lui et le public n'embrasse que la récitation et l'audition de l'ouvrage : ce serait le cas d'appliquer, par analogie, les principes qui ont fait décider que les leçons d'un professeur public, salarié par l'état, ne peuvent être imprimées sans son consentement. Une improvisation ne diffère point, quant au droit d'auteur, de toute autre composition dramatique, et ne devient pas plus la propriété du public que les ouvrages composés à l'avance et représentés après une étude préparatoire.

464. La propriété littéraire existe non seulement pour les productions originales, mais encore pour les traductions. Si le traducteur n'exerce ni son invention, ni son génie, il fait souvent preuve d'instruction, d'esprit et de goût, et sous tous ces rapports, la protection et les garanties de la loi ne sauraient lui être refusées : plusieurs de nos pièces de théâtre ne sont que des traductions de l'étranger, et l'on n'a jamais songé à contester le droit de ceux qui les ont apportées sur notre scène. Mais le droit du traducteur se borne à sa version, et tout autre peut essayer d'enrichir notre littérature ou notre théâtre d'une autre traduction des mêmes ouvrages.

§ III. — Durée de la propriété littéraire des ouvrages dramatiques.

465. La propriété littéraire dure pendant toute la vie des auteurs ; et pour les ouvrages posthumes pendant toute la vie des propriétaires. (Décrets du 17 juillet et du 1er septembre 1793, des 1er germinal an XIII et 8 juin 1806.)

466. Après eux, elle passe à leurs héritiers ; mais elle n'a pas la même durée quant au droit de publier par l'impression et à celui d'autoriser ou défendre la représentation.

Les enfants des auteurs ont pendant vingt ans après sa mort, et les autres héritiers pendant dix ans, le droit exclusif de faire imprimer leurs ouvrages. Ce droit appartient à l'époux survivant pendant toute sa vie, lorsque les conventions matrimoniales le lui attribuent. La durée du droit des héritiers a été ainsi fixée par le décret du 5 février 1810 , qui a ajouté aux dispositions de la loi de 1793, aux termes de laquelle les héritiers ou cessionnaires de l'auteur ne jouissaient jamais du droit de propriété que pendant dix ans. Cette extension s'applique-t-elle au droit d'autoriser la représentation des pièces de théâtre et des œuvres musicales ? Le conseil-d'état, consulté sur la question, a décidé, par avis du 20 août 1811, qu'à l'égard de ce dernier droit il n'avait point été innové à la loi de 1793. Le droit des héritiers expire donc dix ans après la mort de l'auteur. L'on retrouve ici cette division de propriété que nous avons déjà rencontrée (n° 448), par suite de la-

quelle le même ouvrage est dans le domaine public pour un mode de publication, et dans le
domaine privé pour l'autre. Ainsi, comme le di-
sent les auteurs du *Code des théâtres*, dix ans encore s'écouleront avant qu'on puisse graver une
note de Nicolo sans la permission de sa veuve et
de ses enfants, et ses opéras sont joués chaque
jour sans que sa famille ait droit à la moindre part
des recettes : ainsi, dans dix ans la fille de Picard
pourra encore faire la loi aux libraires, mais devra
la recevoir des comédiens.

CHAPITRE II.

De la contrefaçon et de la représentation sans la permission de l'auteur.

467. Nous nous sommes déjà expliqués (n° 440)
sur la représentation des ouvrages dramatiques sans
l'autorisation des auteurs. C'est pour les pièces de
théâtre quant à leur production sur la scène, ce
que la contrefaçon est pour toutes les espèces d'ouvrages quant à leur impression. Ces deux faits
constituent un délit : nous indiquerons quelles
circonstances le caractérisent, et le mode de poursuite à diriger contre les coupables, ainsi que les
peines dont ils sont passibles.

§ I. — Des faits qui constituent la contrefaçon ou la représentation non autorisée.

468. La loi appelle contrefaçon toute édition
d'écrits ou de composition musicale imprimée ou
gravée en entier ou en partie, au mépris des lois

et réglements relatifs à la propriété des auteurs,
c'est-à-dire sans leur consentement. Cette définition est incomplète, et a déjà donné lieu à un grand
nombre de difficultés.

469. Le cessionnaire de l'auteur a les mêmes droits
que lui (nᵒˢ 449 et 450), mais la cession peut n'être
pas entière. Si elle est subordonnée à une condition, le cessionnaire qui viole cette condition se
rend coupable de contrefaçon. Ainsi, s'il n'avait été
autorisé à publier une pièce de théâtre que dans
les œuvres complètes de l'auteur, et qu'il la fît
imprimer et la vendît séparément, il pourrait être
poursuivi.

470. Lorsque l'auteur a cédé son droit, il ne
peut plus en user; il se rendrait lui-même coupable de contrefaçon en publiant son propre ouvrage. C'est ce que le tribunal de police correctionnelle de Paris a jugé dans l'affaire de M. Carmouche
contre le libraire Quoy. (*Voy*. nᵒ 424.)

471. La contrefaçon résulte de la traduction
d'une composition publiée en France. (Pardessus,
Cours de droit comm., tom. II, p. 34.) Ainsi,
l'auteur étranger qui aurait acquis une propriété
littéraire en France, dans les cas indiqués plus
haut (nᵒ 453), pourrait poursuivre celui qui aurait traduit ses ouvrages sans son consentement.
Mais il serait non recevable s'il n'avait point rempli
les formalités nécessaires à l'exercice de son droit.

472. Les ouvrages publiés en France peuvent
être contrefaits à l'étranger, et les pièces de théâtre
qui ont obtenu du succès reçoivent ordinairement

ce ruineux honneur. Nos lois et nos tribunaux ne sauraient atteindre un délit commis hors du territoire qu'ils régissent. Mais le débit des exemplaires contrefaits constituerait le délit de contrefaçon. La cour de cassation l'a ainsi jugé le 29 thermidor an IX, au sujet d'une édition de *Buffon*, contrefaite dans la ville de Deux-Ponts, et qui avait été introduite en France, et le Code pénal le décide expressément, art. 426.

473. Il existe un genre de larcin littéraire qui ressemble à la contrefaçon sans en avoir entièrement le caractère, ni entraîner les mêmes résultats, c'est le plagiat, procédé honteux qui déshonore son auteur, mais qui échappe à l'action de la loi.

La nuance qui sépare le plagiat de la contrefaçon partielle, punie par la loi comme la contrefaçon entière, est impossible à tracer, et il faut laisser aux tribunaux le soin de définir, d'après les circonstances, les faits qui constituent le plagiat ou la contrefaçon.

La jurisprudence ne contient rien de précis à ce sujet : des arrêts ont acquitté Maltebrun qui, dans sa *Géographie de toutes les parties du monde*, avait fait de notables emprunts à tous les géographes ses devanciers, et Prudhomme qui avait ouvertement pillé la *Biographie* des frères Michaud, pour composer son *Dictionnaire universel*. D'autres ont condamné des auteurs qui n'avaient également usurpé que des fragments d'ouvrages : récemment, la cour royale de Paris a déclaré M. Albert Montémont coupable de contrefaçon pour avoir copié onze chapitres seulement de la traduction que M. Defauconpret nous a donnée des romans de Walter Scott.

Relativement aux pièces de théâtre, la différence du plagiat à la contrefaçon est encore plus difficile à indiquer ; ces sortes d'ouvrages renferment tant de données semblables ; un si grand nombre de sujets sont dans le domaine public et à la disposition de tous les auteurs ; tant de situations ont déjà été présentées sous mille formes différentes, qu'il est presque impossible de suivre la trace des emprunts faits par un auteur à un autre. D'ailleurs, ne faut-il pas laisser quelque latitude au talent de l'exposition dramatique ? On sait que Corneille rendit la scène espagnole tributaire de son génie ; Molière ne cachait point les emprunts heureux qu'il avait faits à ses devanciers, et déclarait hautement qu'il regardait comme son bien tout ce qu'avaient imaginé avec succès les auteurs qui l'avaient précédé.

Au milieu de ces difficultés, il nous paraît qu'une règle principale doit être suivie dans l'examen des questions qui s'engageront. La contrefaçon devra être déclarée toutes les fois qu'il sera constant qu'un auteur s'est emparé du travail d'autrui ; qu'il s'est paré de ses inventions, et que par cette usurpation il a mis sous son nom et fait tourner à son profit une composition qui n'était pas la sienne : l'auteur dépouillé aura éprouvé un préjudice, une atteinte à sa propriété privée, et pourra élever une juste plainte. Mais s'il ne s'agit que de l'imitation d'une scène, de l'emprunt d'un mot, de l'emploi d'une situation, on ne pourra reconnaître une contrefaçon, et ce fait, cessant d'être justiciable des tribunaux, ne sera plus soumis qu'au jugement du public, qui saura bien décider s'il mérite d'être puni par le mépris réservé aux actions honteuses.

474. La loi fait consister la contrefaçon dans l'impression de l'ouvrage d'autrui. M. Pardessus pense, *loco citato*, qu'elle résulte également de la copie manuscrite d'un ouvrage. Cette opinion nous paraît susceptible d'être sérieusement contestée. Quoi qu'il en soit, l'auteur d'un ouvrage dramatique ou son cessionnaire ne pourraient poursuivre le directeur de théâtre qui, pour la facilité des études des comédiens de sa troupe, aurait fait copier à la main les rôles destinés à chacun d'eux ; cette copie ne serait point une *édition*, et la propriété littéraire ne s'étend pas jusqu'à interdire la faculté de copier un ouvrage pour son usage personnel.

475. Mais si un correspondant dramatique entreprenait des copies manuscrites de rôles qu'il vendrait aux diverses troupes des départements, nous pensons qu'il pourrait être poursuivi comme contrefacteur. Ce fait constituerait la vente d'un ouvrage non tombé dans le domaine public, et aurait pour l'auteur tous les effets d'une édition imprimée. Il y aurait surtout lieu de le décider ainsi si la copie avait lieu à l'aide d'un procédé d'impression, et, par exemple, de l'*autographie*. C'est ce que la cour royale de Paris a jugé dans l'espèce suivante.

M. Fay, agent dramatique à Paris, avait imaginé de copier les rôles et la musique de diverses pièces de théâtre par le procédé alors nouveau de l'*auto-graphie*. Cette idée réussit, et M. Fay avait un débit abondant de ses copies, lorsqu'une saisie fut pratiquée à son domicile sur la plainte en contrefaçon de divers auteurs.

L'action portée devant le tribunal de police correctionnelle, M. Fay fut renvoyé de la plainte par un jugement du 3 avril 1827 qui contient l'indication de tous les moyens invoqués en son nom, et qu'il n'est pas sans intérêt de reproduire.

« Vu l'art. 425 du Code pénal ;

« Vu la loi du 21 octobre 1814 et l'ordonnance
« du roi du 8 octobre 1817, qui n'exigent de bre-
« vets préalables que pour les imprimeurs ordi-
« naires et les imprimeurs lithographes ; d'où il
« faut conclure, les dispositions pénales n'étant pas
« susceptibles d'extension, que tout ouvrage non
« imprimé ni lithographié doit être réputé simple
« manuscrit;

« Attendu que dans l'espèce, les rôles et parti-
« tions du vaudeville *le Mariage de Raison* n'étant
« que manuscrits par le procédé accéléré de l'*au-*
« *tographie*, ils ne peuvent être considérés comme
« des éditions contrefaites, imprimées ou gravées
« en entier ou en partie dans le sens de l'art. 427
« du Code pénal ;

« Attendu que cette spéculation, de la part du
« sieur Fay, cause d'autant moins de préjudice au
« sieur Pollet, éditeur du vaudeville dont il s'agit,

« que l'usage pour les théâtres de province comme
« pour ceux de la capitale a toujours été de faire
« extraire à la main, ou par le mode autographe,
« les rôles destinés aux différents acteurs, sans
« qu'on ait imaginé d'incriminer ce procédé sous
« le prétexte de contrefaçon, ou de prétendre
« que, dans l'intérêt des éditeurs des pièces,
« chaque acteur soit obligé de se pourvoir d'un
« exemplaire complet et imprimé;

  « Attendu que les copies des partitions de la mu-
« sique manuscrites ou autographiées peuvent
« bien moins encore être réputées contrefaçons au
« préjudice de Jouve, Janet et Cotelle, Frey et la
« veuve Leduc, prétendus éditeurs de la musique
« des opéras ou autres ouvrages, qui paraissent ser-
« vir de modèles à la musique appliquée aux pa-
« roles chantées dans *le Mariage de Raison,* airs
« incomplétement imités; que si le système de ces
« éditeurs était admis, les acteurs, chargés des
« différents rôles, seraient obligés, pour chanter
« un air de vaudeville, d'acheter les partitions gra-
« vées des opéras ou autres ouvrages dont quel-
« ques airs auraient en tout ou en partie été adap-
« tés à ces vaudevilles, ce qui n'est pas raison-
« nable;

  « Par ces motifs, le tribunal renvoie le sieur
« Fay de la plainte, ordonne la main-levée de la
« saisie, la restitution des objets saisis, et con-
« damne les parties civiles aux dépens. »

Les motifs qui avaient déterminé le tribunal
étaient plutôt des moyens de considération qu'une

application de la loi ; la faveur accordée aux comédiens anéantissait la propriété des auteurs, aussi
la cour de Paris n'a-t-elle pas fait difficulté d'in-
firmer le jugement. Son arrêt a été rendu, le
29 juin 1827, en ces termes :

« Considérant qu'il résulte de l'instruction et
« des débats que Etienne Fay a, dans le cours
« de 1827, imprimé, au moyen de l'autographie,
« tous les rôles séparés de l'ouvrage dramatique
« ayant pour titre : *le Mariage de raison ;* que la
« réunion de ces rôles présente l'ouvrage entier ;
« que, quel que soit le mode d'impression em-
« ployé par Fay pour la reproduction, en tout ou en
« partie, de l'ouvrage dont il s'agit, le fait dont il
« s'agit n'en constitue pas moins une véritable
« contrefaçon, qui a pu causer et a causé à Pol-
« let, libraire-éditeur, propriétaire dudit ouvrage,
« un préjudice plus ou moins considérable ;

« Considérant qu'il résulte pareillement de l'in-
« struction et des débats qu'à la même époque le-
« dit Fay a imprimé, au moyen de l'autographie,
« divers cahiers de musique, format in-4°, ayant
« pour titre : *le Mariage de raison,* chant ;

« Que ce cahier renferme, outre les paroles
« des couplets de l'ouvrage dramatique dont il s'a-
« git, la musique de différents airs, dont la pro-
« priété appartient, savoir : à Jouve, 1° un air dit
« *du Comédien ;* 2° l'air du vaudeville de *la Fa-*
« *mille du Porteur d'eau;* 3° des airs du vaudeville
« des *Amazones,* de la *Somnambule,* du *Marin,*
« des *Deux Edmond,* de la *Robe et les Bottes ;*

21

« A Janet et Cotelle, plusieurs airs de l'opéra
« de la *Dame blanche*;

« A la veuve Leduc, un air de la *romance* ayant
« pour titre : *Je ne sais plus ce que je veux*; un
« air de la *romance* de la *Sentinelle*;

« A Fray, un air de la *romance* de *Colas*;

« Considérant qu'en reproduisant ainsi, à l'aide
« d'un mode quelconque d'impression, les œuvres
« musicales sus-énoncées, sans l'autorisation des
« éditeurs-propriétaires, Fay a commis, au pré-
« judice des propriétaires, le délit de contrefaçon
« prévu par l'art. 425 du Code pénal;

« Par ces motifs, a mis et met l'appellation et
« ce dont est appel au néant; émendant, décharge
« Pollet, Jouve, Janet et Cotelle, Fray, veuve
« Leduc et Pollet, des condamnations contre eux
« prononcées;

« Faisant droit au principal, et procédant par
« jugement nouveau, par les motifs ci-dessus ex-
« primés, vu les art. 425 et 427 du Code pénal;

« Déclare Etienne Fay coupable du délit de
« contrefaçon, faisant application des articles
« sus-énoncés, le condamne en 100 francs d'a-
« mende;

« Statuant sur les conclusions des parties ci-
« viles, le condamne, et par corps, à payer à Pollet,
« Janet et Cotelle, Fray et veuve Leduc, la somme
« de 200 fr. à titre de dommages-intérêts; déclare
« bonne et valable la saisie des exemplaires con-
« trefaits, ordonne qu'ils demeureront confisqués
« au profit de Pollet et consorts, Janet, Cotelle et

« consorts; condamne Fay en tous les dépens de
« première instance et d'appel. »

476. Il n'y a point contrefaçon dans l'impression
d'un ouvrage faite par un seul des auteurs, quoiqu'il appartienne à plusieurs, lorsque la communauté de propriété porte sur les paroles, et se fond
ainsi dans un tout indivisible. Mais dans le cas
d'un opéra ou d'une pièce mêlée de musique, le
poète a la propriété exclusive des paroles, et le
compositeur de la musique. Ni l'un ni l'autre ne
pourrait disposer de ce qui n'est pas son ouvrage,
sous peine de contrefaçon. La cour de Paris a consacré cette opinion dans l'espèce suivante :

M. Troupenas, cessionnaire de la musique du
Moïse, de M. Rossini, avait gravé les partitions
avec les paroles du poème, sans avoir traité avec
les auteurs, MM. Jouy et Balocchi. Ces derniers
ont porté une plainte en contrefaçon devant le tribunal de police correctionnelle. M. Troupenas al-
léguait pour sa défense que le poème n'était qu'un
accessoire des paroles; que le refus des auteurs de
le laisser imprimer pouvait paralyser le droit du
compositeur de la musique, et que celui-ci pouvait, sans être coupable de contrefaçon, imprimer
des paroles qui le liaient intimement à son œuvre.

Mais le tribunal a rejeté ces moyens par un jugement du 2 août 1827, confirmé le 11 janvier suivant par la cour, et qui déclare que la contrefaçon
résulte du « fait seul que Troupenas a imprimé,
« sans le consentement de M. Jouy, les paroles
« faites par celui-ci dans l'opéra de *Moïse.* »

477. Les productions musicales sont défendues de la contrefaçon, comme les écrits proprement dits : la loi de 1793 les met sur la même ligne, et la même protection leur est due. Cependant on place tous les jours dans les vaudevilles des airs détachés d'opéras nouveaux ou des airs publiés séparément par les compositeurs. On les livre aussi à la représentation sans l'autorisation de leurs auteurs. Ceux-ci seraient-ils fondés à se plaindre ? Nous n'hésitons pas à proclamer l'affirmative : la composition du musicien est pour lui une propriété aussi intime, aussi exclusive que la poésie pour le littérateur, que les écrits de tous genres pour leurs auteurs. Le réglement du 25 avril 1807, art. 2, contient la disposition suivante : « Aucun des airs, romances « et morceaux de musique qui auront été exécutés « sur les théâtres de l'*Opéra* et de l'*Opéra-Comique* « ne pourra, sans l'autorisation des auteurs ou « propriétaires, être transporté sur un autre théâ- « tre de la capitale, même avec des modifications « dans les accompagnements, que cinq ans après « la première représentation de l'ouvrage dont les « morceaux font partie. » Cette disposition, portée dans l'intérêt des auteurs, leur est contraire, puisqu'elle borne à cinq ans un droit qui, d'après la loi, leur appartient pendant toute leur vie, et à leurs héritiers pendant dix ans. D'un autre côté, elle ne parle point des compositeurs qui ne se sont pas livrés au théâtre. Nous pensons qu'elle ne doit être prise en aucune considération : insérée dans un simple réglement ministériel, elle n'a pu

abroger la loi qui fixe le sort des auteurs : or, la loi de 1793 consacre formellement le droit des compositeurs de musique relativement à leurs ouvrages, et si l'usage s'est introduit de méconnaître cette propriété, la tolérance ou le défaut d'intérêt qui a porté les auteurs à garder le silence, n'a pas pu anéantir leur droit.

Cependant notre opinion n'a point été adoptée dans un procès engagé devant la cour de Paris sur cette question.

M. Doche, compositeur connu par une foule de petits airs charmants, en avait publié la collection dans un volume publié sous le titre de *Musette du Vaudeville*.

L'administration du théâtre des *Variétés* s'empara de plusieurs airs contenus dans ce recueil, les appliqua à des paroles, et les fit chanter par ses acteurs sans en avoir acquis le droit et sans le consentement de l'auteur. Sur la plainte portée par ce dernier, le tribunal de police correctionnelle de Paris prononça en ces termes, le 15 février 1822 :

« Attendu qu'aux termes des lois des 19 janvier « 1791 et 19 juillet 1793, les ouvrages dramatiques « des auteurs vivants ne peuvent être représentés « sur aucun théâtre public sans leur consente- « ment ;

« Que la loi du 19 juillet 1793 a consacré, en « faveur des écrivains en tous genres, *composi-* « *teurs de musique*, peintres et dessinateurs, qui « feraient graver des dessins ou tableaux, le droit « exclusif, pendant leur vie, de vendre, faire

« vendre, distribuer leurs ouvrages, et d'en céder
« la propriété en tout ou en partie ;

« Que celle du 1ᵉʳ septembre 1793 a encore pris
« le soin de garantir de nouveau aux auteurs d'ou-
« vrages dramatiques la propriété de ces mêmes
« ouvrages, et le droit d'en disposer librement
« pendant leur vie, soit par la voie de l'impression,
« soit par celle de la représentation ;

« Que de ces dispositions législatives géminées
« résulte clairement, au profit des auteurs, la ga-
« rantie d'un droit de propriété qu'ils peuvent
« exercer, soit distinctement et séparément, par
« le moyen de la représentation ou de l'impression,
« soit par les deux moyens simultanément ;

« Qu'on doit entendre par représentation tout
« moyen par lequel on reproduit un ouvrage de-
« vant le public, et que cette expression de la loi
« s'applique aussi bien aux compositions musicales
« qu'on fait entendre, qu'à des ouvrages dramati-
« ques qu'on reproduit, soit en les récitant, soit à
« l'aide du spectacle ;

« Que le législateur, en reconnaissant le droit de
« propriété des auteurs, n'a fait aucune distinction
« entre les ouvrages, d'après leur plus ou moins
« d'étendue, d'après leur plus ou moins d'impor-
« tance présumée ;

« Qu'en effet ce droit est invariable, quelle que
« soit l'œuvre, puisqu'il prend sa source dans le
« fait de l'invention, qui appartient à l'auteur, et
« que le mesurer d'après l'appréciation qu'on ferait
« de l'ouvrage serait donner lieu à l'arbitraire ;

« Que l'auteur d'une composition légère, telle
« qu'une romance, un air, un article, doit jouir
« de toute la plénitude de son droit de propriété
« aussi bien que celui d'un genre plus élevé, tels
« que seraient une tragédie, un opéra ;

« Qu'en appliquant ces principes à la cause,
« Doche, auteur d'un recueil d'airs, intitulé *Mu-*
« *sette du Vaudeville*, bien qu'il les ait déjà fait
« graver et publier, et qu'il les fasse chanter sur le
« théâtre du *Vaudeville*, a droit de s'opposer à ce
« qu'on les chante sur d'autres théâtres sans son
« consentement ;

« Que si un arrêté du ministre de l'intérieur, en
« date du 25 avril 1807, en déterminant les attri-
« tributs des différents théâtres, a laissé dans le
« domaine du *Vaudeville* et des *Variétés* la repré-
« sentation des pièces mêlées de couplets, *sur des*
« *airs connus*, on ne peut pas induire de ces ex-
« pressions qu'il soit loisible à l'administration de
« chacun de ces théâtres de s'emparer de tous les
« airs qui auraient été gravés ou publiés, et de les
« introduire dans les pièces de leur domaine, con-
« tre le gré et l'assentiment des auteurs encore exis-
« tants ;

« Que ces mots, *airs connus*, employés dans
« l'arrêté réglémentaire du ministre, ne peuvent
« signifier que *les airs qui sont légalement tombés*
« *dans le domaine public ;* que prêter un autre sens
« à cette décision serait porter atteinte au droit de
« propriété consacré et garanti par toute la législa-
« lation, *ce qui eût excédé les attributions du mi-*

« *nistre de l'intérieur*, et ce qu'on ne peut supposer
« avoir été dans son intention ;

　　« Fait défense aux administrateurs du théâtre
« des *Variétés*, de plus à l'avenir faire chanter
« ou jouer sur leur théâtre aucun air de la compo-
« sition de Doche, etc. »

　　Ce jugement était parfaitement conforme aux
principes ; cependant, sur l'appel interjeté par le
théâtre des *Variétés*, il a été infirmé par un arrêt
dont voici la teneur :

　　« Considérant que les dispositions des lois des
« 19 janvier 1791 et 19 juillet 1793 ne s'étendent
« pas à toute espèce de production dramatique
« indistinctement, mais qu'elles se bornent aux
« ouvrages des auteurs vivants ;

　　« Que ce mot ne peut s'entendre que de *l'en-*
« *semble d'une production ;* que tel est aussi le
« sens dans lequel il a été employé dans la loi du
« 19 juillet, puisque la sanction consiste dans la
« confiscation du produit total des représentations
« au profit des auteurs ;

　　« Qu'il en résulte qu'en droit comme en fait les
« auteurs de vaudevilles ont toujours eu jusqu'à
« présent la faculté de s'emprunter mutuellement
« des parties détachées de leurs compositions mu-
« sicales ;

　　« Que cette faculté ne saurait être restreinte
« sans nuire à cette partie de l'art dramatique dont
« le succès, sous le rapport musical surtout, repose
« moins sur le mérite d'une création nouvelle que
« sur celui de l'application des airs connus ;

« Par ces motifs, la cour infirme le juge-
« ment, etc. »

M. Doche s'était pourvu en cassation : déjà son
pourvoi était admis par la section des requêtes ;
M. Favard annonçait dans son *Répertoire*, que
probablement l'arrêt serait cassé, lorsque le de-
mandeur a abandonné le procès. La question n'a
donc point été jugée par la cour suprême ; mais
nous sommes convaincus que la prédiction de l'auteur du *Répertoire* se serait réalisée. Les motifs
du jugement infirmé par la cour nous paraissent
subsister dans toute leur force, malgré l'arrêt,
et nous persistons dans l'opinion que ce jugement
avait consacrée.

§ II. — Poursuite des délits contre la propriété littéraire. — Peines.

478. La connaissance des plaintes ou poursuites
faites contre les théâtres qui représentent et les
éditeurs qui impriment une pièce de théâtre sans
le consentement de l'auteur, appartient aux tribunaux de police correctionnelle.

479. Si le prévenu est déclaré coupble, il est
condamné, savoir : si c'est comme contrefacteur à
une amende de 100 fr. à 200 fr., si c'est comme
débitant d'exemplaires contrefaits à une amende
de 25 à 200 fr. ; les exemplaires saisis sur l'un et
l'autre, ainsi que les planches, moules et matières
qui ont servi à la contrefaçon, sont confisqués.
(Code pénal 425, 426, 427.)

La peine contre le théâtre qui représente une
pièce sans le consentement de l'auteur consiste

dans une amende de 5o fr. à 5oo fr., et dans la confiscation des recettes. (Code pénal, 428.)

48o. L'auteur dont l'ouvrage a été contrefait peut réclamer des dommages-intérêts, et le produit des confiscations ou les recettes confisquées lui sont remis pour l'indemniser d'autant du préjudice qu'il a souffert. Le surplus de son indemnité, ou l'entière indemnité, s'il n'y a eu ni vente d'objets confisqués ni saisie de recettes, est réglé par les voies ordinaires. (Code pénal, 429.)

CHAPITRE III.

Du droit des créanciers de l'auteur sur ses manuscrits non publiés.

48i. Les créanciers, comme nous l'avons vu, (n°43i), ont le droit de saisir le produit des ouvrages de leur débiteur, mais ce droit ne peut s'étendre jusqu'à s'emparer de ses manuscrits non publiés.

C'est ce que la cour de Paris a jugé le ii janvier 1828, dans un procès relatif à la succession de Vergne, jeune compositeur.

L'arrêt a été rendu en ces termes :

« Considérant qu'une œuvre musicale n'a d'exis-
« tence et ne devient saisissable que par la publica-
« tion faite par l'auteur;

« Qu'il est reconnu que les compositions de mu-
« sique dont s'agit sont encore en manuscrit, et
« n'ont pas reçu de publication qui les ait fait
« tomber dans le commerce.

« La cour déclare nulle la saisie des manuscrits
« de Vergne. »

Cette décision est parfaitement conforme aux principes de la propriété littéraire. La pensée de l'homme est sa propriété exclusive et ne peut lui être ravie malgré lui-même, lorsqu'il s'est borné à la déposer sur le papier, sans y attacher un projet de spéculation, et qu'il ne l'a point livrée au public par l'impression.

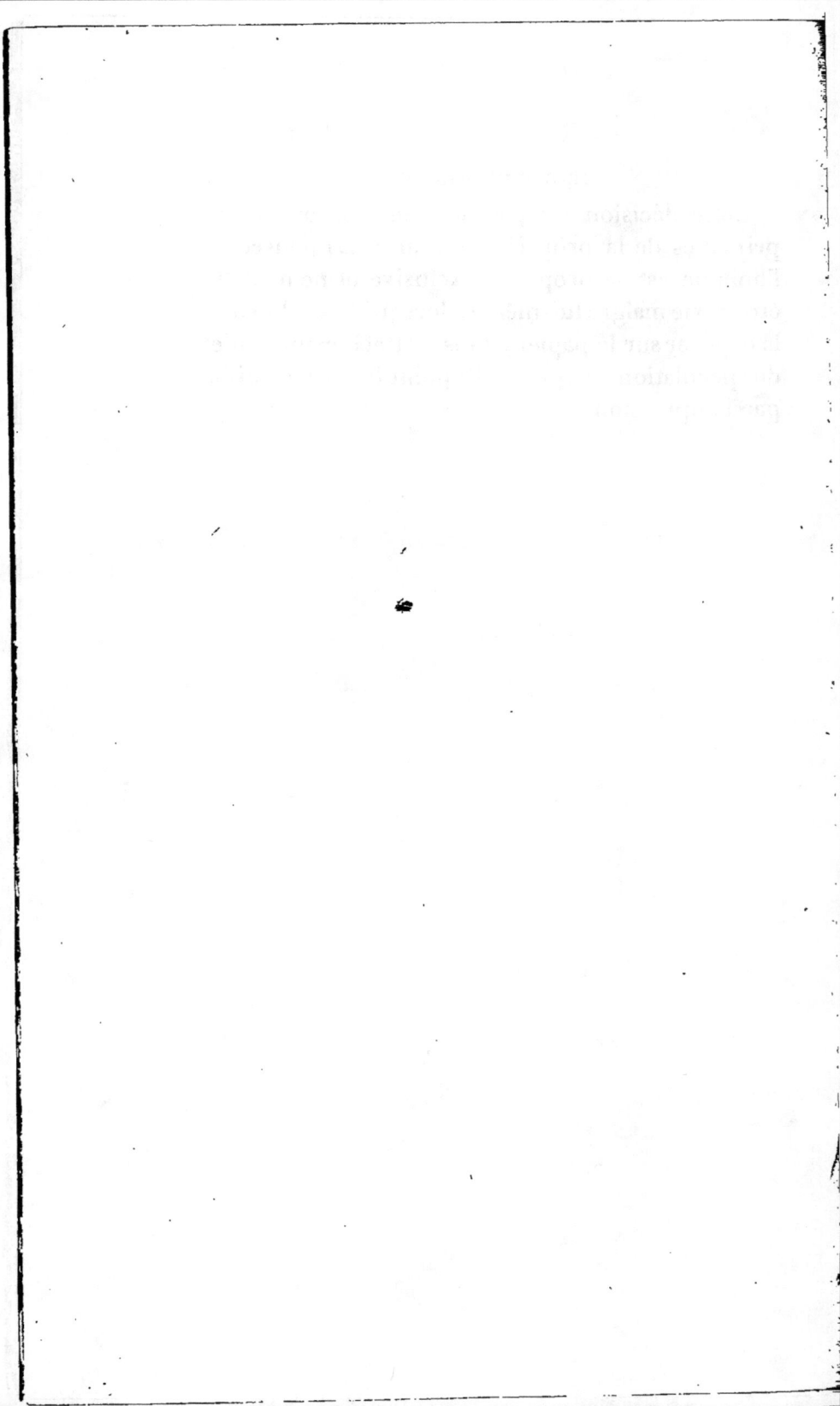

LOIS,
DÉCRETS ET RÉGLEMENTS
SUR LES THÉATRES.

25 février 1699.

Ordonnance du roi pour la levée, en faveur des pauvres de l'hôpital général, du sixième en sus de ce qui se reçoit aux entrées des *Opéra* et *Comédies*.

(1.) Sa Majesté voulant, autant qu'il est possible, contribuer au soulagement des pauvres dont l'hôpital général est chargé, et ayant pour cet effet employé jusqu'à présent tous les moyens que sa charité lui a suggérés, elle a cru devoir encore leur donner quelque part aux profits considérables qui reviennent des opéras de musique et des comédies qui se jouent à Paris par sa permission ; c'est pourquoi Sa Majesté a ordonné et ordonne qu'à l'avenir, à commencer du 1er mars prochain, il sera levé et reçu au profit dudit hôpital général, un sixième en sus des sommes qu'on reçoit à présent, et que l'on recevra à l'avenir pour l'entrée auxdits Opéras et Comédies ; lequel sixième sera remis au receveur dudit hôpital pour servir à la subsistance des pauvres. Enjoint Sa Majesté au lieutenant-général de police de sa bonne ville de Paris, de tenir la main à l'exécution de la présente ordonnance, qui sera publiée et affichée partout où besoin sera.

2 avril 1780.

Ordonnance du roi concernant les spectacles.

(11.) Sa Majesté voulant que les défenses qui ont été faites, et qu'elle a renouvelées à l'exemple du feu roi, d'en-

trer à l'*Opéra*, aux *Comédies Française* et *Italienne* sans
payer, et d'interrompre le spectacle sous aucun prétexte, soient
régulièrement observées, de même que les dispositions de
l'ordonnance de Sa Majesté, du 18 janvier 1745, pour l'arrangement des carrosses aux entrées et sorties de spectacles;
et étant informée que quelques personnes ne s'y conforment
pas aussi exactement qu'elle le désire, Sa Majesté a fait très
expresse inhibition et défense à toutes personnes, de quelque
qualité et condition qu'elles soient, même aux officiers de sa
maison, gardes, gendarmes, chevau-légers, aux pages de
Sa Majesté, ceux de la reine, des princes et princesses de
son sang, des ambassadeurs, et à tous autres, d'entrer à
l'*Opéra*, ni aux *Comédies Française* et *Italienne*, et à tous
autres spectacles, sans payer; veut même que les pages, en
payant, ne puissent se placer ailleurs qu'au parterre et aux
troisièmes loges. Défend Sa Majesté à tous ceux qui assistent
à ces spectacles, et particulièrement à ceux qui se placent
au parterre, d'y commettre aucun désordre en entrant et
en sortant, de crier et de faire du bruit avant que le spectacle commence, et dans les entr'actes, de siffler, de faire
des huées, avoir le chapeau sur la tête, et d'interrompre
les acteurs pendant les représentations, de quelque manière
et sous quelque prétexte que ce soit, à peine de désobéis-
sance. Fait pareillement défenses, et sous les mêmes peines,
à toutes personnes de s'arrêter dans les coulisses qui servent
d'entrée aux théâtres des deux *Comédies* et autres spectacles,
et hors l'enceinte des balustrades qui y sont posées. Défend
Sa Majesté à tous domestiques portant livrée, sans aucune
exception ni distinction, d'entrer à l'*Opéra* ou aux deux *Comédies* et autres spectacles, même en payant; de commettre
aucune violence ou indécence, et autres désordres, aux entrées ni aux environs des salles où se font les représentations,
sous telles peines qu'elle jugera convenables. Veut et entend
Sa Majesté qu'il n'y ait aucune préséance ni place marquée
pour les carrosses, et qu'ils aient tous, sans aucune exception
ni distinction, à se placer à la file les uns des autres, au fur

et à mesure qu'ils arriveront aux entrées des spectacles des *Comédies Française* et *Italienne*, et autres spectacles, sans pouvoir même doubler ni embarrasser le devant des spectacles, qui sera réservé libre pour la facilité du défilé, de façon que la voie publique ne puisse être embarrassée, et qu'à l'entrée et à la sortie desdits spectacles, les cochers soient tenus de prendre la file sans en former plusieurs, ni se couper les uns les autres, pour quelque cause que ce soit. Ordonne Sa Majesté d'emprisonner les contrevenants; défendant très expressément à toutes personnes, telles qu'elles puissent être, officiers de Sa Majesté et autres, de s'opposer en manière quelconque à ce qui est ci-dessus ordonné, et d'empêcher, par la force ou autrement, que ceux qui y contreviendront ne soient arrêtés sur-le-champ et conduits directement en prison. Enjoint Sa Majesté au sieur Lenoir, lieutenant-général de police, de tenir exactement la main à l'exécution de la présente ordonnance, qui sera lue, publiée et affichée partout où besoin sera. Donné à Versailles le 2 avril 1780. *Signé* LOUIS, et plus bas Amelot.

17 juin 1790.

Proclamation du roi.

(iii.) L'assemblée nationale décrète...... qu'elle juge que toutes les anciennes ordonnances de police et militaires sur la nature et les formes du service, et notamment sur la police des spectacles, doivent être exécutées provisoirement jusqu'à ce qu'il en ait été autrement ordonné.

16 et 24 août 1790.

Extrait de la loi sur l'organisation judiciaire.

(iv.) Titre xi, art. 3. Les objets de police confiés à la vigilance et à l'autorité des corps municipaux, sont :

1°.... 3° Le maintien du bon ordre dans les endroits où il se fait de grands rassemblements d'hommes, tels que les foires, marchés, réjouissances et cérémonies publiques, *spectacles*, jeux, cafés, églises et autres lieux publics.

(v.) Art. 4. Les spectacles publics ne pourront être permis et autorisés que par les officiers municipaux. Ceux des entrepreneurs et directeurs actuels qui ont obtenu des autorisations, soit des gouverneurs des anciennes provinces, soit de toute autre manière, se pourvoiront devant les officiers municipaux qui confirmeront leur jouissance pour le temps qui en reste à courir, à charge d'une redevance envers les pauvres.

11—21 septembre 1790.

Décret relatif aux pensions des comédiens français et italiens, et autres dépenses occasionnées par ces spectacles.

(vi.) L'assemblée nationale décrète qu'à compter du 1er janvier 1791, la dépense relative aux pensions des comédiens français et italiens, la garde militaire des spectacles, aux pompes pour garantir les spectacles des incendies, sera rejetée du compte du trésor public.

13—19 janvier 1791.

LOUIS, par la grâce de Dieu, etc., à tous présents et à venir, salut.

L'assemblée nationale a décrété, et nous voulons et ordonnons ce qui suit :

(vii.) Art. 1. Tout citoyen pourra élever un théâtre public, et y faire représenter des pièces de tous les genres, en faisant, préalablement à l'établissement de son théâtre, sa déclaration à la municipalité des lieux.

(viii.) Art. 2. Les ouvrages des auteurs morts depuis cinq ans et plus sont une propriété publique, et peuvent, nonobstant tous anciens priviléges, qui sont abolis, être représentés sur tous les théâtres indistinctement.

(ix.) 3. Les ouvrages des auteurs vivants ne pourront être représentés sur aucun théâtre public, dans toute l'étendue de la France, sans le consentement formel et par écrit des auteurs, sous peine de confiscation du produit total des représentations au profit des auteurs.

(x.) 4. La disposition de l'article 3 s'applique aux ouvrages déjà représentés, quels que soient les anciens réglements; néanmoins les actes qui auraient été passés entre des comédiens et des auteurs vivants, ou des auteurs morts depuis moins de cinq ans, seront exécutés.

(xi.) 5. Les héritiers ou les cessionnaires des auteurs seront propriétaires de leurs ouvrages durant l'espace de cinq années après la mort de l'auteur.

(xii.) 6. Les entrepreneurs, ou les membres des différents théâtres seront, à raison de leur état, sous l'inspection des municipalités; ils ne recevront des ordres que des officiers municipaux, qui ne pourront pas arrêter ni défendre la représentation d'une pièce, sauf la responsabilité des auteurs et des comédiens, et qui ne pourront rien enjoindre aux comédiens que conformément aux lois et aux réglements de police, réglements sur lesquels le comité de constitution dressera incessamment un projet d'instruction. Provisoirement les anciens réglements seront exécutés.

(xiii.) 7. Il n'y aura au spectacle qu'une garde extérieure, dont les troupes de ligne ne seront point chargées, si ce n'est dans le cas où les officiers municipaux leur en feraient la réquisition formelle. Il y aura toujours un ou plusieurs officiers civils dans l'intérieur des salles, et la garde n'y pénétrera que dans le cas où la sûreté publique serait compromise, et sur la réquisition expresse de l'officier civil, lequel se conformera aux lois et aux réglements de police. Tout citoyen sera tenu d'obéir provisoirement à l'officier.

19—22 juillet 1791.

Extrait de la loi sur la police municipale et correctionnelle.

L'assemblée nationale, considérant que des décrets antérieurs ont déterminé les bornes et l'exercice des diverses fonctions publiques, et établi les principes de police constitutionnelle destinés à maintenir cet ordre;

...... Qu'il reste à fixer les règles 1° de la police munici-

22

pale, qui a pour objet le maintien habituel de l'ordre et de
la tranquillité dans chaque lieu. — Décrète ce qui suit.

TITRE I.

(xiv.) Art. 46. Aucun tribunal de police municipale, ni
aucun corps municipal ne pourra faire de réglement : le
corps municipal néanmoins pourra, sous le nom et l'intitulé
de délibérations, et sauf réformation, s'il y a lieu, par l'administration du département, sur l'avis de celle du district,
faire des arrêtés sur les objets qui suivent:

1° Lorsqu'il s'agira d'ordonner des précautions locales sur
les objets confiés à sa vigilance et à son autorité par les articles 3 et 4 du tit. xi du décret sur l'organisation judiciaire.

2° De publier de nouveau les lois et réglements de police
ou de rappeler les citoyens à leur observation.

Décret des 26 et 27 juillet 1791.

Loi relative à l'emploi de la force publique contre les attroupements.

(xv.) Art. 25. Les dépositaires des forces publiques ap-
pelées soit pour assurer l'exécution de la loi, des jugements
et ordonnances ou mandements de justice ou de police, soit
pour dissiper les émeutes populaires et attroupements séditieux, et saisir les chefs, auteurs et instigateurs de l'émeute
ou de la sédition, ne pourront déployer la force des armes
que dans trois cas :

Le premier, si des violences ou voies de fait étaient exercées contre eux-mêmes;

Le second, s'ils ne pouvaient défendre autrement le terrain
qu'ils occuperaient ou les postes dont ils seraient chargés.

Le troisième, s'ils y étaient expressément autorisés par un
officier civil, et, dans ce troisième cas, après les formalités
prescrites par les deux articles suivants.

(xvi.) 26. Si par les progrès d'un attroupement ou émeute
populaire, ou par toute autre cause, l'usage rigoureux de la
force devient nécessaire, un officier civil, soit juge de paix,

soit officier municipal, procureur de la commune ou commissaire de police, soit administrateur de district ou de département, soit procureur-syndic ou procureur-général syndic, se présentera sur le lieu de l'attroupement ou du délit, prononcera à haute voix ces mots : *Obéissance à la loi; on va faire usage de la force; que les bons citoyens se retirent.* Le tambour battra un ban avant chaque sommation.

(XVII.) 27. Après cette sommation trois fois réitérée, et même dans le cas où après une première ou une seconde sommation il ne serait pas possible de faire la seconde ou la troisième, si les personnes attroupées ne se retirent pas paisiblement, et même s'il en reste plus de quinze rassemblées en état de résistance, la force des armes sera à l'instant déployée contre les séditieux, sans aucune responsabilité des événements ; et ceux qui pourront être saisis ensuite seront livrés aux officiers de police pour être jugés et punis selon la rigueur des lois.

19 juillet. —6 août 1791.

Décret relatif aux auteurs dramatiques.

LOUIS , par la grâce de Dieu, etc.

L'assemblée nationale a décrété, et nous voulons et ordonnons ce qui suit :

L'assemblée nationale, considérant que la loi du 16 août 1790 n'était que provisoire, et que la loi du 13 janvier dernier contient des dispositions générales, qui seules doivent être exécutées dans tout l'empire français, décrète sur l'article 1er du projet du comité, qu'il n'y a pas lieu à délibérer.

(XVIII.) Art. 1. Conformément aux dispositions des articles 3 et 4 du décret du 13 janvier dernier, concernant les spectacles, les ouvrages des auteurs vivants, même ceux qui étaient représentés avant cette époque, soit qu'ils fussent ou non gravés ou imprimés, ne pourront être représentés sur aucun théâtre public, dans toute l'étendue du royaume, sans le consentement formel et par écrit des auteurs, ou sans celui de leurs héritiers ou cessionnaires, pour

22.

les ouvrages des auteurs morts depuis moins de cinq ans, sous peine de confiscation du produit total des représentations au profit de l'auteur, ou de ses héritiers ou cessionnaires.

(XIX.) 2. La convention entre les auteurs et les entrepreneurs des spectacles sera parfaitement libre, et les officiers municipaux, ni aucuns autres fonctionnaires publics, ne pourront taxer lesdits ouvrages, ni modérer ou augmenter le prix convenu; et la rétribution des auteurs, convenue entre eux ou leurs ayants cause et les entrepreneurs de spectacle, ne pourra être ni saisie ni arrêtée par les créanciers des entrepreneurs du spectacle.

31 août 1792.

Décret relatif aux conventions faites entre les auteurs dramatiques et les directeurs de spectacles.

L'assemblée nationale, après avoir entendu le rapport sur des réclamations faites contre quelques dispositions des décrets des 13 janvier 1791 et 19 juillet suivant, sur les théâtres ;

Considérant que ces réclamations sont fondées sur ce que ces décrets peuvent porter atteinte aux droits des différents spectacles, pour n'avoir pas assez distingué l'état passé de l'état à venir, ainsi que la position de Paris de celle du reste de la France, relativement à la jouissance des pièces de théâtre en vertu des conventions ou réglements, ou en vertu d'un long et paisible usage ;

Considérant que le droit de faire imprimer et le droit de faire représenter, qui appartiennent incontestablement aux auteurs des pièces dramatiques, n'ont pas été suffisamment distingués et garantis par la loi ;

Considérant enfin que les ouvrages dramatiques doivent être protégés par la loi, de la même manière que toutes les autres productions de l'esprit, mais avec des modifications dictées par la nature du sujet, et voulant ôter toute cause de réclamation, décrète ce qui suit :

(xx.) Art. 1. Les pièces imprimées ou gravées mises en vente avant cette époque sur les théâtres autres que ceux de Paris, sans convention écrite des auteurs, et cependant sans aucune réclamation légalement constatée de leur part, pourront être jouées sur ces mêmes théâtres sans aucune rétribution pour les auteurs.

(xxi.) 2. Les conventions faites avant le décret du 13 janvier 1791 entre les auteurs et les directeurs des spectacles seront exécutées.

(xxii.) 3. Les réglements et arrêts du conseil qui avaient été faits pour les théâtres de Paris ayant été abrogés par le décret du 13 janvier, et ayant donné lieu, à cette époque, à divers traités entre les théâtres de Paris et les auteurs, ces traités seront suivis dans toute l'étendue de leurs dispositions; en conséquence, nul autre théâtre de Paris, que celui ou ceux auxquels l'auteur ou ses ayants cause auront permis la représentation de ses pièces, ne pourra les jouer, sous les peines de la loi.

(xxiii.) 4. Pour prévenir toutes réclamations à l'avenir, les auteurs seront tenus, en vendant leurs pièces aux imprimeurs ou aux graveurs, de stipuler formellement la réserve qu'ils entendront faire de leurs droits de faire représenter lesdites pièces.

(xxiv) 5. Le traité portant ladite réserve sera déposé chez un notaire, et imprimé à la tête de la pièce.

(xxv.) 6. En conséquence de cette réserve, aucun spectacle ne pourra jouer lesdites pièces imprimées ou gravées, qu'en vertu d'un consentement écrit et signé par l'auteur.

(xxvi.) 7. Les spectacles qui contreviendront au précédent article encourront la peine de la confiscation du produit total des représentations.

(xxvii.) 8. La réserve faite en vertu de l'article 4 n'aura d'effet que pour dix ans; au bout de ce temps, toutes pièces imprimées et gravées seront librement jouées par tous les spectacles.

(xxviii.) 9. L'assemblée nationale n'entend rien préjuger

sur les décrets ou réglements de police qu'elle pourra donner dans le code de l'instruction publique, sous le rapport de l'influence des théâtres sur les mœurs et les beaux-arts.

(XXIX.) 10. Elle déroge aux décrets antérieurs en tout ce qui n'est pas conforme au présent décret.

12 janvier 1793.

Décret sur la représentation de l'Ami des Lois.

(XXX.) La convention nationale , sur la lecture donnée d'une lettre du maire de Paris, qui annonce qu'il y a un rassemblement autour de la salle du théâtre de la Nation, qui demande que la convention nationale prenne en considération une députation dont le peuple attend l'effet avec impatience , et dont l'objet est d'obtenir une décision favorable , afin que la pièce de <i>l'Ami des Lois</i> soit représentée, nonobstant l'arrêté du corps municipal de Paris , qui en défend la représentation; passe à l'ordre du jour, motivé sur ce qu'il n'y a point de loi qui autorise les corps municipaux à censurer les pièces de théâtre.

14 janvier 1793.

Proclamation du conseil exécutif provisoire, concernant la représentation
des pièces de théâtre.

(XXXI.) Le conseil exécutif provisoire , en exécution du décret de la convention nationale de ce jour , délibérant sur l'arrêté du conseil général de la commune de Paris , en date du même jour , par lequel il est ordonné que les spectacles seront fermés aujourd'hui; considérant que les circonstances ne nécessitent pas cette mesure extraordinaire, arrête que les spectacles continueront d'être ouverts. Enjoint néanmoints , au nom de la paix publique , aux directeurs des différents théâtres, d'éviter la représentation des pièces qui , jusqu'à ce jour , ont occasionné quelque trouble , et qui pourraient le renouveler dans le moment présent ;

Charge le maire et la municipalité de Paris de prendre les mesures nécessaires pour l'exécution du présent arrêté.

16 janvier 1793.

Décret relatif à la compétence pour la suspension ou la défense
des représentations de pièces dramatiques.

(XXXII.) La convention nationale casse l'arrêté du conseil
exécutif provisoire, en ce que l'injonction faite aux directeurs
des différents théâtres, étant vague et indéterminée, blesse
les principes, donnerait lieu à l'arbitraire, et est contraire à
l'article 6 de la loi du 13 janvier 1791, qui porte que : « les
« entrepreneurs ne recevront des ordres que des officiers mu-
« nicipaux, qui ne pourront arrêter ni défendre la représen-
« tation d'une pièce, sauf la responsabilité des auteurs et des
« comédiens, et qui ne pourront rien enjoindre aux comédiens
« que conformément aux lois et aux réglements de police. »

19 juillet 1793.

Décret relatif aux droits de propriété des auteurs d'écrits en tout genre,
des compositeurs de musique, des peintres et des dessinateurs.

La convention nationale, après avoir entendu son comité
d'instruction publique, décrète ce qui suit :

(XXXIII.) Art. 1. Les auteurs d'écrits en tout genre, les
compositeurs de musique, les peintres et dessinateurs qui
feront graver des tableaux ou dessins, jouiront, durant leur
vie entière, du droit exclusif de vendre, faire vendre, distribuer leurs ouvrages dans le territoire de la république, et
d'en céder la propriété en tout ou en partie.

(XXXIV.) 2. Leurs héritiers ou cessionnaires jouiront du
même droit durant l'espace de dix ans après la mort des
auteurs.

(XXXV.) 3. Les officiers de paix seront tenus de faire confisquer, à la réquisition et au profit des auteurs, compositeurs, peintres ou dessinateurs et autres, leurs héritiers ou
cessionnaires, tous les exemplaires des éditions imprimées ou
gravées sans la permission formelle et par écrit des auteurs.

(XXXVI.) 4. Tout contrefacteur sera tenu de payer au véritable propriétaire une somme équivalente au prix de trois
mille exemplaires de l'édition originale.

344   LÉGISLATION DES THÉATRES.

(xxxvii.) 5. Tout débitant d'édition contrefaite, s'il n'est pas reconnu contrefacteur, sera tenu de payer au véritable propriétaire une somme équivalente au prix de cinq cents exemplaires de l'édition originale.

(xxxviii.) 6. Tout citoyen qui mettra au jour un ouvrage, soit de littérature ou de gravure, dans quelque genre que ce soit, sera obligé d'en déposer deux exemplaires à la bibliothèque nationale ou au cabinet des estampes de la république, dont il recevra un reçu signé par le bibliothécaire ; faute de quoi il ne pourra être admis en justice pour la poursuite des contrefacteurs.

(xxxix.) 7. Les héritiers de l'auteur d'un ouvrage de littérature, ou de gravure, ou de toute autre production de l'esprit ou du génie qui appartienne aux beaux-arts, en auront la propriété exclusive pendant dix années.

2—3 août 1793.

Décret relatif à la représentation des pièces de théâtre.

(xl.) Art. 1. A compter du 4 de ce mois, et jusqu'au 1er septembre prochain, seront représentées, trois fois la semaine, sur les théâtres de Paris qui seront désignés par la municipalité, les tragédies de *Brutus*, *Guillaume Tell*, *Caïus Gracchus*, et autres pièces dramatiques qui retracent les glorieux événements de la révolution, et les vertus des défenseurs de la liberté. Une de ces représentations sera donnée chaque semaine aux frais de la république.

(xli.) 2. Tout théâtre sur lequel seraient représentées des pièces tendant à dépraver l'esprit public, et à réveiller la honteuse superstition de la royauté, sera fermé, et les directeurs arrêtés et punis selon la rigueur des lois.

La municipalité de Paris est chargée de l'exécution du présent décret.

14 août 1793.

Décret portant que les conseils des communes sont autorisés à diriger les spectacles.

(xlii.) La convention nationale, sur la proposition d'un

membre, décrète que les conseils des communes sont autorisés à diriger les spectacles, et à y faire représenter les pièces les plus propres à former l'esprit public et à développer l'énergie républicaine.

1er septembre 1793.

Décret qui rapporte la loi du 30 août 1792 relative aux ouvrages dramatiques, et ordonne l'exécution de celles des 13 janvier 1791 et 19 juillet dernier.

La convention nationale, voulant assurer aux auteurs dramatiques la propriété de leurs ouvrages, leur garantir les moyens d'en disposer avec une égale liberté par la voie de l'impression et par celle de la représentation, et faire cesser à cet égard entre les théâtres de Paris et ceux des départements une différence abusive, décrète ce qui suit :

(XLIII.) Art. 1. La convention nationale rapporte la loi du 30 août 1792, relative aux ouvrages dramatiques.

(XLIV.) 2. Les lois des 13 janvier 1791 et 19 juillet 1793 leur sont appliquées dans toutes leurs dispositions.

(XLV.) 3. La police des spectacles continuera d'appartenir exclusivement aux municipalités. Les entrepreneurs ou associés seront tenus d'avoir un registre dans lequel ils inscriront et feront viser par l'officier de police de service, à chaque représentation, les pièces qui seront jouées, pour constater le nombre des représentations de chacune.

3 septembre 1793.

(XLVI.) Décret qui approuve un arrêté du comité de salut public, ordonnant la fermeture du Théâtre-Français, par suite de l'accusation d'aristocratie portée contre ses acteurs et son répertoire.

3 pluviose an II (22 janvier 1794).

(XLVII.) Décret qui alloue 100,000 fr. pour les représentations *gratis* données, en exécution du décret du 2 août 1793, dans les vingt spectacles de Paris.

27 vendémiaire an III (18 octobre 1794).

Décret sur le théâtre des Arts.

(XLVIII.) Art. 1. L'année théâtrale sera comptée à l'avenir comme l'année civile (1).

(XLIX.) 2. Les comités d'instruction publique et des finances réunis feront un réglement sur le nombre, le traitement des artistes et préposés, leur discipline intérieure, l'administration et la comptabilité du théâtre des Arts.

(L.) 3. Les artistes et préposés garantiront une recette de 680,000 livres ; s'il existait un déficit à cet égard, il serait pris au marc la livre sur leur traitement.

Ce qui excédera en recette la somme ci-dessus fixée sera divisé en deux parties : la première sera versée au trésor public ; la deuxième sera répartie entre les artistes et préposés, conformément au réglement qui sera fait par les comités réunis.

(LI.) 4. Les deux comités réunis présenteront un projet de décret sur les retraites des artistes et préposés.

(LII.) 5. La commission d'instruction publique est autorisée à ordonnancer sur les fonds mis à sa disposition jusqu'à la concurrence de 30,000 livres par mois pour les dépenses variables, et d'une somme de 100,000 livres une fois payées, pour être employée aux changements à faire dans la salle, et au paiement des parties les plus pressées de l'arriéré.

(LIII.) 6. Les deux comités présenteront incessamment leurs vues sur la liquidation des sommes dues aux propriétaires et aux créanciers de la nouvelle salle, et par l'ancienne administration du théâtre des Arts.

Décret du 12 floréal an III (1er mai 1795).

(LIV.) Art. 7. Le comité d'instruction publique prendra tous les moyens d'encouragement nécessaires pour diriger les écoles, *les théâtres*, et généralement les arts et les sciences,

(1) Ce décret ne statuait que pour l'*Opéra*.

Pour la province, le renouvellement de l'année théâtrale est à Pâques.

vers le but unique des travaux de la convention nationale, celui d'affermir la république. Le comité rendra compte tous les mois de l'exécution de ces articles.

25 praïrial an III.

Loi interprétative de celle du 19 juillet 1793.

(LV.) 8. La convention nationale, après avoir entendu le rapport de ses comités de législation et d'instruction publique sur plusieurs demandes en explication de l'article 3 de la loi du 9 juillet 1793, dont l'objet est d'assurer aux auteurs et artistes la propriété de leurs ouvrages par des mesures répressives contre les contrefacteurs, décrète ce qui suit :

Les fonctions attribuées aux officiers de paix par l'art. 3 de la loi du 19 juillet 1793 seront à l'avenir exercées par les commissaires de police, et par les juges de paix dans les lieux où il n'y a pas de commissaires de police.

11 nivose an IV.

Arrêté qui invite les théâtres à donner des représentations au profit des pauvres.

(LVI.) Art. 1. Tous les entrepreneurs ou sociétaires de tous les théâtres de Paris et des départements sont invités à donner tous les mois, et à dater de cette époque, une représentation au profit des pauvres, dont le produit, déduction faite des frais journaliers et de la part de l'auteur, sera versé dans les caisses désignées.

(LVII.) 2. Ces jours-là les comédiens concourront par tous les moyens qui sont en leur pouvoir à rendre la représentation plus lucrative.

(LVIII.) 3. Les entrepreneurs ou sociétaires seront autorisés ces mêmes jours à tiercer le prix des places et à recevoir les rétributions volontaires de tous ceux qui désireraient concourir à cette bonne œuvre.

(LIX.) 4. La recette de ces jours sera constatée légalement par une commission *ad hoc*; nommée par le ministre de l'intérieur, et dans les communes des départements par un des agents municipaux, lesquels sont tenus d'en rendre compte au ministre.

(LX.) 5. Deux théâtres ne pourront donner le même jour, dans la même commune, pour les pauvres.

(LXI.) 6. Le théâtre du Vaudeville, dégagé de sa première soumission, se conformera volontairement à ce nouveau mode de rétributions.

. 18 nivose an IV (4 janvier 1796).

Arrêté du directoire exécutif concernant les spectacles.

(LXII.) Le directoire exécutif arrête : Tous les directeurs, entrepreneurs et propriétaires des spectacles de Paris sont tenus, sous leur responsabilité individuelle, de faire jouer chaque jour par leur orchestre, avant la levée de la toile, les airs chéris des républicains, tels que *la Marseillaise, Ça ira, Veillons au salut de l'empire, le Chant du départ.*

Dans l'intervalle des deux pièces, on chantera toujours l'hymne des Marseillais, ou quelque autre chanson patriotique.

Le théâtre des Arts donnera, chaque jour de spectacle, une représentation de l'*Offrande à la liberté*, avec ses chœurs et accompagnements, ou quelque autre pièce républicaine.

Il est expressément défendu de chanter, laisser ou faire chanter l'air homicide dit *le Réveil du peuple.*

Le ministre de la police générale donnera les ordres les plus précis pour faire arrêter tous ceux qui, dans les spectacles, appelleraient par leurs discours le retour de la royauté, provoqueraient l'anéantissement du corps législatif ou du pouvoir exécutif, exciteraient le peuple à la révolte, troubleraient l'ordre et la tranquillité publique, et attenteraient aux bonnes mœurs.

Le ministre de la police mandera, dans le jour, tous les directeurs et entrepreneurs de chacun des spectacles de Paris; il leur fera lecture du présent arrêté. leur intimera, chacun à leur égard. les ordres qui y sont contenus ; il surveillera l'exécution pleine et entière de toutes ses dispositions , et en rendra compte au Directoire.

22 nivose an IV (17 janvier 1796).

Arrêté du directoire exécutif qui déclare celui du 18 nivose commun à tous les théâtres de la république.

(LXIII.) Le directoire exécutif arrête que les dispositions de son arrêté du 18 de ce mois , concernant les spectacles de Paris , sont communes à tous les spectacles existants dans le territoire de la république.

Le présent arrêté et celui du 18 de ce mois seront insérés dans le Bulletin des lois.

Le ministre de la police générale de la république est chargé de leur exécution.

25 pluviose an IV (14 février 1796).

Arrêté concernant la police des spectacles.

Le directoire exécutif, considérant que le but essentiel de ces établissements publics , où la curiosité , le goût des arts . et d'autres motifs , attirent chaque jour un rassemblement considérable de citoyens de tout sexe et de tout âge , étant de concourir par l'attrait même du plaisir à l'épuration des mœurs et à la propagation des principes républicains , ces institutions doivent être l'objet d'une sollicitude spéciale de la part du gouvernement ;

Que l'art. 356 de l'acte constitutionnel place sous la surveillance particulière de la loi toutes les professions qui intéressent les mœurs publiques ;

Qu'à cet égard la constitution n'a fait que sanctionner les principes déjà consacrés par la loi du 2 août 1793, qui , en ordonnant la représentation périodique , sur les théâtres de Paris , de pièces républicaines, ordonne aussi que tout théâtre sur lequel seraient représentées des pièces tendantes à dépraver l'esprit public et à réveiller la honteuse superstition de la royauté . sera fermé , et les directeurs arrêtés pour être punis suivant la rigueur des lois ;

Que celle du 14 du même mois charge textuellement les conseils généraux des communes de diriger les spectacles, et d'y faire représenter les pièces les plus propres à former l'esprit public· et à développer l'énergie républicaine ;

Que, par ces dispositions, la convention nationale a clairement dérogé à celle de la loi des 13-19 janvier 1791, rappelée dans les décrets des 14 et 16 janvier 1793, qui interdisait aux municipalités la faculté d'arrêter ou défendre la représentation des pièces, sauf la responsabilité des auteurs et des comédiens ;

Que, néanmoins, quelques auteurs d'ouvrages dramatiques, ainsi que quelques directeurs ou artistes des théâtres, particulièrement dans les grandes communes de la république, cherchent à se soustraire à l'action salutaire de cette direction et de cette surveillance, en affectant, par un dangereux abus de principes, de confondre la liberté de la presse, si religieusement et si justement consacrée par la constitution, avec le droit essentiellement subordonné à l'autorité civile de disposer d'un établissement public, pour y influencer, par le prestige de la déclamation et des arts, une masse de citoyens, et y répandre avec sécurité le poison des maximes les plus anti-républicaines, et qu'il est nécessaire de rappeler aux citoyens les lois qui placent tous les établissements de ce genre sous la surveillance expresse et directe des pouvoirs constitués ;

Arrête ce qui suit :

(LXIV.) Art. 1. En exécution des lois qui attribuent aux officiers municipaux des communes la police et la direction des spectacles, le bureau central de police, dans les cantons où il en est établi, et les administrations municipales dans les autres cantons de la république, tiendront sévèrement la main à l'exécution des lois et réglements de police sur le fait des spectacles, notamment des lois rendues les 16-24 août 1790, 2 et 14 août 1793 ; en conséquence, ils veilleront à ce qu'il ne soit représenté, sur les théâtres établis dans les communes de leur arrondissement, aucune pièce dont le contenu puisse servir de prétexte à la malveillance, et occasionner du désordre, et ils arrêteront la représentation de toutes celles par lesquelles l'ordre public aurait été troublé d'une manière quelconque.

(LXV.) 2. Conformément à l'art. 2 de la loi du 2 août précitée, le bureau central de police et les administrations municipales feront fermer les théâtres sur lesquels seraient représentées des pièces tendant à dépraver l'esprit public et à réveiller la honteuse superstition de la royauté, et ils feront arrêter et traduire devant les officiers de police judiciaire compétents les directeurs des théâtres, pour être punis suivant la rigueur des lois.

11 germinal an IV.

Arrêté du directoire exécutif qui permet l'ouverture du théâtre de la rue Feydeau.

Le directoire exécutif arrête ce qui suit :

(LXVI.) Art. 1. Tout spectacle où des troubles se manifesteraient sera fermé.

(LXVII.) 2. On ne pourra jouer ou chanter sur les théâtres que les pièces ou airs indiqués par les affiches.

(LXVIII.) 3. Le théâtre dit *de la rue Feydeau* pourra rouvrir son spectacle.

Le ministre de la police est chargé de l'exécution du présent arrêté, qui sera imprimé.

7 frimaire an V (27 novembre 1796).

Loi relative aux droits sur les billets de spectacle.

(LXIX.) Art. 1. Il sera perçu un décime par franc en sus du prix de chaque billet d'entrée, pendant six mois, dans tous les spectacles où se donnent des pièces de théâtre, des bals, feux d'artifice, concerts, courses et exercices de chevaux, pour lesquels les spectateurs paient.

La même perception aura lieu sur le prix des places louées pour un temps déterminé.

(LXX.) 2. Le produit de la recette sera employé à secourir les indigents qui ne sont pas dans les hospices.

(LXXI.) 3. Dans le mois qui suivra la publication de la présente, le bureau central, dans les communes ou il y a plusieurs municipalités, et l'administration municipale dans les autres, formeront par une nomination au scrutin un bureau de bienfaisance, ou plusieurs, s'ils le croient convenable : chacun de ces bureaux sera composé de cinq membres.

(LXXII.) 4. Les fonctions des bureaux de bienfaisance seront de diriger les travaux qui seront prescrits par lesdites administrations, et de faire la répartition des secours à domicile.

(LXXIII.) 5. Les membres de ces bureaux n'auront aucune rétribution et ne toucheront personnellement aucun fonds ; ils nommeront un receveur qui fera toutes les perceptions.

(LXXIV.) 6. Lesdites administrations détermineront les mesures qu'elles croiront convenables pour assurer le recouvrement du droit ordonné par l'article 1er.

(LXXV.) 7. Dans les communes où il y aura plusieurs bureaux de bienfaisance, la proportion pour laquelle chacun d'eux sera fondé dans la recette sera déterminée par le bureau central dans les communes où il y a plusieurs municipalités, et par l'administration municipale dans les autres.

(LXXVI.) 8. Chaque bureau de bienfaisance recevra de plus les dons qui lui seront offerts ; ils seront déposés aux mains du receveur, et enregistrés.

(LXXVII.) 9. Le bureau rendra compte, tous les mois, du produit de sa recette, à l'administration par laquelle il aura été nommé.

(LXXVIII.) 10. Les secours à domicile seront donnés en nature, autant qu'il sera possible.

(LXXIX.) 11. Les mendiants valides qui n'ont pas de domicile acquis hors la commune où ils sont nés sont obligés d'y retourner, faute de quoi ils y seront conduits par la gendarmerie et condamnés à une détention de trois mois.

(LXXX.) 12. Les lois des 19 mars 1793 et 22 floréal an II sont rapportées en ce qui concerne les secours.

29 frimaire an V (7 décembre 1796).

Extrait de l'arrêté du directoire exécutif concernant le mode d'exécution de la loi du 7 frimaire an V.

(LXXXI.) Art. 1. A compter du jour de la notification du présent arrêté, les directeurs, administrateurs et entrepreneurs de tous les spectacles et salles de bals, concerts, feux d'artifice, courses et exercices de chevaux à Paris, seront tenus, conformément à la loi du 7 frimaire dernier, de percevoir, au profit des indigents, un décime par franc en sus du prix des billets d'entrée.

2 floréal an V (21 avril 1797).

(LXXXII.) Loi qui proroge pendant six mois la perception, en faveur des indigents, d'un droit sur les billets de spectacle, etc.

8 thermidor an V (26 juillet 1797).

Loi qui proroge les droits sur les billets d'entrée aux spectacles, bals, feux d'artifice, concerts, etc.

Le conseil des anciens, adoptant les motifs de la déclaration d'urgence qui précède la résolution ci-après, approuve l'acte d'urgence.

Suit la teneur de la déclaration d'urgence et de la résolution du 7 messidor :

Le conseil des cinq cents, considérant combien les besoins des hospices sont pressants, et l'utilité qu'on peut retirer d'une augmentation de la rétribution imposée sur le produit des bals, concerts, feux d'artifice, courses et exercices de chevaux, et autres fêtes où l'on est admis en payant,

Déclare qu'il y a urgence, et prend la résolution suivante :

(LXXXIII.) Art. 1. Le droit d'un décime par franc (2 sous par livre), établi par la loi du 7 frimaire an V, et prorogé par celle du 2 floréal dernier, continuera à être perçu jusqu'au 7 frimaire de l'an VI, en sus du prix de chaque billet

23

d'entrée et d'abonnement dans tous les spectacles où se donnent des pièces de théâtre.

(LXXXIV.) 2. Le même droit d'un décime par franc (2 sous par livre), établi et prorogé par les mêmes lois, à l'entrée des bals, des feux d'artifice, des concerts, des courses et exercices de chevaux, et autres fêtes où l'on est admis en payant, est porté au quart de la recette, jusqu'audit jour 7 frimaire prochain.

(LXXXV.) 3. Le produit des droits perçus en vertu des articles précédents sera consacré uniquement aux besoins des hospices et aux secours à domicile, dans les proportions qui seront déterminées par le bureau central dans les communes où il y a plusieurs municipalités, et par l'administration municipale dans les autres, conformément à l'art. 7 de la loi du 7 frimaire.

2 frimaire an VI (22 novembre 1797).

(LXXXVI.) Loi portant prorogation, pendant l'an VI, des droits établis sur les billets d'entrée aux spectacles, etc.

19 fructidor an VI (5 septembre 1798).

(LXXXVII.) Loi qui proroge pour l'an VII la perception des droits établis sur les billets d'entrée aux spectacles, etc.

Arrêté du 1er germinal an VII (21 mars 1799).

Mesures contre l'incendie des salles de spectacle.

(LXXXVIII.) Art. 1. Le dépôt des machines et décorations pour les théâtres, dans toutes les communes où il en existe, sera fait dans un magasin séparé de la salle de spectacle.

(LXXXIX.) 2. Les directeurs et entrepreneurs de spectacles seront tenus de disposer dans la salle un réservoir toujours plein d'eau, et au moins une pompe continuellement en état d'être employée.

(XC.) 3. Ils seront obligés de solder, en tout temps, des pompiers exercés, de manière qu'il s'en trouve toujours en nombre suffisant pour le service au besoin.

(xci.) 4. Un pompier sera constamment en sentinelle dans l'intérieur de la salle.

(xcii.) 5. Un poste de garde sera placé à chaque théâtre, de manière qu'un factionnaire, relevé toutes les heures, puisse continuellement veiller avec un pompier dans l'intérieur, hors le temps des représentations.

(xciii.) 6. A la fin des spectacles, le concierge, accompagné d'un chien de ronde, visitera toutes les parties de la salle pour s'assurer que personne n'est resté caché dans l'intérieur, et qu'il ne subsiste aucun indice qui puisse faire craindre un incendie.

(xciv.) 7. Cette visite après le spectacle se fera en présence d'un administrateur municipal, ou d'un commissaire de police, qui la constatera sur un registre tenu à cet effet par le concierge.

(xcv.)8. Les dépôts de machines et décorations, la surveillance et le service pour les salles de spectacle, déterminés par le présent arrêté, seront établis, sans délai, par le bureau central dans les communes au-dessus de 100,000 âmes ; dans les autres communes par les administrations municipales.

(xcvi.) 9. Tout théâtre dans lequel les précautions et formalités ci-dessus prescrites auront été négligées ou omises un seul jour sera fermé à l'instant.

6ᵉ jour complémentaire an VII (22 septembre 1799).

(xcvii.) Loi qui proroge pour l'an VIII la perception des droits établis sur les spectacles, etc.

28 pluviose an VIII.

Loi concernant l'administration.

(xcviii.) Art. 16. A Paris, un préfet de police sera chargé de ce qui concerne la police, et aura sous ses ordres des commissaires distribués dans les douze municipalités.

12 messidor an VIII.

Extrait de l'arrêté qui fixe les attributions du préfet de police.

(xcix.) Art. 12. Il (le préfet de police) aura la police des

23.

théâtres en ce qui touche la sûreté des personnes, les précautions à prendre pour prévenir les accidents et assurer le maintien de la tranquillité et du bon ordre, tant au dedans qu'au dehors.

(c.) Art. 24. Il sera chargé de prendre les mesures propres à prévenir ou arrêter les incendies.

7 fructidor an VIII (25 août 1800).

Arrêté des consuls, qui proroge pour l'an IX les droits établis sur les spectacles.

(cɪ.) Art. 1. Les droits établis sur les spectacles, bals, feux d'artifice, concerts, courses et exercices de chevaux et autres fêtes où l'on est admis en payant, continueront à être perçus pendant l'an IX suivant le mode établi par la loi.

(cɪɪ.) 2. Le produit de ces droits continuera d'être affecté aux besoins des hôpitaux et aux secours à domicile de chaque commune, d'après la répartition qui en sera faite par le préfet, sur l'avis du sous-préfet.

5 brumaire an IX (27 octobre 1800).

Extrait de l'arrêté qui détermine les fonctions des commissaires-généraux de police.

(cɪɪɪ.) Art. 2. Ils auront la police des théâtres en ce qui touche la sûreté des personnes, les précautions à prendre pour prévenir les accidents et assurer le maintien de la tranquillité et du bon ordre, tant au dedans qu'au dehors.

9 fructidor an IX (27 août 1801).

Arrêté qui proroge pour l'an X les droits établis sur les spectacles en faveur des indigents.

(cɪv.) Les dispositions de l'art 2 de la loi du 21 vendémiaire an IX (1), relative à la prorogation, pour l'an X, des contributions directes et indirectes de l'an IX, sont applicables aux droits établis sur les spectacles, bals, concerts,

---

(1) Loi du 21 ventose an IX, art. 2 : « Les autres contributions directes et indirectes sont fixées, pour l'an X, comme pour l'an IX. »

courses, exercices de chevaux et autres fêtes publiques; en conséquence, l'arrêté du 7 fructidor an VIII continuera de recevoir son exécution pour l'exercice de l'an X.

18 thermidor an X (6 août 1802).

Arrêté relatif à la prorogation, pour l'an XI, des droits sur les spectacles en faveur des indigents.

(cv.) Les dispositions de la loi du 14 floréal dernier (1), relatives à la prorogation pour l'an XI, des contributions indirectes de l'an X, sont applicables aux droits établis sur les spectacles, bals, concerts, courses, exercices de chevaux et autres fêtes publiques; en conséquence, l'arrêté du 9 fructidor an IX continuera de recevoir son exécution pour l'exercice de l'an XI.

10 thermidor an XI (29 juillet 1803).

Arrêté qui proroge pour l'an XII les droits à percevoir sur les spectacles, bals, concerts, etc.

(cvi.) Art. 1. Les dispositions de la loi du 4 germinal an XI (2), relatives à la prorogation pour l'an XII des contributions indirectes de l'an XI, sont applicables aux droits établis, en faveur des pauvres et des hospices, sur les spectacles, bals, concerts, feux d'artifice, courses, exercices de chevaux et autres fêtes publiques; en conséquence, l'arrêté du 18 thermidor an X, ensemble les instructions y relatives, continueront de recevoir leur exécution pour l'an XII.

(cvii.) Art. 2. Les établissements connus sous la dénomination de *Panorama* et de *Théâtre pittoresque et mécanique*, sont assimilés aux spectacles pour la quotité du droit à percevoir.

(1) Loi du 14 floréal an X, art. 1 : « Les contributions indirectes perçues en l'an X sont prorogées pour l'an XI. »

(2) La loi du 4-14 germinal an XI (25 mars 1803) est relative aux crédits ouverts pour les dépenses des années V, VI et suivantes, et à la fixation des contributions de l'an XII. L'art. 22 est ainsi conçu: « Les patentes et les contributions indirectes perçues en l'an XI seront prorogées pour l'an XII. »

(cviii.) Art. 3. Les contestations qui pourront s'élever dans l'exécution ou l'interprétation du présent arrêté seront décidées par les préfets, en conseil de préfecture, sur l'avis motivé des comités consultatifs établis en exécution de l'arrêté du 7 messidor an IX, dans chaque arrondissement communal, pour le contentieux de l'administration des pauvres et des hospices, sauf, en cas de réclamation, le recours au gouvernement.

30 thermidor an XII (18 août 1804).

(cix.) Décret qui proroge pour l'an XIII la perception des droits établis sur les spectacles, etc.

1er germinal an XIII (22 mars 1805).

Décret sur les droits des propriétaires d'ouvrages posthumes.

NAPOLÉON, etc. Vu les lois sur les propriétés littéraires, considérant qu'elles déclarent propriétés publiques les ouvrages des auteurs morts depuis plus de dix ans;

Que les dépositaires, acquéreurs, héritiers ou propriétaires des ouvrages posthumes d'auteurs morts depuis plus de dix ans, hésitent à publier ces ouvrages, dans la crainte de s'en voir contester la propriété exclusive, et dans l'incertitude de la durée de cette propriété;

Que l'ouvrage inédit est comme l'ouvrage qui n'existe pas, et que celui qui le publie a les droits de l'auteur décédé, et doit en jouir pendant sa vie;

Que cependant, s'il réimprimait en même temps, et dans une seule édition, avec les œuvres posthumes, les ouvrages déjà publiés du même auteur, il en résulterait en sa faveur une espèce de privilége pour la vente d'ouvrages devenus propriété publique;

Le conseil-d'état entendu :

Décrète :

(cx.) Art. 1. Les propriétaires, par succession ou à autre titre d'un ouvrage posthume, ont les mêmes droits que l'auteur, et les dispositions des lois sur la propriété exclusive des auteurs et sur sa durée leur sont applicables, toutefois à la charge d'imprimer séparément les œuvres posthumes, et sans les joindre à une nouvelle édition des ouvrages déjà publiés et devenus propriété publique.

8 fructidor an XIII (26 août 1805).

Décret qui proroge pour l'an XIV la perception des droits sur les billets d'entrée et d'abonnement aux spectacles.

(cxi.) Art. 1. La perception des droits établis par les lois sur les billets d'entrée et d'abonnement dans les spectacles, et sur la recette des bals, concerts, feux d'artifice, courses, exercices de chevaux et autres fêtes où l'on entre en payant, est prorogée pour l'exercice de l'an XIV.

(cxii.) 2. Les poursuites à faire pour assurer le recouvrement des droits ci-dessus mentionnés seront désormais dirigées suivant le mode fixé par l'arrêté du 16 thermidor an VIII, et autres lois et réglements relatifs au recouvrement des contributions directes et indirectes.

(cxiii.) 3. Les décisions rendues par les conseils de préfecture, dans les cas prévus par l'art. 3 de l'arrêté du 10 thermidor an XI, seront, au surplus, exécutées provisoirement, et sauf le recours au gouvernement réservé par cet article.

17 frimaire an XIV (8 décembre 1805).

Décret sur la police des théâtres.

(cxiv.) Art. 1. Les commissaires généraux de police sont chargés de la police des théâtres, seulement en ce qui concerne les ouvrages qui y sont représentés.

(cxv.) 2. Les maires sont chargés, sous tous les autres rapports, de la police des théâtres et du maintien de l'ordre et de la sûreté.

Décret du 8 juin 1806.

TITRE I. — Des théâtres de la capitale.

(cxvi.) Art. 1. Aucun théâtre ne pourra s'établir dans la capitale sans notre autorisation spéciale, sur le rapport qui nous en sera fait par notre ministre de l'intérieur.

(cxvii.) 2. Tout entrepreneur qui voudra obtenir cette autorisation sera tenu de faire la déclaration prescrite par la loi, et de justifier, devant notre ministre de l'intérieur, des moyens qu'il aura pour assurer l'exécution de ses engagements.

(cxviii.) 3. Le théâtre dit *de Louvois* sera placé à l'*Odéon* aussitôt que les réparations seront achevées.

Les entrepreneurs du *théâtre Montansier*, d'ici au 1er janvier 1807, établiront leur théâtre dans un autre local.

(cxix.) 4. Les répertoires de l'*Opéra*, de la *Comédie-Française* et de l'*Opéra-Comique*, seront arrêtés par le ministre de l'intérieur, et nul autre théâtre ne pourra représenter à Paris des pièces comprises dans les répertoires de ces grands théâtres, sans leur autorisation, et sans leur payer une rétribution qui sera réglée de gré à gré, et avec l'autorisation du ministre.

(cxx.) 5. Le ministre de l'intérieur pourra assigner à chaque théâtre un genre de spectacle, dans lequel il sera tenu de se renfermer.

6. L'*Opéra* pourra seul donner des ballets ayant les caractères qui sont propres à ce théâtre, et qui seront déterminés par le ministre de l'intérieur.

Il sera le seul théâtre qui pourra donner des bals masqués.

TITRE II. — Théâtres des départements.

(cxxi.) 7. Dans les grandes villes de l'empire, les théâtres seront réduits au nombre de deux. Dans les autres villes, il n'en pourra subsister qu'un. Tous devront être munis de l'autorisation du préfet, qui rendra compte de leur situation au ministre de l'intérieur.

(cxxii.) 8. Aucune troupe ambulante ne pourra subsister sans l'autorisation des ministres de l'intérieur et de la police. Le ministre de l'intérieur désignera les arrondissements qui leur seront destinés, et en préviendra les préfets.

(cxxiii.) 9. Dans chaque chef-lieu de département, le

théâtre principal jouira seul du droit de donner des bals masqués.

TITRE III. — Des auteurs.

(cxxiv.) 10. Les auteurs et les entrepreneurs seront libres de déterminer entre eux, par des conventions mutuelles, les rétributions dues aux premiers, par somme fixe ou autrement.

(cxxv.) 11. Les autorités locales veilleront strictement à l'exécution de ces conventions.

(cxxvi.) 12. Les propriétaires d'ouvrages dramatiques posthumes ont les mêmes droits que l'auteur, et les dispositions sur la propriété des auteurs et sa durée leur sont applicables, ainsi qu'il est dit au décret du 1er germinal an XIII.

TITRE IV. — Dispositions générales.

(cxxvii.) 13. Tout entrepreneur qui aura fait faillite ne pourra plus rouvrir de théâtre.

(cxxviii.) 14. Aucune pièce ne pourra être jouée sans l'autorisation du ministre de la police.

(cxxix.) 15. Les spectacles de curiosités seront soumis à des réglements particuliers, et ne porteront plus le titre de théâtres.

21 août 1806.

Décret qui proroge pour l'année 1807 la perception des droits
sur les spectacles.

(cxxx.) Art. 1. Les administrations charitables des pauvres et des hospices sont autorisées à percevoir, comme par le passé, pendant le cours de l'année 1807 et des trois mois dix jours antérieurs à ladite année, le droit d'un décime par franc en sus du prix de chaque billet d'entrée et d'abonnement dans tous les spectacles où il se donne des pièces de théâtre.

(cxxxi.) 2. Les administrations de charité sont pareillement autorisées à percevoir, pendant le même espace de temps, le droit d'un quart de la recette brute pour les bals,

les feux d'artifices, les concerts, les courses, les exercices de
chevaux, et généralement pour toutes danses et fêtes publiques où l'on est admis en payant les rétributions exigées, ou
par la voie des cachets, ou par abonnement.

(cxxxii.) 5. Les dispositions de l'arrêté du 10 thermidor
an XI, en ce qui concerne la perception des droits mentionnés
aux articles qui précèdent, et les contestations auxquelles les
recettes et les droits à percevoir pourraient donner lieu, ensemble les articles 2 et 3 du décret du 8 fructidor au XIII,
continueront de recevoir leur exécution.

25 avril 1807.

Réglement pour les théâtres.

Le ministre de l'intérieur, en exécution du décret du 8 juin
1806, relatif aux théâtres, arrête ce qui suit :

TITRE I. — Des théâtres de Paris.

(cxxxiii.) Art. 1. Les théâtres dont les noms suivent sont
considérés comme *grands théâtres*, et jouiront des prérogatives attachées à ce titre par le décret du 8 juin 1806 :

1° Le *Théâtre-Français*.

Ce théâtre est spécialement consacré à la *tragédie* et à la
comédie.

Son répertoire est composé 1° de toutes les pièces (tragédies, comédies et drames) jouées sur l'ancien théâtre de l'hôtel de Bourgogne, sur celui que dirigeait *Molière*, et sur le
théâtre qui s'est formé de la réunion de ces deux établissements, et qui a existé sous diverses dénominations jusqu'à ce
jour ; 2° des comédies jouées sur les théâtres dits *Italiens*,
jusqu'à l'établissement de l'*Opéra-Comique*.

L'*Odéon* sera considéré comme une annexe du Théâtre
Français, pour la comédie seulement.

Son répertoire contient : 1° les comédies et drames spécialement composés pour ce théâtre ; 2° les comédies jouées sur
les théâtres dits *Italiens*, jusqu'à l'établissement de l'*Opéra-*

Comique : ces dernières pourront être représentées par l'*O-déon* concurremment avec le *Théâtre-Français.*

2° Le *théâtre de l'Opéra.*

Ce théâtre est spécialement consacré au chant et à la danse : son répertoire est composé de tous les ouvrages, tant opéras que ballets, qui ont paru depuis son établissement en 1646.

1° Il peut seul représenter les pièces qui sont entièrement en musique et les ballets du genre noble et gracieux : tels sont tous ceux dont les sujets ont été puisés dans la mythologie ou dans l'histoire, et dont les principaux personnages sont des dieux, des rois ou des héros.

2° Il pourra aussi donner (mais non exclusivement à tout autre théâtre) des ballets représentant des scènes champêtres ou des actions ordinaires de la vie.

3° Le *théâtre de l'Opéra-Comique.*

Ce théâtre est spécialement destiné à la représentation de toute espèce de comédies ou drames mêlés de couplets, d'ariettes et de morceaux d'ensemble.

Son répertoire est composé de toutes les pièces jouées sur le théâtre de l'*Opéra-Comique* avant et après sa réunion à la *Comédie-Italienne,* pourvu que le dialogue de ces pièces soit coupé par du chant.

L'*Opéra-Buffa* doit être considéré comme une annexe de l'*Opéra-Comique.* Il ne peut représenter que des pièces écrites en italien.

(cxxxiv.) 2. Aucun des airs, romances et morceaux de musique qui auront été exécutés sur les théâtres de l'*Opéra* et de l'*Opéra-Comique,* ne pourra, sans l'autorisation des auteurs ou propriétaires, être transporté sur un autre théâtre de la capitale, même avec des modifications dans les accompagnements, que cinq ans après la première représentation de l'ouvrage dont ces morceaux font partie.

(cxxxv.) 3. Seront considérés comme *théâtres secondaires :*

1° Le *théâtre du Vaudeville.*

Son répertoire ne doit contenir que de petites pièces mêlées de couplets, sur des airs connus, et des parodies.

2° Le *théâtre des Variétés, boulevart Montmartre.*

Son répertoire est composé de petites pièces dans le genre *grivois, poissard* ou *villageois,* quelquefois mêlées de couplets également sur des airs connus.

3° Le *théâtre de la porte Saint-Martin.*

Il est spécialement destiné au genre appelé *mélodrame,* aux pièces à grand spectacle. Mais dans les pièces du répertoire de ce théâtre, comme dans toutes les pièces des théâtres secondaires, on ne pourra employer pour les morceaux de chant que des airs connus.

On ne pourra donner sur ce théâtre des ballets dans le genre historique et noble; ce genre, tel qu'il est indiqué plus haut, étant exclusivement réservé au grand *Opéra.*

4° Le *théâtre de la Gaîté.*

Il est spécialement destiné aux *pantomimes* de tous genres, mais sans ballets; aux *arlequinades* et autres *farces* dans le goût de celles données autrefois par *Nicolet* sur ce théâtre.

5° Le *théâtre des Variétés étrangères.*

Le répertoire de ce théâtre ne pourra être composé que de pièces traduites des *théâtres étrangers.*

(cxxxvi.) 4. Les autres théâtres actuellement existant à Paris, autorisés par la police antérieurement au décret du 8 juin 1806, seront considérés comme annexes ou doubles des *théâtres secondaires :* chacun des directeurs de ces établissements est tenu de choisir, parmi les genres qui appartiennent aux théâtres secondaires, le genre qui paraîtra convenir à son théâtre.

Ils pourront jouer, ainsi que les théâtres secondaires, quelques pièces des répertoires des grands théâtres, mais seulement avec l'autorisation des administrations de ces spectacles, et après qu'une rétribution due aux grands théâtres aura été réglée de gré à gré, conformément à l'article 4 du décret du 8 juin, et autorisée par le ministre de l'intérieur.

(cxxxvii.) 5. Aucun des théâtres de Paris ne pourra jouer des pièces qui sortiraient du genre qui lui a été assigné.

Mais lorsqu'une pièce aura été refusée à l'un des trois

grands théâtres, elle pourra être jouée sur l'un ou l'autre des théâtres de Paris, pourvu toutefois que la pièce se rapproche du genre assigné à ce théâtre.

(cxxxviii.) 6. Lorsque les directeurs et entrepreneurs de spectacles voudront s'assurer que les pièces qu'ils ont reçues ne sortent point du genre de celles qu'ils sont autorisés à représenter, et éviter l'interdiction inattendue d'une pièce dont la mise en scène aurait pu leur occasionner des frais, ils pourront déposer un exemplaire de ces pièces dans les bureaux du ministère de l'intérieur.

Lorsqu'une pièce ne paraîtra pas être du genre qui convient au théâtre qui l'aura reçue, les entrepreneurs ou directeurs de ce théâtre en seront prévenus par le ministre.

L'examen des pièces dans les bureaux du ministère de l'intérieur, et l'approbation donnée à leur représentation, ne dispenseront nullement les directeurs de recourir au ministère de la police, où les pièces doivent être examinées sous d'autres rapports.

(cxxxix.) 7. Pour que les théâtres n'aient pas à souffrir de cette détermination et distribution de genres, le ministre leur permet de conserver en entier leurs anciens répertoires, quand même il s'y trouverait quelques pièces qui ne fussent pas du genre qui leur est assigné; mais ces anciens répertoires devront rester rigoureusement tels qu'ils ont été déposés dans les bureaux du ministère de l'intérieur, et arrêtés par le ministre.

Par cet article, toutefois, il n'est nullement contrevenu à l'article 4 du décret du 8 juin, qui ne permet à aucun théâtre de Paris de jouer les pièces des grands théâtres sans leur payer une rétribution.

TITRE II. — Répertoires des théâtres dans les départements.

(cxl.) 8. Dans les départements, les troupes *permanentes* ou *ambulantes* pourront jouer soit les pièces des répertoires des grands théâtres, soit celles des théâtres secondaires et de leurs doubles (sauf les droits des auteurs ou des propriétaires de ces pièces).

(CXLI.) 9. Dans les villes où il y a deux théâtres, le *principal théâtre* jouira spécialement du droit de représenter les pièces comprises dans les répertoires des grands théâtres ; il pourra aussi, mais avec l'autorisation du préfet, choisir et jouer quelques pièces des théâtres secondaires, sans que pour cela l'autre théâtre soit privé du droit de jouer ces mêmes pièces.

Le *second théâtre* jouira spécialement du droit de représenter les pièces des répertoires des théâtres secondaires ; il ne pourra jouer les pièces des trois grands théâtres que dans les suppositions suivantes :

1° Si les auteurs mêmes lui ont vendu ou donné leurs pièces ;

2° Si le premier théâtre n'a point joué telle ou telle pièce depuis plus d'un an, à compter du jour de sa première représentation à Paris sur un des grands théâtres : dans ce cas, le second théâtre pourra jouer cette pièce pendant une année entière, et même plus long-temps, si pendant le cours de cette année la pièce n'a point été représentée par le principal théâtre.

Au reste, le préfet, dans les villes où il y a deux théâtres, peut en outre autoriser le second théâtre à représenter des pièces des grands répertoires, toutes les fois qu'il le jugera convenable.

Lorsque le second théâtre, dans ces villes, sera préparé à la représentation d'une pièce du genre de celles qui forment son répertoire, le grand théâtre ne pourra empêcher ni retarder cette représentation sous aucun prétexte, et quand même il prouverait qu'il a obtenu du préfet l'autorisation de jouer la même pièce.

TITRE III. — Désignation des arrondissements destinés aux troupes de comédiens ambulants.

(CXLII.) 10. Les villes qui ne peuvent avoir de spectacle

que pendant une partie de l'année ont été classées de manière à former vingt-cinq *arrondissements*.

Le tableau de ces arrondissements, et celui du nombre de troupes qui paraîtrait nécessaire pour chacun d'eux, sont joints au présent réglement.

.(CXLIII.) 11. Aucun entrepreneur de spectacles ne pourra envoyer de troupes ambulantes dans l'un ou l'autre de ces arrondissements, 1° s'il n'y a été formellement autorisé par le ministre de l'intérieur, devant lequel il devra faire preuve des moyens qu'il peut avoir de remplir ses engagements; 2° s'il n'est, en outre, muni de l'approbation du ministre de la police générale.

(CXLIV.) 12. Les entrepreneurs de spectacles qui se présenteront pour tel ou tel arrondissement devront, *avant le* 1er *août prochain*, et dans les années subséquentes toujours avant la même époque :

1° Désigner le nombre de sujets dont seront composées la troupe ou les troupes qu'ils se proposent d'employer ;

2° Indiquer à quelle époque leurs troupes se rendront, et combien de temps ils s'engageront à les faire rester dans chaque ville de l'arrondissement postulé par eux.

(CXLV.) 13. Chaque autorisation ne sera accordée que pour trois années au plus. Les conditions auxquelles ces concessions seront faites seront communiquées aux préfets, qui en surveilleront l'exécution.

L'inexécution de ces conditions sera dénoncée au ministre par les préfets, et punie par la révocation des autorisations, et, s'il y a lieu, par des indemnités qui seront versées dans la caisse des pauvres.

(CXLVI.) 14. Des doubles de chacune des autorisations accordées aux entrepreneurs de spectacles par le ministre de l'intérieur, seront envoyés au ministre de la police générale, pour qu'il donne de son côté à ces entrepreneurs une approbation particulière, s'il n'y trouve aucun inconvénient. Il lui sera donné connaissance de toutes les mutations qui pourront survenir parmi les entrepreneurs de spectacles.

(cxlvii.) 15. Dans les villes où un théâtre peut subsister pendant toute l'année, l'autorisation d'y établir une troupe sera accordée par les préfets, conformément à l'art. 7 du décret du 8 juin. Ce seront également les préfets qui accorderont ces autorisations dans les villes où il y a deux théâtres.

(cxlviii.) 16. Les autorisations pour les troupes ambulantes seront délivrées aux entrepreneurs de spectacles dans le courant de l'année 1807. La nouvelle organisation des spectacles en cette partie devra être en pleine activité au renouvellement de *l'année théâtrale* (en avril 1808). En attendant, les préfets sont autorisés à suivre, à l'égard des troupes ambulantes, les dispositions qui ont été en vigueur jusqu'à ce jour, s'ils n'y ont déjà dérogé.

TITRE IV. — Dispositions générales.

(cxlix.) 17. Les spectacles n'étant point au nombre des jeux publics auxquels assistent les fonctionnaires en leur qualité, mais des amusements préparés et dirigés par des particuliers qui ont spéculé sur le bénéfice qu'ils doivent en retirer, personne n'a le droit de jouir gratuitement d'un amusement que l'entrepreneur vend à tout le monde. Les autorités n'exigeront donc d'entrées gratuites des entrepreneurs que pour le nombre d'individus jugé indispensable pour le maintien de l'ordre et de la sûreté publique.

(cl.) 18. Il est fait défense aux entrepreneurs, directeurs ou régisseurs de spectacles et concerts, d'engager aucun élève des écoles de chant ou de déclamation du Conservatoire, sans l'autorisation spéciale du ministre de l'intérieur.

(cli.) 19. L'autorité chargée de la police des spectacles prononcera provisoirement sur toutes les contestations, soit entre les directeurs et les acteurs, soit entre les directeurs et les auteurs ou leurs agents, qui tendraient à interrompre le cours ordinaire des représentations; et la décision provisoire pourra être exécutée, nonobstant le recours vers l'autorité à laquelle il appartiendra de juger le fond de la contestation.

Fait à Paris, le 25 avril 1807.

Le ministre de l'intérieur, CHAMPAGNY.

29 juillet 1807.

Décret sur les théâtres.

Au palais de Saint-Cloud, etc.

TITRE I. — Dispositions générales.

(CLII.) Art. 1. Aucune représentation à bénéfice ne pourra avoir lieu que sur le théâtre même dont l'administration ou les entrepreneurs auront accordé le bénéfice de ladite représentation. Les acteurs des grands théâtres de Paris ne pourront jamais paraître, dans ces représentations, que sur le théâtre auquel ils appartiennent.

(CLIII.) 2. Les préfets, sous-préfets et maires sont tenus de ne pas souffrir que, sous aucun prétexte, les acteurs des quatre grands théâtres de la capitale, qui auront obtenu un congé pour aller dans les départements, y prolongent leur séjour au-delà du temps fixé par le congé; en cas de contravention, les directeurs des spectacles seront condamnés à verser à la caisse des pauvres le montant de la recette des représentations qui auront eu lieu après l'expiration du congé.

(CLIV.) 3. Aucune nouvelle salle de spectacle ne pourra être construite; aucun déplacement d'une troupe d'une salle dans une autre ne pourra avoir lieu, dans notre bonne ville de Paris, sans une autorisation donnée par nous, sur le rapport de notre ministre de l'intérieur.

TITRE II. — Du nombre des théâtres, et des règles auxquelles ils sont assujettis.

(CLV.) 4. Le *maximum* du nombre des théâtres de notre bonne ville de Paris est fixé à huit; en conséquence, sont seuls autorisés à ouvrir, afficher et représenter, indépendam-

24

ment des quatre grands théâtres mentionnés en l'art. 1er du réglement de notre ministre de l'intérieur, en date du 25 avril dernier, les entrepreneurs ou administrateurs des quatre théâtres suivants :

1° Le théâtre de la *Gaîté*, établi en 1760; celui de l'*Ambigu-Comique,* établi en 1772, boulevart du temple; lesquels joueront concurremment des pièces du même genre désignées aux paragraphes 3 et 4 de l'art. 3 du réglement de notre ministre de l'intérieur.

2° Le théâtre des *Variétés,* boulevart Montmartre, établi en 1777, et le théâtre du *Vaudeville,* établi en 1792; lesquels joueront concurremment des pièces du même genre désignées aux paragraphes 1 et 2 de l'art. 3 du réglement de notre ministre de l'intérieur.

(CLVI.) 5. Tous les théâtres non autorisés par l'article précédent seront fermés avant le 15 août. En conséquence, on ne pourra représenter aucune pièce sur d'autres théâtres dans notre bonne ville de Paris, que ceux ci-dessus désignés, sous aucun prétexte, ni y admettre le public, même gratuitement, faire aucune affiche, distribuer aucun billet imprimé ou à la main, sous les peines portées par les lois et réglements de police.

(CLVII). 6. Le réglement susdaté, fait par notre ministre de l'intérieur, est approuvé, pour être exécuté dans toutes les dispositions auxquelles il n'est pas dérogé par notre présent décret.

1er novembre 1807.

Surintendance des grands théâtres. — Décret daté de Fontainebleau.

(CLVIII.) Art. 1. Un officier de notre maison sera chargé de la surintendance des quatre grands théâtres de la capitale, sous le titre de surintendant des spectacles.

(CLIX.) 2. Les sociétaires du *Théâtre-Français,* du théâtre *Feydeau,* et du théâtre de l'*Odéon,* ne pourront faire aucun changement à leurs statuts actuels qu'avec son autorisation.

(CLX.) 3. Il prononcera sur toutes les difficultés qui viendraient à s'élever relativement à l'admission définitive des nouveaux sujets.

(CLXI.) 4. Les pensions, retraites, gratifications, seront accordées sur sa proposition.

(CLXII.) 5. Les répertoires proposés par les comités ou conseils des théâtres seront soumis à son approbation.

(CLXIII.) 6. Le budget des dépenses de chaque théâtre lui sera soumis tous les ans avant le 1er décembre, pour être présenté à notre approbation.

Les comptables de chaque théâtre rendront leurs comptes de l'année précédente, au plus tard, au mois de février de l'année suivante ; ces comptes seront présentés au surintendant.

(CLXIV.) 7. Toute transaction qui viendrait à être passée par les théâtres ou par les agents pour eux, devra être approuvée par le surintendant.

De la discipline.

(CLXV.) 8. Aucun des sujets des grands spectacles ne pourra quitter l'un ou l'autre de ces théâtres, sans la permission du surintendant.

(CLXVI.) 9. Lorsqu'un sujet, ayant dix ans de service, aura réitéré pendant une année la demande de sa retraite, et qu'il déclarera qu'il est dans l'intention de ne plus jouer sur aucun théâtre, ni français ni étranger, sa retraite ne pourra lui être refusée.

(CLXVII.) 10. Aucun sujet ne pourra s'absenter sans un congé du surintendant, qui ne pourra en accorder ni depuis le 1er décembre jusqu'au 1er mai, ni pour plus de deux mois.

(CLXVIII.) 11. La police, sur le personnel des théâtres, sera exercée à l'*Académie de musique* par le directeur, et dans les autres théâtres par les personnes qui en ont été chargées jusqu'à ce jour.

(CLXIX.) 12. Tout sujet qui aura fait manquer le service, soit en refusant, sans excuses jugées valables, de remplir un

24.

rôle dans son emploi, soit en ne se trouvant pas présent au moment indiqué pour son service, soit enfin par toute autre faute d'insubordination quelconque envers ses supérieurs, pourra être condamné, suivant la gravité des cas, ou à une amende, ou aux arrêts.

(CLXX.) 13. Les sujets qui seront mis aux arrêts ne pourront être conduits dans la maison de l'Abbaye que sur l'autorisation du surintendant.

(CLXXI.) 14. La durée des arrêts ne pourra être prolongée au-delà de huit jours, sans qu'il nous en soit rendu compte.

(CLXXII.) 15. Tant que dureront les arrêts, tous appointements et toute part quelconque dans les produits du spectacle cesseront de courir au profit de celui qui sera détenu.

De l'administration de l'Académie de Musique.

(CLXXIII.) 16 L'administration de l'*Académie de musique* sera composée d'un directeur, d'un administrateur comptable, et d'un inspecteur nommé par nous.

Il y aura un secrétaire général également nommé par nous.

Ils prêteront, entre les mains de notre ministre de l'intérieur, le serment de remplir avec fidélité leurs fonctions.

(CLXXIV.) 17. Le directeur sera chargé en chef de tout ce qui concerne l'administration et la direction. Il est le principal responsable, et le supérieur immédiat de tous les artistes; il nomme à tous les emplois et il donne les mandats pour tous les paiements.

(CLXXV.) 18. L'administrateur comptable sera subordonné au directeur pour tout ce qui concerne l'exercice de ses fonctions, à l'exception néanmoins de ce qui regarde le budget, dont il est le gardien, et dont il ne peut dépasser les articles sans compromettre sa responsabilité personnelle, sauf à faire insérer ses observations au procès-verbal du conseil d'administration, dont il est parlé ci-après.

(CLXXVI.) 19. Il y aura un conseil d'administration, présidé par le directeur, et composé de l'administrateur comptable, de l'inspecteur, et de trois sujets de notre *Académie de musique,* les plus méritants par leur probité, leurs talents et leur esprit de conciliation, et désignés chaque année par le surintendant.

Le secrétaire-général de l'administration tiendra la plume.

Ce conseil se réunira au moins une fois par semaine : le directeur pourra le convoquer, lorsqu'il le jugera convenable.

CLXXVII.) 20. Les membres de ce conseil n'auront que voix consultative, la décision appartenant dans tous les cas au directeur. Mais chaque membre pourra faire ses observations, soit sur la police du théâtre, soit sur le choix des pièces, soit sur les abus qu'il croirait apercevoir dans la manutention des magasins ou dans la dépense, soit sur les moyens d'accroître les recettes et d'ajouter à l'éclat du spectacle.

Le secrétaire-général sera tenu d'insérer ces observations au procès-verbal, qui sera remis par le directeur au surintendant : le directeur pourra y joindre ses observations particulières.

(CLXXVIII.) 21. Le budget des dépenses de chaque année, et les états à l'appui, seront rédigés au conseil d'administration, et présentés au surintendant avant le premier décembre, avec les observations soit des membres du conseil, soit du directeur.

(CLXXIX.) 22. Tous les marchés seront portés à la connaissance du conseil d'administration.

(CLXXX.) 23. Le répertoire sera arrêté au conseil d'administration les 14 et 30 de chaque mois, pour la quinzaine suivante.

S'il résulte du procès-verbal qui sera adressé au surintendant des différences d'opinions sur la composition du répertoire, le surintendant pourra statuer définitivement.

(CLXXXI.) 24. Lorsque les pièces ou ballets nouveaux auront été admis par le jury, le devis de la dépense sera arrêté au conseil d'administration et présenté à notre approbation par le surintendant.

Il en sera de même pour les ouvrages qui seront remis au théâtre.

Le machiniste sera admis à la séance du conseil et interpellé de déclarer, sur sa responsabilité, si les décorations existantes en magasin peuvent ou ne peuvent point être employées, ou ne peuvent servir qu'en tel nombre, pour la pièce nouvelle ou remise.

(CLXXXII.) 25. Il sera nommé tous les ans une commission de notre conseil-d'état pour recevoir les comptes de l'*Opéra*, et s'assurer que les budgets, devis et réglements ont été exécutés.

Cette commission se fera remettre tous les six mois les états de recettes et de dépenses, et fera l'inspection de toutes les parties du service.

Dispositions générales.

(CLXXXIII.) 26. Toutes les réserves de loges, entrées de faveur ou de bienveillance, billets *gratis* et facilités semblables sont supprimés dans les quatre grands théâtres, sauf les entrées personnelles des auteurs, et l'exécution du concordat en vertu duquel les sujets des grands théâtres ont respectivement leurs entrées dans des proportions déterminées entre eux.

(CLXXXIV.) 27. Le surintendant fera les réglements d'administration intérieure qu'il jugera nécessaires. Les réglements qui concerneront les bases de l'association dans les théâtres organisés en société, seront soumis à notre approbation.

(CLXXXV.) 28. Les décrets et réglements rendus jusqu'à ce jour pour l'administration des grands théâtres, sont maintenus en tout ce qui n'est pas contraire aux dispositions ci-dessus.

2 novembre 1807.

Décret sur les droits au profit des pauvres.

Au palais de Fontainebleau.

(CLXXXVI.) Art. 1. Conformément à l'art. 14 du titre 4 de la loi du 15 septembre 1807, le droit d'un décime par franc en sus du prix des billets d'entrée et d'abonnement dans les spectacles où se donnent des pièces de théâtre, ainsi que le droit du quart de la recette brute des bals, feux d'artifice, concerts, courses et exercices de chevaux, et généralement de toutes les danses et fêtes publiques où l'on n'est admis qu'en payant les rétributions exigées, ou par voie de cachets, ou par billets ou par abonnement, seront perçus en 1808 dans les formes et d'après les dispositions réglées par les décrets antérieurs.

(CLXXXVII.) 2. A l'avenir et à compter de l'an 1808, le conseiller-d'état préfet de police ne délivrera aucune permission à danser dans les établissements connus sous le titre de guinguettes, qu'à la charge de verser comptant dans la caisse des pauvres et des hospices de la ville de Paris, pour tenir lieu du quart de la recette qu'il sont tenus de payer, en faveur des pauvres, une rétribution qu'il fixera dans la proportion des abonnements consentis par quelques uns de ces établissements dans le cours des années précédentes.

12 novembre 1807.

Arrêté du ministre de l'intérieur, en interprétation du décret du 29 juillet 1807.

(CLXXXVIII.) Art. 1. L'art. 5 du décret du 8 juin dernier n'est applicable aux cafés, guinguettes et autres lieux publics de ce genre, qu'autant qu'il y aurait de véritables théâtres élevés dans ces lieux, et qu'on y jouerait des pièces dont l'action serait suivie, occuperait plusieurs scènes, et exigerait plusieurs interlocuteurs.

(CLXXXIX.) 2. En conséquence, les propriétaires de cafés, guinguettes et autres lieux publics, dans lesquels on était en usage de faire chanter un ou deux personnages dans un orchestre, et d'introduire un mime qui jouait, seul ou avec un interlocuteur au plus, de petites scènes séparées, sont autorisés à continuer de donner ce genre de spectacle, qui ne peut être , d'ailleurs , annoncé sur aucune affiche ; pas même dans l'intérieur de l'établissement.

Fait à Paris , le 12 novembre 1807.

Le ministre , signé CRÉTET.

26 novembre 1808.

Décret sur les droits au profit des pauvres.

Au camp impérial d'Aranda de Duero.

Sur le rapport de notre ministre de l'intérieur, nous avons décrété et décrétons ce qui suit :

(cxc.) Art. 1. Les dispositions du décret rendu par nous le 2 novembre de l'an 1807. pour la perception, en 1808 ; des droits d'un décime par franc , en sus des billets d'entrée et d'abonnement dans les spectacles où se donnent des pièces de théâtre, ainsi que le quart de la recette brute des bals , feux d'artifices . concerts, courses et exercices de chevaux , et généralement de toutes les danses et fêtes publiques où l'on n'est admis qu'en payant les rétributions exigées ou par la voie des cachets . ou par billets , ou par .abonnement , continueront de recevoir leur exécution en 1809.

(cxci.) 2. Les bals et concerts de réunion et de société , où l'on n'entre que par abonnement , ne seront exceptés de la perception qu'autant qu'il sera constant que l'abonnement n'est point public , qu'ils ne sont point la chose d'un entrepreneur , et qu'il n'entre dans ces réunions aucun objet de spéculation de la part des sociétaires ou des abonnés.

(cxcii.) 3. Toutes les contestations qui pourraient au surplus s'élever sur la perception des droits , seront décidées dans les formes prescrites par nos décrets des 10 thermidor an II et 8 fructidor an XIII.

9 décembre 1809.

Décret relatif aux droits des pauvres sur les spectacles.

(cxciii.) Art. 1. Les droits qui ont été perçus jusqu'à ce jour en faveur des pauvres ou des hospices , en sus de chaque billet d'entrée et d'abonnement dans les *spectacles,* et sur la recette brute des *bals , concerts , danses et fêtes publiques,* continueront à être indéfiniment perçus, ainsi qu'ils l'ont été pendant le cours de cette année et des années antérieures, sous la responsabilité des receveurs et contrôleurs de ces établissements.

(cxciv.) 2. La perception de ces droits continuera, pour Paris, d'être mise en ferme ou régie intéressée, d'après les formes, clauses, charges et conditions qui en seront approuvées par notre ministre de l'intérieur. En cas de régie intéressée, le receveur comptable de ces établissements, et le contrôleur des recettes et dépenses seront spécialement chargés du contrôle de la régie, sous l'autorité de la commission exécutive des hospices, et sous la surveillance du préfet de la Seine.

(cxcv.) 5. Dans le cas où la régie intéressée jugerait utile de souscrire des abonnements, ils ne pourront avoir lieu qu'avec notre approbation, en conseil-d'état, comme pour les biens des hospices à mettre en régie ; et cette approbation ne sera donnée que sur l'avis du préfet de la Seine , qui consultera la commission exécutive et le conseil des hospices.

(cxcvi.) 4. Les représentations gratuites et à bénéfice seront, au surplus, exemptées des droits mentionnés aux articles qui précèdent, sur l'augmentation mise au prix ordinaire des billets.

Extrait du décret du 5 février 1810.

TITRE VI. — De la propriété et de sa garantie.

(cxcvii.)Art. 3g. Le droit de propriété est garanti à l'auteur et à sa veuve pendant leur vie, si les conventions matrimoniales de celle-ci lui en donnent le droit, et à leurs enfants pendant 20 ans.

(cxcviii.) 4o. Les auteurs , soit nationaux, soit étrangers, de tout ouvrage imprimé ou gravé, peuvent céder leur droit à un imprimeur ou libraire, ou à toute autre personne, qui est alors substituée à leur lieu et place, pour eux et leurs ayants-cause, comme il est dit à l'article précédent.

19 février 1810.

Extrait du Code pénal.

(cxcix.) Art. 428. Tout directeur, tout entrepreneur de spectacle, toute association d'artistes qui aura fait représenter sur son théâtre des ouvrages dramatiques au mépris des lois et réglements relatifs à la propriété des auteurs, sera puni d'une amende de 50 fr. au moins, de 500 fr. au plus, et de la confiscation des recettes.

(cc.) 429. Dans les cas prévus par les quatre articles précédents, le produit des confiscations, ou les recettes confisquées, seront remis au propriétaire pour l'indemniser d'autant du préjudice qu'il aura souffert; le surplus de son indemnité, ou l'entière indemnité, s'il n'y a eu vente d'objets confisqués, ni saisies de recettes, sera réglé par les voies ordinaires.

Au palais de Fontainebleau, le 2 novembre 1810.

(cci.) Décret impérial qui autorise l'existence d'une association formée à Sedan, département des Ardennes, pour la construction d'une nouvelle salle de spectacle.

A Caen, le 25 mai 1811.

(ccii.) Décret impérial qui maintient et autorise une association formée à Niort, département des Deux-Sèvres, pour la construction, déjà exécutée, d'une nouvelle salle de spectacle dans cette ville.

13 août 1811.

Redevance en faveur de l'Opéra. — Décret.

Sur le rapport de la commission de notre conseil-d'état chargée de l'examen des comptes de l'*Académie de musique;*
Notre conseil-d'état entendu,
Nous avons décrété et décrétons ce qui suit :

SECTION I. — De la quotité du droit et de ceux qui devront l'acquitter.

(cciii.) Art. 1. L'obligation à laquelle étaient assujettis les théâtres du second ordre, les petits théâtres, tous les cabinets de curiosités, machines, figures, animaux; toutes les joutes et jeux, et en général tous les spectacles, de quelque genre qu'ils fussent, tous ceux qui donnaient des bals masqués ou des concerts dans notre bonne ville de Paris, de payer une redevance à notre *Académie de musique,* est rétablie, à compter du 1er septembre prochain.

Les panorama, cosmorama, Tivoli et autres établissements nouveaux, y sont de même assujettis, ainsi que le *Cirque-Olympique,* comme *théâtre* où l'on joue des pantomimes.

Nos théâtres *Français,* de l'*Opéra-Comique,* de l'*Odéon,* sont exceptés de la disposition concernant les théâtres.

(ccıv.) 2. Ne sont pas compris dans l'obligation imposée à ceux qui donnent des bals, tous les bals et danses qui ont lieu hors des murs d'enceinte, ou dans les guinguettes des faubourgs, même dans l'enceinte des murs.

(ccv.) 3. Cette redevance sera, pour les bals, concerts, fêtes champêtres de Tivoli et autres du même genre, du cinquième brut de la recette, déduction faite du droit des pauvres; et pour les théâtres et tous les autres spectacles ou établissements, du vingtième de la recette, sous la même déduction (1).

SECTION II. — De l'abonnement.

(ccvi.) 4. Tous les individus soumis au paiement de la redevance, pourront faire un abonnement avec notre *Académie de musique.*

(ccvii.) 5. La quotité de cet abonnement sera discutée et consentie contradictoirement entre les redevables, d'une part, et le directeur de notre *Académie de musique,* conjointement avec l'administrateur comptable, d'autre part; il ne sera obligatoire qu'après l'approbation de notre surintendant des théâtres.

(ccviii.) 5. Il sera payable par douzième et par mois.

(1) Par un décret de 1813 l'établissement de *Tivoli* a été descendu au dixième au lieu du cinquième brut.

(ccix.) 7 Il aura lieu pour trois ans au plus, pour un an au moins, pour les théâtres; et pour les autres établissements par mois, et même par représentation, ou par jour d'ouverture de fête, bal ou concert.

Du paiement quand il n'y aura pas d'abonnement.

(ccx.) 8. Le paiement, quand il n'y aura pas d'abonnement, se fera par douzième et par mois, pour les théâtres; pour les autres établissements débiteurs, il pourra être exigé par semaine, et même par jour, selon le cas.

(ccxi.) 9. Le directeur de notre *Académie de musique* se concertera avec la régie du droit des pauvres pour rendre commune la surveillance qu'elle exerce, il nommera les employés nécessaires pour assurer la perception et opérer le recouvrement.

En cas de contestation, elle sera portée devant les tribunaux, et jugée sommairement à la chambre du conseil, comme il est dit à l'article suivant (1).

Des poursuites.

(ccxii.) 10. L'administrateur comptable de notre *Académie de musique*, en cas de retard de paiement pour dette non contestée, dressera, sur les états arrêtés par le directeur, une contrainte qui sera rendue exécutoire, s'il y a lieu, par le préfet du département; et, en cas de contestation sur l'exécution, elle sera portée devant nos cours et tribunaux, et jugée, comme affaire sommaire, à la chambre du conseil, sur simples mémoires, nos gens du parquet entendus.

SECTION III. — Dispositions générales.

(ccxiii.) 11. Aucun concert ne sera donné sans que le jour ait été fixé par le surintendant de nos théâtres, après avoir pris l'avis du directeur de notre *Académie de musique*.

(ccxiv.) 12. Toute contravention au présent décret, en

(1) La perception du droit de l'Opéra est faite par le régisseur du droit des pauvres.

ce qui touchera l'ouverture d'un théâtre ou spectacle sans déclaration ou permission, sera poursuivie, devant nos cours et tribunaux, par voie de police correctionnelle, et punie des peines portées par l'article 410 du Code pénal, paragraphe premier.

(ccxv.) 13. Nos procureurs près nos cours et tribunaux sont chargés d'y tenir la main, et de faire, même d'office, toutes les poursuites nécessaires selon le cas.

23 août 1811.

Avis du conseil-d'état sur la question de savoir si les articles 39 et 40 du décret du 5 février 1810 sont applicables aux auteurs dramatiques.

(ccxvi.) Le conseil-d'état, qui, d'après le renvoi ordonné par Sa Majesté, a entendu le rapport de la section de l'intérieur sur celui de ce département, relativement à la question de savoir si les dispositions du décret du 5 février 1810, articles 39 et 40, sont applicables aux auteurs d'ouvrages dramatiques, est d'avis : que le décret n'a rien innové quant aux droits des auteurs des ouvrages dramatiques et des compositions de musique, et que ces droits doivent être réglés conformément aux lois existantes antérieurement audit décret du 5 février.

19 août 1814 ou 15 mai 1815.

Réglement du ministre de l'intérieur sur les théâtres.

(ccxvii.) Art. 1. La France est divisée en vingt-cinq arrondissements de théâtres.

(ccxviii.) 2. Chaque arrondissement comprend un ou plusieurs départements, selon que ceux-ci ont plus ou moins de villes susceptibles d'avoir des spectacles.

(ccxix.) 3. Les arrondissements peuvent avoir deux espèces de directeurs :

Des directeurs de troupes stationnaires pour les villes qui ont des spectacles permanents ;

Des directeurs de troupes ambulantes pour desservir les communes qui ne pourraient avoir un spectacle à l'année.

(ccxx.) 4. Les directeurs de troupes stationnaires sont désignés par les préfets, et nommés par le ministre de l'intérieur.

(ccxxi.) 5.Les directeurs de troupes ambulantes sont choisis par le ministre, d'après les notes qui lui sont directement parvenues ou qui lui ont été remises par les préfets.

(ccxxii.) 6. Les seuls directeurs nommés suivant ces formalités peuvent entretenir des troupes de comédiens.

(ccxxiii.) 7. Tout particulier qui se présente pour avoir une direction, doit faire preuve de ses moyens pour soutenir une entreprise théâtrale.

Les directeurs peuvent être astreints à fournir un cautionnement en immeubles.

(ccxxiv.) 8. Les directions de théâtres permanents sont accordées pour une, deux, trois, ou même un plus grand nombre d'années, selon que le proposent les préfets, et que le ministre le juge convenable.

(ccxxv.) 9. Les directions de troupes ambulantes ne peuvent être accordées que pour trois ans au plus.

(ccxxvi.) 10. Dès qu'un directeur de théâtre a reçu son brevet du ministre de l'intérieur, il doit, avant d'entrer en exercice, aller prendre les ordres du ministre de la police générale, à qui il est fait part de sa nomination.

(ccxxvii.) 11. Tout directeur, dans le mois de sa nomination, et chaque année dans le mois qui précède l'ouverture de la campagne, doit envoyer au ministre de l'intérieur le tableau de ses acteurs et actrices.

Il peut avoir une troupe composée de comédie et d'opéra, ou deux troupes, l'une de comédie, et l'autre d'opéra.

Il ne doit engager ou faire engager aucun acteur que sur le vu d'un congé délivré par le directeur dont cet artiste quitte la troupe, et avoir soin, lui ou son agent, de garder le congé par-devers soi.

(ccxxviii.) 12. Il doit soumettre, tous les ans, son répertoire général au ministre de l'intérieur.

Aucune pièce ne doit, au surplus, être portée par un directeur sur son répertoire, qu'avec l'autorisation du ministre de la police.

(ccxxix.) 13 Le ministre de l'intérieur assigne à chaque théâtre le genre dans lequel il doit se renfermer.

Dans les villes où il n'y a qu'un seul théâtre permanent, et dans les communes desservies par une troupe ambulante, les directeurs peuvent faire jouer les pièces des grands théâtres de Paris et celles des théâtres secondaires.

(ccxxx.) 14. Dans les villes où il y a deux théâtres (et il ne peut y en avoir davantage, excepté à Paris), le *principal théâtre* jouit du droit de représenter les pièces comprises dans le répertoire des grands théâtres de Paris.

Le *second théâtre* jouit du droit de représenter les pièces du répertoire des théâtres secondaires.

Les préfets peuvent, au reste, et lorsqu'ils le jugent à propos, autoriser les directeurs des *principaux théâtres* à donner les pièces du répertoire des théâtres secondaires, et également, en de certains cas, permettre aux *seconds théâtres* de représenter des ouvrages du répertoire des grands théâtres.

(ccxxxi.) 15. Les directeurs des troupes ambulantes soumettent leur itinéraire au ministre, qui l'arrête, après l'avoir modifié, s'il y a lieu, et l'envoie aux préfets, pour que l'ordre, une fois établi, soit maintenu pour le temps de la durée du brevet.

(ccxxxii.) 16. Les directeurs ne peuvent, en aucune manière, avoir de sous-traitants ; ils sont tenus d'être eux-mêmes à la tête de la troupe qui dessert l'arrondissement. Quand ils ont deux troupes, ils conduisent la principale d'entre elles, et choisissent pour la seconde un régisseur dont ils font connaître le nom au ministre, et dont ils répondent.

(ccxxxiii.) 17. Les préfets des départements dans lesquels il y a des théâtres permanents rendent compte, tous les trois mois, de la conduite des directeurs.

Ils rendent compte de la conduite des directeurs de troupes ambulantes, à chaque séjour que celles-ci ont fait dans les villes de leurs départements.

(ccxxxiv.) 18. Aux mêmes époques, les préfets exigent des directeurs, et font passer au ministre de l'intérieur, l'état des recettes et dépenses des troupes permanentes ou ambulantes.

(ccxxxv.) 19. Les directeurs sur lesquels viennent des notes favorables, ceux qui ont fait un meilleur choix de pièces, qui ont le plus soigné les représentations, qui ont enfin exactement rempli tous leurs engagements, sont dans le cas d'obtenir des récompenses et des encouragements.

Les acteurs qui se conduisent bien et qui font preuve de talents distingués, sont pareillement susceptibles d'obtenir des marques de satisfaction de la part du ministre.

(ccxxxvi.) 20. L'inexécution des conditions faites aux directeurs entraînerait la révocation de leur brevet.

(ccxxxvii.) 21. Les directeurs des troupes stationnaires, dans les lieux où ils sont établis, et les directeurs des troupes ambulantes, dans les lieux où ils se trouvent exercer, eux ou leurs régisseurs régulièrement reconnus, ont le droit de percevoir un cinquième sur la recette brute des spectacles de curiosité, de quelque genre et sous quelque dénomination qu'ils soient, défalcation faite toutefois du droit des pauvres. Au temps du carnaval, les directeurs jouissent, aux lieux indiqués ci-dessus, du droit de donner seuls les bals masqués.

(ccxxxviii.) 22. Les salles de spectacle appartenant aux communes peuvent, sur la proposition des maires et des préfets, être abandonnées gratuitement aux directeurs.

(ccxxxix.) 23. Quant aux salles appartenant à des particuliers, le loyer en peut être payé par les communes, à la décharge du directeur. Les conseils municipaux prennent à ce sujet des délibérations que les préfets transmettent au ministre de l'intérieur, avec leur avis, pour le rapport en être fait, s'il y a lieu, et les sommes nécessaires portées aux budgets.

(ccxl.) 24. En général, il doit être pris, autant que possible, des mesures pour que toutes les communes deviennent propriétaires de salles de spectacle.

(CCXL. *bis.*) 25. Dans les villes susceptibles d'avoir un théâtre, et qui n'ont point encore de salle communale ou particulière, il doit être avisé aux moyens d'en faire construire une.

(CCXLI.) 26. Les spectacles n'étant point au nombre des jeux publics auxquels les fonctionnaires assistent en leur qualité, il ne doit point y avoir pour eux de places, encore moins de loges *gratuites* réservées aux théâtres.

(CCXLII.) 27. Les autorités ne peuvent exiger d'entrées gratuites des entrepreneurs, que pour le nombre d'individus jugé indispensable au maintien de l'ordre et de la sûreté publique.

(CCXLIII.) 28. Il est fait défense aux directeurs d'engager, soit pour leurs spectacles, soit pour les concerts qu'ils sont dans le cas de donner, aucun élève des écoles de chant et de déclamation du Conservatoire, sans l'autorisation du ministre de l'intérieur.

(CCXLIV.) 29. Les préfets, les sous-préfets et les maires sont tenus de ne souffrir, sous aucun prétexte, que les acteurs des théâtres de Paris ou des théâtres de toute autre ville, qui ont obtenu un congé de leur société ou de leur directeur pour voyager dans les départements, y prolongent leur séjour au-delà du temps fixé par le congé.

En cas de contravention, les directeurs de spectacles peuvent être condamnés à verser à la caisse des pauvres le montant de la recette des représentations qui ont eu lieu après l'expiration du congé.

(CCXLV.) 30. Les préfets et les maires doivent veiller à la stricte exécution des lois, décrets et instructions relatifs aux droits des auteurs dramatiques.

(CCXLVI.) 31. L'autorité chargée de la police des spectacles prononce provisoirement sur toutes contestations, soit entre les directeurs et les acteurs, soit entre les directeurs et les auteurs ou leurs agents, qui tendraient à interrompre le cours ordinaire des représentations; et la décision provisoire peut être exécutée, nonobstant le recours vers l'autorité supérieure à laquelle il appartient de juger le fond de la question.

31 décembre 1815.

Extrait de l'ordonnance du roi qui fixe les attributions de la maison
militaire de Sa Majesté et de la garde royale.

(ccxlvii.) Art. 14. La garde des théâtres royaux, dans la
capitale, sera désormais confiée à notre garde royale, à l'exclusion de toute autre troupe de ligne. Elle sera, pour la police, tant extérieure qu'intérieure, sous la direction de l'autorité civile.

Pourront néanmoins les commissaires de police et officiers
de paix avoir à leur disposition un piquet de la gendarmerie
royale de Paris, qui sera établi sous le péristyle et à l'extérieur.

Lorsque nous nous rendrons dans l'un de ces théâtres,
notre service s'y fera comme par le passé, nos loges et les
escaliers qui y conduisent étant considérés comme intérieur.

10 janvier—16 février 1816.

Extrait de l'ordonnance du roi sur l'organisation de la gendarmerie royale
de Paris.

(ccxlviii.) Art. 48. La gendarmerie royale de Paris sera
spécialement chargée de faire le service aux hôtels de notre
ministre de la police générale, à la préfecture de police,
aux *spectacles*, bals publics, marchés, etc., les grands théâtres exceptés.

(ccxlix.) 49. Le préfet de police réglera la rétribution
qui sera due pour le service des spectacles, bals, etc.

Le tiers de la rétribution sera dû à celui ou à ceux qui auront fait le service, et le surplus sera réparti tous les mois,
partie entre les sous-officiers et gendarmes, et partie employée pour l'amélioration de la tenue; le tout sur des états
arrêtés par le préfet de police.

(ccl.) 50. Les sous-officiers et gendarmes qui seront de
service aux spectacles y seront chargés de faire les fonctions
d'officiers civils; les vétérans ou autres troupes en garnison à
Paris prêteront seulement main-forte sur leur réquisition.

Articles contenus, depuis 1817, dans chaque budget.

Impôts autorisés pour l'exercice de . . . . .

(ccli.) Continuera d'être faite conformément aux lois existantes la perception du dixième des billets d'entrée dans les
spectacles; d'un quart de la recette brute dans les lieux de
réunion et de fêtes où l'on est admis en payant, et d'un décime par franc sur ceux de ces droits qui n'en sont pas affranchis.

Dispositions générales.

(cclii.) Toutes contributions, directes ou indirectes, autres que celles autorisées par la présente loi, à quelque titre
et sous quelque dénomination qu'elles se perçoivent, sont
formellement interdites, à peine contre les autorisés qui les
ordonneraient, contre les employés qui confectionneraient
les rôles et tarifs, et ceux qui en feraient le recouvrement,
d'être poursuivis comme concussionnaires, sans préjudice
de l'action en répétition pendant trois années contre tous
receveurs, percepteurs, ou individus qui auraient fait la
perception, et sans que, pour exercer cette action devant les
tribunaux, il soit besoin d'une autorisation préalable.

8 décembre 1824.

Ordonnance du roi relative à l'organisation des théâtres
dans les départements.

CHARLES, etc.

Considérant que presque toutes les entreprises dramatiques
des départements sont depuis quelques années en souffrance,
qu'un grand nombre de villes ont fait de vains efforts pour
soutenir ces entreprises, et que plusieurs directeurs y ont
compromis leur fortune;

Considérant que l'art dramatique est intéressé à la prospé-
rité des théâtres de province, puisqu'ils offrent aux jeunes
comédiens, avec les avantages d'une instruction graduée,
tous les moyens de se faire connaître et d'arriver un jour aux
théâtres royaux;

25

Voulant favoriser les progrès d'un art qui a toujours été cultivé en France avec succès, et mettre les directeurs à même de conduire dans nos villes de meilleures troupes de comédiens ;

Vu la nécessité d'organiser sur de nouvelles bases les théâtres de département ;

Sur le rapport de notre ministre secrétaire d'état au département de l'intérieur,

Nous avons ordonné et ordonnons ce qui suit :

TITRE I. — Dispositions générales.

(ccliii.) Art. 1. Il y aura dans les départements des troupes de *comédiens sédentaires*, des troupes de *comédiens d'arrondissement*, et des troupes de *comédiens ambulants*.

(ccliv.) 2. Toutes ces troupes ne pourront exister que sous la conduite de directeurs nommés pour trois ans par le ministre de l'intérieur.

(cclv.) 3. Un directeur ne pourra avoir qu'une seule troupe, qu'il devra diriger en personne, à moins d'empêchement constaté.

(cclvi.) 4. Il ne pourra vendre ni céder son brevet, sous peine de destitution.

(cclvii.) 5. Les directions de ces troupes ne pourront pas être confiées à des femmes.

(cclviii.) 6. Deux directeurs de troupes d'arrondissement et ambulantes pourront, s'ils le jugent convenable, changer temporairement de circonscription, pourvu qu'ils obtiennent l'autorisation des préfets, qui en informeront le ministre.

(cclix.) 7. Au commencement de chaque année théâtrale, le directeur enverra au ministre de l'intérieur, par l'intermédiaire du préfet du chef-lieu où il débutera, le tableau de sa troupe, contenant les noms et prénoms des acteurs, actrices et employés à ses gages, ainsi que son répertoire. La même communication sera faite à tous les préfets des départements composant chaque circonscription de troupe d'arrondissement ou de troupe ambulante.

(cclx.) 8. Les pièces nouvelles et celles qui sont représentées à Paris ne pourront être jouées dans les départements que d'après un manuscrit ou exemplaire visé au ministère de l'intérieur, conformément à l'article 14 du décret du 8 juin 1806 et à la circulaire du 29 octobre 1822. Le titre sous lequel elles auront été jouées ne pourra être changé.

(cclxi.) 9. Il est fait défense aux directeurs d'engager aucun élève de l'École royale de musique et de déclamation, sans une autorisation spéciale.

(cclxii.) 10. Conformément à l'article 13 du décret précité, tout directeur qui aura fait faillite ne pourra être appelé de nouveau à la direction d'un théâtre.

(cclxiii.) 11. Les directeurs continueront à jouir de l'indemnité qui leur est allouée sur les spectacles de curiosité, de quelque nature qu'ils soient. Toute exception qui aurait pu être accordée à cet égard est révoquée. En conséquence, aucun spectacle de ce genre ne pourra être autorisé par les maires, qu'avec la réserve du prélèvement établi en faveur des directeurs privilégiés, qui restera fixé à un cinquième sur la recette brute, défalcation faite du droit des pauvres, ainsi que cela est indiqué par l'article 21 du réglement de 1815, et conformément à l'article 15 du décret du 8 juin 1806.

(cclxiv.) 12. Ce prélèvement appartiendra aux directeurs des troupes d'arrondissement dans les villes de leur itinéraire, et aux directeurs de troupes ambulantes dans toutes les autres villes ayant salle de spectacle.

(cclxv.) 13. Au temps du carnaval, les directeurs jouiront du droit de donner des bals masqués dans les théâtres dont l'exploitation leur est confiée.

(cclxvi.) 14. Les maires veilleront, dans l'intérêt des pauvres, à ce qu'il ne soit accordé d'entrée gratuite qu'à ceux des agents de l'autorité dont la présence est jugée indispensable pour le maintien de l'ordre et de la sûreté publique.

(cclxvii.) 15. Les préfets et les maires veilleront à la stricte exécution des lois, décrets et instructions relatifs aux droits des auteurs et compositeurs dramatiques.

TITRE II. — Troupes sédentaires.

(CCLXVIII.) 16. Les troupes sédentaires sont établies dans les villes suivantes :

Bordeaux (Gironde), Lyon (Rhône), Marseille (Bouches-du-Rhône), Rouen (Seine-Inférieure), Le Havre (*idem*), Toulouse (Haute-Garonne), Montpellier (Hérault), Lille (Nord), Strasbourg (Bas-Rhin), Metz (Moselle), Nancy (Meurthe), Toulon (Var), Brest (Finistère), Perpignan (Pyrénées-Orientales), Calais (Pas-de-Calais), Boulogne (*idem*), Versailles (Seine-et-Oise).

(CCLXIX.) 17. Sur la demande des autorités locales, le ministre de l'intérieur pourra autoriser la formation de troupes sédentaires dans les autres villes qui, désirant avoir un spectacle permanent, assureront aux directeurs les moyens de s'y maintenir, en leur accordant la jouissance gratuite de la salle, et, si cela est nécessaire, une allocation annuelle sur les fonds communaux.

(CCLXX.) 18. Lorsqu'une de ces villes ne pourra entretenir une troupe sédentaire, le théâtre de cette ville sera du domaine du directeur de la troupe d'arrondissement qui exploite le département.

TITRE III. — Troupes d'arrondissement.

(CCLXXI.) 19. Le nombre des troupes d'arrondissement est fixé à dix-huit.

(CCLXXII.) 20. Tout directeur de troupe d'arrondissement, en recevant son brevet, désignera au ministre et aux préfets des départements composant sa direction, celles des villes dont il se chargera d'exploiter les théâtres, et indiquera les époques précises où il donnera des représentations.

(CCLXXIII.) 21. Il devra conduire sa troupe au moins une fois tous les six mois dans chacune de ces villes, et donner au moins quinze représentations à chaque voyage.

(CCLXXIV.) 22. Lorsque deux foires se trouveront à la même époque dans le même arrondissement théâtral, le di-

recteur de la troupe d'arrondissement sera tenu d'indiquer
quinze jours d'avance, au préfet du département, celle de
ces deux foires où il n'ira pas, afin que la troupe ambulante
puisse s'y transporter.

(cclxxv.) 23. Les directeurs avertiront, huit jours à
l'avance, les autorités des villes où ils devront conduire leur
troupe.

(cclxxvi.) 24. Les troupes d'arrondissement sont réparties de la manière suivante :

1er Arrondissement, départements du Nord (moins Lille),
du Pas-de-Calais (moins Calais et Boulogne); 2e arrondissement, départements de la Somme, de l'Aisne, de l'Oise;
3e arrondissement, départements de la Marne, des Ardennes, de la Meuse; 4e arrondissement, départements de la
Haute-Marne, de l'Yonne, de l'Aube; 5e arrondissement,
départements d'Ille-et-Vilaine, de la Mayenne, de la Sar-
the; 6e arrondissement, départements du Finistère, des
Côtes-du-Nord, du Morbihan; 7e arrondissement, départements du Calvados, de la Manche, de l'Eure; 8e arrondissement, départements de la Côte-d'Or, de Saône-et-Loire, de
l'Ain, du Jura; 9e arrondissement, départements du Doubs,
de la Haute-Saône, du Haut-Rhin, des Vosges; 10e arrondissement, départements du Loiret, d'Indre-et-Loire, de Loir-
et-Cher, de Maine-et-Loire; 11e arrondissement, départements
de la Charente-inférieure, des Deux-Sèvres, de la Vendée;
12e arrondissement, départements du Puy-de-Dôme, de la Niè-
vre, du Cher, de l'Allier, de la Haute-Loire, de la Loire,
du Cantal; 13e arrondissement, départements de la Haute-
Vienne, de la Vienne, de la Dordogne, de la Charente, de
la Corrèze; 14e arrondissement, départements de l'Isère, de
la Drôme; 15e arrondissement, départements de Tarn-et-
Garonne, du Tarn, de Lot-et-Garonne, de l'Aude, de l'Hérault (moins Montpellier), du Lot; 16e arrondissement,
départements du Gers, des Landes, des Basses-Pyrénées,
des Hautes-Pyrénées; 17e arrondissement, département du
Gard; 18e arrondissement, départements de Vaucluse, des

Bouches-du-Rhône (moins Marseille), des Basses-Alpes ,
des Hautes-Alpes.

TITRE IV. — Troupes ambulantes.

(CCLXXVII.) 25. Les directeurs de troupes ambulantes ex-
ploiteront :

1° Les théâtres des villes qui ne feront partie d'aucun arrondissement ;

2° Les théâtres des villes qui n'auront pas été comprises
dans la désignation que les directeurs des troupes d'arrondissement auront faite chaque année, par suite de l'article 20
du. titre III ;

3° Les théâtres des villes dans lesquelles les directeurs des
troupes d'arrondissement auront été plus de six mois sans
donnner quinze représentations , bien que ces villes eussent
été comprises dans la désignation susmentionnée.

4° Ils pourront en outre , et sur la demande des autorités , remplacer les directeurs de troupes d'arrondissement ,
lorsque ceux-ci auront donné les représentations fixées par
leur itinéraire.

(CCLXXVIII.) 26. Il sera organisé immédiatement des troupes ambulantes dans les départements qui ne font point partie
des arrondissements indiqués dans le titre III.

(CCLXXIX.) 27. Il sera organisé ultérieurement des troupes
ambulantes dans les arrondissements indiqués au titre III. Le
nombre de ces troupes et les lieux qu'elles devront parcourir, seront déterminés aussitôt que les directeurs des troupes
d'arrondissement auront fait la désignation qui leur est prescrite par l'article 20.

(CCLXXX.) 28. Le ministre de l'intérieur est autorisé à faire
à la circonscription des arrondissements les changements par-
tiels qui, plus tard , seraient jugés nécessaires.

Paris, le 12 février 1828.

Ordonnance concernant la police intérieure et extérieure des spectacles.

Nous, préfet de police,

Vu les articles 2, 12 et 36 de l'arrêté du gouvernement du 12 messidor an VIII (1er juillet 1800);

Ordonnons ce qui suit :

(CCLXXXI.) Art. 1. Nul théâtre ne peut être ouvert dans la ville de Paris, ni dans toute l'étendue de notre juridiction, sans que les entrepreneurs aient rempli préalablement les formalités, et se soient pourvus des autorisations voulues par les lois et décrets.

(CCLXXXII.) 2. L'ouverture d'un théâtre ne peut avoir lieu qu'après qu'il a été constaté que la salle est solidement construite, que les précautions relatives aux incendies et ordonnées par l'arrêté du gouvernement du 1er germinal an VII (21 mars 1799), ont été prises, et qu'il ne se trouve rien, sous les péristiles et vestibules, qui puisse, en aucune manière, gêner la circulation.

(CCLXXXIII.) 3. Tout spectacle actuellement ouvert, ou qui pourrait l'être par la suite, sera fermé à l'instant si les entrepreneurs, au mépris de l'arrêté précité, négligent, *un seul jour*, d'entretenir les réservoirs pleins d'eau, les pompes et leurs agrès en état, et de surveiller les personnes qui doivent constamment être prêtes à porter des secours.

(CCLXXXIV.) 4. Les entrepreneurs de spectacle ne peuvent faire distribuer un nombre de billets excédant celui des individus que leurs salles peuvent contenir, ni inscrire sur la porte des loges un nombre de places supérieur à leur capacité.

(CCLXXXV.) 5. Il est enjoint aux entrepreneurs de faire fermer exactement, pendant toute la durée du spectacle, les portes de communication de la salle aux coulisses, aux foyers particuliers et aux loges des artistes, où il ne doit être admis aucune personne étrangère au service du théâtre.

(CCLXXXVI.) 6. Il leur est pareillement enjoint de faire ouvrir, à la fin du spectacle, toutes les issues pour faciliter la prompte sortie du public. Les battants de toutes les portes devront s'ouvrir en dehors.

(CCLXXXVII.) 7. Il est expressément défendu aux directeurs de théâtres de faire cesser l'éclairage dans l'intérieur de la salle, dans les escaliers, corridors et vestibules, avant l'entière évacuation du théâtre.

(CCLXXXVIII.) 8. Il est défendu d'entrer aux parterres et amphithéâtres avec des cannes, des armes ou des parapluies ; Dans chaque théâtre il doit y avoir, le plus à la portée des personnes qui veulent entrer dans ces parties de la salle, un lieu destiné à recevoir ces objets en dépôt.

(CCLXXXIX.) 9. Il ne peut être annoncé dans l'intérieur des salles de spectacle, par les libraires ou leurs commissionnaires, d'autres ouvrages que des pièces de théâtre.

Défense est faite de les jeter aux personnes qui les leur demandent.

(CCXC.) 10. Il est permis à ces mêmes libraires d'annoncer et de distribuer, dans l'intérieur des théâtres, un bulletin du spectacle ; mais ce bulletin ne doit contenir que l'annonce du spectacle du jour, et le nom des acteurs qui doivent figurer dans les pièces.

(CCXCI.) 11. Il est défendu de s'arrêter dans les péristyles ou vestibules servant d'entrée aux théâtres (*ordonnance du 24 décembre* 1769), et de stationner sur la voie publique aux abords de ces établissements.

(CCXCII.) 12. La vente des billets pris aux bureaux ou qui proviendraient d'une autre source, est pareillement défendue, comme gênant la circulation, compromettant l'ordre et la tranquillité publique, et donnant lieu à un nouveau genre d'escroquerie.

La vente de toute contremarque ne pourra avoir lieu dans les théâtres où l'on joue plus de deux pièces, qu'après la représentation de la deuxième pièce, et, dans les autres, après la représentation de la première.

(CCXCIII.) 13. Il est défendu de parler et de circuler dans les corridors, pendant la représentation, de manière à troubler l'ordre.

(ccxciv.) 14. Il est également défendu de troubler la tranquillité des spectateurs, soit par des clameurs, soit par des applaudissements ou des signes d'improbation, avant que la toile ne soit levée ou pendant les entr'actes.

(ccxcv.) 15. Nul ne peut avoir le chapeau sur la tête lorsque la toile est levée.

(ccxcvi.) 16. Il ne peut y avoir pour le service public, à l'entrée des théâtres, que des commissionnaires reconnus par la police. Ils portent ostensiblement une plaque de cuivre, sur laquelle sont gravés le numéro de leur permission et le nom du théâtre auquel ils sont attachés.

Il leur est défendu d'approcher des bureaux où l'on distribue des billets.

(ccxcvii.) 17. Les voitures ne peuvent arriver aux différents théâtres que par les rues désignées dans les consignes.

Il est expressément défendu aux cochers de quitter, sous quelque prétexte que ce soit, les rênes de leurs chevaux, pendant que descendent ou remontent les personnes qu'ils ont amenées.

(ccxcviii.) 18. Les voitures particulières, destinées à attendre jusqu'à la fin du spectacle, doivent aller se placer dans les lieux designés à cet effet.

(ccxcix.) 19. A la sortie du spectacle, les voitures qui auront attendu ne pourront se mettre en mouvement que quand la première foule sera écoulée.

(ccc.) 20. Les voitures de place ne peuvent charger qu'après le défilé des autres voitures.

(ccci.) 21. Aucune voiture ne doit aller plus vite qu'au pas et sur une seule file, jusqu'à ce qu'elle soit sortie des rues environnant le spectacle.

(cccii.) Il y aura, dans chaque théâtre, un commissaire de police chargé de la surveillance générale ; une place convenablement située lui sera assignée dans l'intérieur.

Il y sera en costume ; les officiers de paix qui lui seront envoyés pour le seconder et faire exécuter ses ordres auront aussi la marque distinctive de leurs fonctions.

(ccciii.) 23. Il doit y avoir, dans chaque théâtre, un corps-de-garde et un bureau pour les officiers de police.

(ccciv.) 24. Il ne peut y avoir, pour les théâtres, qu'une garde extérieure (*loi du* 19 *janvier* 1791). Elle sera spécialement chargée du maintien de l'ordre et de la libre circulation au dehors, et du placement des voitures.

(cccv). 25. La garde ne pénètre dans l'intérieur des salles que dans le cas où la sûreté publique serait compromise, et sur la réquisition du commissaire de police.

(cccvi.) 26. Tout particulier est tenu d'obéir provisoirement à l'officier de police (*loi précitée*).

En conséquence, tout particulier invité ou sommé par lui de sortir de l'intérieur de la salle, doit se rendre sur-le-champ au bureau de police pour y donner les explications qui pourraient lui être demandées.

(cccvii.) 27. Tout individu arrêté, soit à la porte du théâtre, soit dans l'intérieur de la salle, doit être conduit devant le commissaire de police, qui, *seul*, peut prononcer son renvoi devant l'autorité compétente, ou provisoirement sa mise en liberté.

(cccviii.) 28. Il sera pris, envers les contrevenants, telle mesure de police administrative qu'il appartiendra, sans préjudice des poursuites à exercer contre eux devant les tribunaux.

(cccix). 29. La présente ordonnance sera imprimée et affichée dans Paris, et particulièrement à l'extérieur et à l'intérieur des théâtres.

Elle sera également affichée dans les communes rurales du ressort de la préfecture de police.

Les sous-préfets de Sceaux et de Saint-Denis, les maires et adjoints des communes rurales du ressort de la préfecture de police, les commissaires de police, le chef de la police centrale, les officiers de paix, et les préposés de la préfecture,

sont chargés, chacun en ce qui le concerne, de tenir la main
à son exécution.

M. le colonel de la gendarmerie royale de Paris est invité
à en assurer l'exécution par tous les moyens qui sont à sa disposition.

Le préfet de police, signé **DEBELLEYME**.

CIRCULAIRES.

Rappel des lois relatives à la rétribution accordée aux auteurs.

Paris, le 11 frimaire an VII (1er décembre 1798).

(cccx.) Le ministre de l'intérieur (M. François de Neuf-château) recevant des plaintes fréquentes sur la conduite des entrepreneurs de spectacles, qui se permettent de jouer des pièces sans acquitter la rétribution que les lois accordent aux auteurs, et qui est connue sous le nom de *part d'auteur*, rappelle aux administrations centrales de département et aux commissaires du gouvernement l'exécution des lois du 13 janvier 1791, du 19 juillet 1793, et du 15 prairial an III (3 juin 1795) (1) relatives à cet objet.

Les seuls ouvrages dont la représentation à Paris a été autorisée peuvent être joués dans les départements.

Paris, le 22 germinal an VIII (12 avril 1800).

Le ministre de l'intérieur aux préfets.

(cccxi). Les spectacles ont attiré la sollicitude du gouvernement. C'est témoigner au peuple intérêt et respect, que d'éloigner de ses yeux tout ce qui n'est pas digne de son estime, et tout ce qui pourrait blesser ses opinions ou corrompre ses mœurs.

Convaincu de cette vérité, le gouvernement m'a chargé de l'honorable soin de surveiller les théâtres. Vous m'aiderez à justifier sa confiance.

Désormais les seuls ouvrages dont j'aurai autorisé la représentation à Paris pourront être joués dans les départements. Vous recevrez incessamment la liste des pièces, tant anciennes que modernes, qui pourront être mises ou remises au

(1) *Bulletin des Lois,* n° 156; première série, n° 916.

théâtre, et vous veillerez à ce qu'aucune autre ne soit placée sur le répertoire des directeurs de spectacles.

Si quelques uns de ces directeurs desiraient mettre au théâtre des ouvrages qui ne fussent point sur la liste, vous m'en adresserez les manuscrits avec votre avis, pour que je puisse prononcer.

Instructions relatives à la prorogation des droits sur les spectacles.

Paris, le 24 fructidor an VIII (11 septembre 1800).

Le Ministre de l'intérieur (M. Lucien BONAPARTE) aux préfets.

(cccxii.) Un arrêté du 7 de ce mois (25 août 1800) (1) ordonne la prorogation, pour l'an IX, des droits sur les spectacles et fêtes publiques.

Des dispositions de cet arrêté m'ont paru susceptibles de quelques instructions.

Il est dit, par l'article 1er, que le mode de perception sera le même que celui qui est prescrit par les lois.

La loi du 7 frimaire an V (27 novembre 1796) (2) délé-guait aux administrations municipales de canton le pouvoir de déterminer les mesures qu'elles croiraient convenables pour assurer le recouvrement des droits dont il s'agit. Aux termes de la même loi, ce pouvoir devait être exercé par les bureaux centraux, dans les communes où il y avait plusieurs municipalités.

Les lois des 6e jour complémentaire an VII (22 septembre 1799) (3) et 28 pluviose an VIII (17 février 1800) (4) ont apporté des changements à ces dispositions. Il résulte de ces deux lois, et des instructions que je vous ai précédemment transmises sur l'administration des secours publics, que c'est aux sous-préfets à faire, pour leur arrondissement communal,

(1) *Bulletin des Lois*, n° 40; troisième série, n° 260.
(2) *Idem*, n° 94; seconde série, n° 890.
(3) *Idem*, n° 312; seconde série, n° 3303.
(4) *Idem*, n° 17; troisième série, n° 115.

ce que la loi du 7 frimaire an V attribuait aux administrations municipales. Il en résulte également que c'est aux préfets qu'appartient cette attribution pour les chefs-lieux de préfecture.

Quant à la répartition des produits, l'arrêté du gouvernement en charge les préfets, sur l'avis des sous-préfets. Cette disposition est susceptible d'explication. Il ne s'agit pas d'une répartition à faire directement entre les pauvres de la commune, ou pour quelques dépenses d'hospices ; ce serait mal interpréter cette partie de l'arrêté.

L'administration de ces produits appartient aux bureaux de bienfaisance et aux commissions administratives des hospices. Tel est le vœu de la loi du 7 frimaire an V (1) et de celle du 11 frimaire an VII (1er décembre 1798) (2).

Il ne s'agit donc, en ce qui concerne la répartition des produits, que de déterminer les portions qui doivent être versées dans la caisse des bureaux de bienfaisance, pour être réparties, par ces bureaux, en secours aux pauvres de chaque commune, conformément aux lois qui les concernent, et celles qui doivent être versées dans la caisse des hôpitaux, pour être employées par les commissions aux dépenses courantes de ces établissements.

L'arrêté, basé sur les lois précédentes, vous chargeant de régler cette proportion d'après l'avis des sous-préfets, je vous invite à examiner s'il est utile de diviser les produits, et s'il ne serait pas plus convenable de les affecter totalement soit aux secours à domicile, soit aux dépenses des hôpitaux. Le partage de ces droits entre deux administrations distinctes les rend trop modiques pour chacune d'elles, et double d'ailleurs la surveillance que vous avez à exercer sur l'emploi que ces administrations respectives sont chargées d'en faire.

Quelles que soient les mesures que vous aurez adoptées, vous voudrez bien m'en rendre compte, et me transmettre

(1) *Bulletin des Lois*, n° 40; troisième série, n° 260.
(2) *Idem*, n° 247; seconde série, n° 2220.

26

tous les trois mois l'état des produits des droits dont il s'agit.

Soins à prendre pour la composition du répertoire des théâtres dans les départements. — Extrait.

Paris, le 7 messidor an X (26 juin 1801).

Le conseiller d'état chargé de l'instruction publique (M. Roederer), *aux préfets.*

(cccxiii.) Les théâtres ont trop d'influence sur les mœurs, sur l'instruction et sur l'esprit public, pour ne pas fixer l'attention du gouvernement : il est nécessaire de leur donner une direction utile, et de les faire servir au retour de la morale et du bon goût.

Pour arriver à ce but, il ne suffit pas que les théâtres de Paris brillent de quelque éclat; il faut que tous ceux des départements soient ce qu'ils doivent être, ou, tout au moins, ce qu'ils étaient avant le régime de l'anarchie dramatique.

Voici à cet égard quelques dispositions préalables qui me paraissent nécessaires, et que je vous invite à mettre à exécution.

Le moyen le plus certain de former de bons acteurs est de faire jouer de bonnes pièces, et, par là, d'attirer dans les départements les acteurs de la capitale qui peuvent y servir de modèles. Il faudrait donc faire représenter, le plus que vous pourrez, les ouvrages anciens et modernes qui se jouent au *Théâtre-Français*. Il faudrait écarter de tout votre pouvoir les rapsodies des petits théâtres de Paris, et ne permettre que comme accessoires les pièces de l'*Opéra-Comique*, et celles des pièces du *Vaudeville* où la gaîté française n'est pas mêlée avec les jeux de mots et les mauvaises pointes.

Pour mieux assurer l'opération du répertoire, encouragez les acteurs qui se distingueront dans la tragédie ou dans la bonne comédie; engagez-les à se fixer à ces deux genres, et flattez-les de l'espoir de parvenir un jour à l'un des grands théâtres de la capitale.

Telle est, en effet, la récompense qui les attend; et les théâtres des départements seront, comme autrefois, la pépinière où s'éleveront les sujets destinés à embellir un jour la scène française. La représentation exclusive des bons ouvrages aura encore un avantage précieux pour les théâtres; c'est d'attirer de la capitale les jeunes sujets qui, ayant pris à Paris les premières connaissances de leur art, iront les développer dans les départements. Ces élèves y porteront, avec un talent au moins préparé, une certaine connaissance de la tradition et des convenances théâtrales, une diction sage, et surtout une prononciation correcte. Par ce moyen, les théâtres de province, destinés à entretenir ceux de Paris, seront eux-mêmes mieux pourvus, et recevront de la capitale presque autant qu'ils lui donneront.

Veuillez donc, sur toutes choses, veiller à la bonne composition des répertoires, en faire un à la fin de chaque mois pour le mois suivant, en demander une copie, en exiger autant que possible l'observation, et me le transmettre, au commencement de chaque mois, avec des notes sur la manière dont on aura exécuté le répertoire du mois précédent.

C'est par ce moyen seul que le gouvernement pourra connaître et suivre la marche de l'art dramatique dans toutes les parties de la France.

J'espère que ces dispositions ne serviront pas peu au rétablissement de cet art; et je suis certain que ce ne sera pas pour vous une médiocre satisfaction que d'avoir concouru à faire refleurir celle de toutes les branches de notre littérature où notre supériorité est le moins contestée, et qui est liée le plus essentiellement à l'urbanité française.

Aucune pièce ne peut être jouée sur aucun théâtre sans l'approbation de l'autorité supérieure.

Le répertoire doit être arrêté pour chaque trimestre par le ministre.

Paris, le 29 messidor an X (18 juillet 1802).

Le conseiller d'état chargé de l'instruction publique (M. ROEDERER), *aux préfets.*

(cccxiv.) Le gouvernement veut qu'aucune pièce ne soit jouée sur aucun théâtre sans l'approbation de l'autorité supérieure. En conséquence, je vous invite à exiger, par avance, de chaque directeur ou entrepreneur de spectacle, le répertoire de chaque trimestre, pour me l'adresser aussitôt, et me mettre à même de l'arrêter.

En prenant cette mesure, je n'ai pas l'intention de fixer jour par jour les représentations de chaque spectacle; ces détails seraient superflus : mais il m'importe d'être assuré qu'aucune autre pièce que celles indiquées par le répertoire ne pourra être représentée dans le trimestre auquel il correspond, et c'est à quoi je vous prie de veiller avec le plus grand soin.

Instruction sur la perception des droits des pauvres sur les spectacles, bals et fêtes publiques.

Paris, le 26 fructidor an X (13 septembre 1802).

Le ministre de l'intérieur (M. CHAPTAL), *aux Préfets.*

(cccxv.) Un arrêté du 18 thermidor dernier (6 août 1802.) vient de proroger, pour l'année prochaine, les droits à percevoir en sus du prix de chaque billet d'abonnement dans tous les spectacles où se donnent des pièces de théâtre.

Il proroge également, pour le même exercice, le droit de perception du quart de la recette brute des bals, des feux d'artifice, des concerts, des courses, des exercices de chevaux, et des autres fêtes publiques où l'on est admis en payant.

On n'a pas su tirer jusqu'à présent de ces droits toutes les ressources que l'on devait cependant espérer.

Il paraît notamment qu'à l'égard des droits sur les bals, concerts, courses, exercices de chevaux et autres fêtes publiques, la loi est restée sans exécution dans plusieurs communes rurales : cependant elle pouvait aussi fournir quelques ressources aux bureaux de charité ; il est peu de ces communes où, chaque année, les foires et les fêtes patronales ne puissent donner lieu à la perception de quelques droits, en laissant, par adjudication, la permission d'ouvrir des bals, des jeux et des divertissements publics. C'est ainsi que, dans le département de la Moselle, et d'après le vœu des conseils municipaux, le préfet se dispose à faire jouir les pauvres des droits dont il s'agit. Je recommande donc cet objet à l'attention des préfets, et les invite à donner, à cet égard, aux autorités locales et aux administrations de charité, toutes les instructions qu'ils croiront propres à concilier le vœu de la loi avec l'intérêt des pauvres et la liberté des citoyens.

Dans plusieurs endroits, les directeurs de bals et fêtes publiques ont cherché à priver les pauvres du droit que la loi leur assure, en stipulant qu'une partie du prix de chaque billet d'entrée serait employée en consommations diverses, et de là ils ont élevé la prétention que le droit ne devait point être perçu sur cette portion ; en sorte, par exemple, qu'un billet d'entrée pour lequel on paie un franc, et dont 75 centimes peuvent être employés en consommation, ne serait assujetti à la perception que sur le pied des 25 autres centimes. Cette manière d'interpréter, ou plutôt d'éluder la loi, ne me paraît pas fondée ; son but est que le quart de la recette, c'est-à-dire un quart du produit du prix des billets pris pour entrer dans les lieux où se donnent des fêtes, jeux et divertissements publics, soit perçu en faveur des pauvres. Il ne s'agit point d'examiner si l'on consomme, ou non, dans l'intérieur, mais bien de constater le produit de chaque billet pris pour entrer, et de percevoir le quart des pauvres sur la totalité de

la recette qui en est résulté. C'est aux directeurs à en calculer le prix en conséquence.

On a mis en question si le droit des pauvres devait être
perçu dans les jardins et autres lieux publics où l'on entre
sans payer, mais où se donnent des concerts, et où se trouvent établis des danses, des jeux et autres divertissements
pour lesquels des rétributions sont exigées, ou par la voie de
cachets, ou par abonnement. Tous les doutes doivent cesser
en se pénétrant bien que le but de la loi est de mettre les
plaisirs à contribution. Ainsi, quel que soit le mode de paiement des rétributions, je ne pense pas que le droit des pauvres puisse être contesté. La perception, à la vérité, peut être
difficile à établir ; mais les autorités chargées d'accorder des
permissions d'ouvrir les lieux pour y donner des divertissements publics, peuvent aplanir ces difficultés, en exigeant
des requérants le versement d'une somme fixe et déterminée
dans la caisse des pauvres et des hospices. Il leur suffira de
bien se pénétrer, à cet égard, que la nature de leurs fonctions leur impose l'obligation de concourir, de tout leur pouvoir, à tout ce qui peut tendre à l'accroissement des ressources
des établissements d'humanité, et de se concerter, à cet effet,
avec les administrateurs de ces établissements.

Je dois également vous représenter que les droits à percevoir sur les spectacles qui se donnent en faveur des artistes
ou autres citoyens, ne doivent être perçus qu'à raison du
décime par franc en sus du prix *ordinaire* et habituel de
chaque billet d'entrée et d'abonnement. Le doublement, ou
toute autre augmentation du prix des places, est un avantage
que le public veut bien assurer aux artistes pour lesquels le
spectacle a lieu ; sous ce point de vue, vous sentirez facilement que pour cet acte de sa bienfaisance, il ne serait pas
juste d'exiger qu'il payât de plus le décime par franc de l'augmentation à laquelle il veut bien souscrire.

Quant à l'emploi des produits, en m'en référant aux instructions de mon prédécesseur, du 24 fructidor an VIII
(11 septembre 1800) je vous rappellerai de nouveau qu'à

raison de leur modicité, il est bon d'en assurer la totalité soit aux hôpitaux, soit aux institutions de secours à domicile. C'est ainsi qu'à Paris les droits dont il s'agit font exclusivement partie des ressources des bureaux de bienfaisance ; et, comme ces institutions sont plus répandues que les hôpitaux, je pense que ce qui a été fait pour cette ville doit être suivi pour les autres communes.

Veuillez transmettre ces instructions aux sous-préfets, et leur recommander d'en donner connaissance aux maires, aux commissaires de police et aux administrations de charité.

Droits des pauvres. — Billets d'entrée *gratis*.

8 fructidor an XIII.

(cccxvi.) Le conseil-d'état, qui, d'après le renvoi fait par le gouvernement, a entendu le rapport de la section de l'intérieur sur la proposition du ministre de ce département, tendant à assujettir les billets d'entrée gratis dans les salles de spectacles, bals, concerts, etc., au paiement de la taxe au profit des pauvres, considérant que si quelques entrepreneurs de spectacles ou fêtes publiques distribuent un trop grand nombre de billets gratis, et privent par là les pauvres d'une partie des droits que la loi a établis à leur profit, cet abus n'est pas tel qu'il soit nécessaire de chercher à y porter remède par un décret impérial, et que c'est aux autorités locales à y pourvoir ;

Que le mode de comptabilité suivi dans les grands établissements de ce genre existant dans la capitale, ne permet pas les abus dans la distribution des billets ;

Que, dans beaucoup de départements, des mesures locales ont été prises pour prévenir les fraudes et assurer la conservation des droits des pauvres ;

Est d'avis qu'il n'y a pas lieu à adopter la mesure proposée par le ministre de l'intérieur.

Défense aux entrepreneurs de spectacles, dits de curiosités, de représenter aucun ouvrage qui appartienne à l'art dramatique.

Paris, le 1er juillet 1808.

Le ministre de l'intérieur (comte CRETET), aux préfets.

(cccxvii.) J'ai été informé que des entrepreneurs de spectacles dits de curiosités, tels que danses de cordes, voltiges, exercices d'équitation, etc., se permettaient de faire jouer des pantomimes et ouvrages dramatiques. Cette infraction à l'esprit des décrets et réglements porte le plus grand préjudice aux entreprises théâtrales que le gouvernement a eu pour but d'encourager. Il est urgent de réprimer un pareil abus.

Je vous invite donc à donner les ordres les plus prompts pour empêcher qu'aucun entrepreneur de spectacles dits de curiosités ne représente, sous quelque prétexte que ce soit, des comédies, vaudevilles, ballets d'action, ou tout autre ouvrage qui appartienne à l'art dramatique.

Droits en faveur des pauvres.

Paris, le 10 juin 1809.

Le ministre de l'intérieur (comte CRETET), à M. le préfet de la Seine.

(cccxviii.) Monsieur le comte, j'ai reçu la lettre que vous m'avez écrite, en forme d'observation, sur la question de savoir de quelle époque doit partir l'exécution de l'article 3 de la décision prise relativement aux droits à percevoir sur les spectacles, bals et fêtes publiques.

Il n'y a pas de doute que tous les établissements qui, sans fondement, ont été classés dans le rang de ceux qui doivent payer le quart de la recette brute, et ont réclamé contre cette classification, et demandé à être assimilés aux spectacles, doivent jouir du bénéfice de cette décision à compter du commencement de cet exercice, si leur réclamation est antérieure au 1er janvier. Tel est le cas de l'établissement du

Cirque-Olympique, dont la réclamation faite à diverses époques, et renouvelée en 1808, vous a été transmise le 22 décembre dernier. Tant que cet établissement s'est borné à des exercices de chevaux, il a dû subir le sort de tous les établissements soumis au droit du quart de la recette brute ; mais du moment où il a obtenu la permission de joindre à cet exercice des représentations de scènes équestres et d'actions héroïques et qui tiennent du genre de la pantomime, on devait le traiter comme les établissements qui ne sont point dénommés par les lois, on eût du le ranger préférablement dans la classe la moins défavorable. Par sa lettre du 15 novembre 1806, relative aux sieurs Maillardé, père et fils, mon prédécesseur vous a fait connaître une opinion semblable.

Ma décision du 9 mai se trouve d'accord avec les principes qui ont motivé l'opinion consignée dans cette lettre, et vous devez en assurer l'exécution à l'égard de ceux qui ont pu réclamer avant l'ouverture de l'exercice.

Quant à ceux qui n'ont fait aucune réclamation sur la classification dans laquelle ils ont été mis, ils n'ont point à profiter pour cette année du bénéfice de la décision prise.

Tel est, M. le préfet, le mode d'après lequel vous devez assurer l'exécution de la décision dont il s'agit, sauf à juger ultérieurement les prétentions peu probables que le régisseur pourrait élever.

Instruction sur la perception des droits en faveur des pauvres sur les spectacles, bals et fêtes publiques.

Paris, le 21 décembre 1809.

Le ministre de l'intérieur (comte DE MONTALIVET),
aux préfets.

(cccxix.) Je vous transmets l'ampliation du décret rendu le 9 de ce mois, pour la prorogation indéfinie de la perception du droit d'*un décime par franc*, en sus de chaque billet d'entrée et d'abonnement dans les spectacles, et *du quart de la recette brute* des bals, concerts, danses et fêtes publiques où l'on n'est admis qu'en payant. Cette perception devant se faire comme elle a été faite dans le cours de cette année et des années antérieures, vous avez à assurer l'exécution des lois, décrets, décisions et instructions précédemment rendus sur cette matière.

Vous remarquerez, au surplus, que ces droits, *pour Paris*, doivent continuer d'être mis en ferme ou régie intéressée.

Quant aux autres départements, le décret du 9 de ce mois ne prescrit rien; mais, à cet égard, vous aurez à vous reporter aux instructions que je vous adresserai sous peu de jours, relativement aux exploitations, que diverses administrations font encore par elles-mêmes, de quelques parties des ressources directes ou indirectes affectées au service des pauvres.

Des prétentions ayant été souvent élevées sur des représentations gratuites, mes prédécesseurs ont toujours pensé qu'elles ne devaient pas être admises. Les dispositions de l'art. 4 du décret sont conformes à leur opinion; au moyen de quoi toute réclamation doit désormais cesser sur cet objet.

Quant aux représentations à bénéfice, il avait été précédemment décidé que la perception des droits ne devait point s'opérer sur l'augmentation que l'on met souvent, en pareil cas, au prix ordinaire des places : l'article 4 du décret admet encore cette exception; mais elle n'est relative qu'aux artistes qui ont droit, par leurs engagements, à ces représentations, ou qui les obtiennent lors de leur retraite; elle s'applique encore aux représentations qui se donnent quelquefois à leur profit ou à celui de leurs veuves et de leurs enfants, à raison de la position dans laquelle ils se trouvent. Cette exception, au surplus, n'a rien de commun avec les concerts ou autres fêtes publiques que des particuliers donnent à leur profit, et par esprit de spéculation personnelle.

En ce qui concerne les danses et fêtes publiques qui ont lieu dans les établissements connus sous le titre de *guinguettes*, et qui ne peuvent avoir lieu sans une permission spéciale du préfet de police, tant pour l'intérieur que pour l'extérieur de Paris , les dispositions de l'art. 2 du décret du 2ᵉ novembre 1807 doivent continuer de recevoir leur exécution : au moyen de quoi les rétributions à payer, d'après les fixations que ce décret l'autorise à faire en accordant la permission qu'il délivre, ne doivent point entrer dans le traité qu'il s'agit de faire, soit pour la ferme, soit pour la régie intéressée, du droit sur les autres fêtes publiques, spectacles, bals et concerts. M. le conseiller-d'état préfet de police, qui a dans ses mains le moyen de vaincre les difficultés que présente le recouvrement de ces rétributions, en chargera son caissier, à la charge par lui d'en faire, au fur et à mesure des rentrées, le versement dans la caisse des hospices ; mais, à cet égard, je dois vous inviter à ne pas perdre de vue que, pour les établissements *extra muros*, le droit appartient aux pauvres des communes où les danses et fêtes publiques ont lieu, et que son produit doit être conséquemment réservé pour être employé, sous votre autorisation, à secourir leurs pauvres ou à accroître leurs dotations

Instruction sur le droit en faveur des pauvres.

Paris, le 24 mars 1810.

Le ministre de l'intérieur (comte DE MONTALIVET), *à M. le préfet de la Seine.*

(cccxx.) Monsieur, j'ai reçu le procès-verbal d'adjudication de la régie intéressée des droits à percevoir, en 1810, sur les spectacles, bals et fêtes publiques. Cette adjudication assurant aux établissements de secours à domicile une augmentation de 40,000 fr. dans les ressources affectées au service de ces établissements, je ne puis que confirmer l'arrêté par lequel vous avez jugé convenable de l'approuver.

Il vous reste, monsieur, à prendre des mesures pour que le receveur et le contrôleur des recettes et dépenses des pauvres des hospices, chargés, par le décret du 9 décembre 1809, du contrôle de cette régie, puissent remplir l'obligation qui leur est imposée, sans obstacle, sans difficultés, et avec tout le succès qu'on doit en attendre. Les dispositions des articles 4, 5, 6 et 7 de l'arrêté que vous avez pris le 22 février 1809, peuvent faciliter l'exercice de ce contrôle, en y faisant toutefois les modifications que le décret du 9 décembre rend nécessaires.

Il importe aussi de veiller à ce que les abonnements proposés par la régie ne soient délibérés par la commission administrative qu'après avoir entendu le receveur et le contrôleur des recettes et dépenses, en leur qualité de contrôleurs de la régie, lesquels, à cet effet, doivent être appelés par la commission, lors de sa réunion, pour délibérer sur les propositions qu'elle aurait à soumettre à cet égard au conseil d'administration et à votre approbation.

On ne doit pas non plus perdre de vue, monsieur, qu'aux termes du décret précité, les droits à percevoir sur les représentations qui se donnent au bénéfice de quelques artistes, ne doivent être perçus qu'à raison du prix ordinaire des places, et que, en abonnant ces droits, il faut prendre pour base de l'abonnement le terme moyen du produit des représentations qui ont lieu dans le cours de chaque année.

Mesures à prendre pour le paiement exact de la rétribution connue sous le nom de *part d'auteur.*

Paris, le 12 octobre 1812.

Le ministre de l'intérieur (comte de MONTALIVET), aux préfets.

(cccxxi.) Les auteurs dramatiques m'ont adressé des réclamations sur le refus que font plusieurs entrepreneurs de spectacles, de leur payer la rétribution connue sous le nom de *part d'auteur.*

Les propriétés littéraires sont garanties par des lois spéciales, dont je crois devoir vous rappeler les dispositions.

L'article 3 de la loi du 13 janvier 1791 est ainsi conçu :

Les ouvrages des auteurs vivants ne pourront être représentés sur aucun théâtre public, sans le consentement formel et par écrit des auteurs, sous peine de confiscation du produit total des représentations, au profit des auteurs.

L'article 2 de la loi du 6 août de la même année porte :

La convention entre les auteurs et les entrepreneurs de spectacles sera parfaitement libre, et les officiers municipaux, ni aucun autre fonctionnaire public, ne pourront taxer les ouvrages dramatiques, ni modérer ou augmenter le prix convenu.

La loi du 19 juillet 1793 donne aux auteurs le droit exclusif de vendre, faire vendre et distribuer leurs ouvrages, et d'en céder la propriété en tout ou en partie, etc. ; elle impose aux officiers de paix l'obligation de faire confisquer, à la réquisition et au profit des auteurs, le produit total des représentations, en exécution de l'article 3 de la loi du 13 janvier 1791.

Enfin, le décret du 8 juin 1806 (1) confirme ces dispositions.

ART. 10. *Les auteurs et les entrepreneurs seront libres de déterminer entre eux, par des conventions mutuelles, les rétributions dues aux premiers par somme fixe, ou autrement.*

ART. 11. *Les autorités locales veilleront strictement à l'exécution de ces conventions.*

ART. 12. *Les propriétaires d'ouvrages dramatiques posthumes ont les mêmes droits que l'auteur, et les dispositions sur la propriété des auteurs et sur sa durée leur sont applicables, ainsi qu'il est dit au décret du 1er germinal an XIII (22 mars 1805) (2).*

Ces dispositions sont claires et précises. Vous voudrez bien les faire connaître aux maires, pour qu'ils en surveillent l'exécution, conformément à l'article 11 du décret précité du 8 juin 1806.

(1) *Bulletin des Lois*, n° 101 ; quatrième série, n° 1663.
(2) *Idem*, n° 34 ; quatrième série, n" 647.

Si les entrepreneurs de spectacles se permettaient de jouer des pièces sans le consentement des auteurs, ou refusaient de payer la rétribution suivant le tarif qu'ils ont établi, les maires pourront ordonner que la recette du spectacle soit saisie dans les mains mêmes du receveur, et déposée provisoirement chez un notaire ou tout autre officier public, le versement à la caisse d'amortissement devant avoir lieu après trois mois, si, à cette époque, le dépôt n'avait pas été retiré.

Il est entendu que le droit d'entrée au spectacle, et les billets que se réservent les auteurs, pour eux ou leurs fondés de pouvoir, font partie du prix qu'ils ont droit d'exiger des entrepreneurs qui veulent représenter leurs ouvrages, et qu'en conséquence on ne peut, sous aucun prétexte, leur en refuser la jouissance.

Des entreprises théâtrales et des entrepreneurs.

Paris, le 2 décembre 1812.

Le ministre de l'intérieur (comte de MONTALIVET), *aux préfets.*

(cccxxii.) Nous sommes à l'époque du renouvellement des priviléges pour les directions des arrondissements de théâtre.

Je veux réunir des renseignements propres à fixer mon opinion sur les diverses troupes d'acteurs, sur les chefs de ces entreprises, sur la manière dont le service est fait en général.

Plusieurs entrepreneurs se plaignent des pertes qu'ils éprouvent. Je crois qu'en grande partie leur peu de succès vient de leur mauvaise gestion. Il ne faut songer à les secourir sur les fonds des communes qu'autant qu'on s'est fait mettre sous les yeux un état de situation bien exact, et que l'on a reconnu, d'une part, que l'entreprise mérite de l'intérêt par son administration ; de l'autre, qu'elle est dans des embarras réels.

Dès à présent, j'ai besoin de connaître comment le directeur de la troupe qui dessert les villes de votre ressort remplit ses engagements ;

Quel est le nombre des acteurs qu'il entretient ;

Quels sont les principaux d'entre ses acteurs ;

Je désire savoir à quelle époque la troupe se rend dans chacune des villes du département ;

Combien elle y reste ;

Quelle salle elle y occupe, soit que cette salle appartienne à la commune, soit qu'elle appartienne à des particuliers ;

Quel est le prix de loyer de ces salles ;

Par qui ce prix est payé.

Le choix du répertoire est encore un objet essentiel ; il importe au succès des troupes, autant qu'aux mœurs et à la conservation du goût.

L'autorité ne peut trop, sur ce point, surveiller les directeurs.

Il est nécessaire que chaque entrepreneur vous soumette, de suite, son répertoire.

Vous m'enverrez ce répertoire, en indiquant celles des pièces qui sont jouées dans les villes de votre département, et l'accueil qu'elles y reçoivent.

Les directeurs ne pourront ajouter aucune pièce à ce répertoire, sans avoir obtenu mon assentiment, ou du moins le vôtre, en cas d'urgence et dans des circonstances particulières ; mais alors, vous aurez à m'en rendre compte.

Je vous prie de répondre, avant la fin de janvier prochain, aux demandes que contient cette lettre, et de me donner connaissance des dispositions que vous aurez faites pour me tenir au courant des répertoires.

Mesures à prendre pour assurer la régularité et l'uniformité du service.

Paris, le 22 mai 1813.

Le ministre de l'intérieur (comte DE MONTALIVET), *aux préfets.*

(cccxxiii.) Je vous transmets des instructions propres à assurer la régularité du service des théâtres.

Les unes sont relatives aux *conditions à imposer* aux directeurs ;

Les autres concernent *les avantages* qu'il paraît convenable de leur accorder ;

D'autres enfin regardent les mesures particulières à prendre pour se tenir au courant de la situation des entreprises.

Conditions à imposer.

1° Tout directeur doit , au commencement de chaque année théâtrale , remettre au préfet du département où est située la principale ville de l'arrondissement qu'il dessert (celle dans laquelle il a fixé sa résidence habituelle et le centre de sa correspondance) , le tableau de ses acteurs : le préfet adresse ce tableau au ministre , avec ses observations.

2° Le directeur doit , tous les six mois , soumettre son répertoire général au préfet du département où se trouve la principale ville de l'arrondissement de théâtres : le préfet l'adresse au ministre , avec son avis. Aucune pièce ne doit , au surplus , être portée sur son répertoire qu'avec l'autorisation de la police générale.

3° Les directeurs de troupes ambulantes doivent soumettre tous les ans leur itinéraire au ministre de l'intérieur : à cet effet , ils le remettent aux préfets, qui l'adressent au ministre , avec leur avis. Le ministre envoie sa décision aux préfets , pour être remise au directeur , afin que l'ordre , une fois établi , soit maintenu.

4° Les directeurs ne peuvent , en aucune façon , avoir de sous-traitants ; il sont tenus d'être eux-mêmes à la tête de leur troupe. S'ils ont deux troupes , ils doivent avoir , pour l'une d'elles, un régisseur à leur compte, dont ils font connaître le nom au préfet, et dont ils répondent.

5° L'inexécution des conditions imposées aux directeurs entraînerait la révocation de leur privilége.

Avantages à accorder.

1° Les directeurs des troupes stationnaires, dans les lieux où ils sont établis, et les directeurs des troupes ambulantes, dans l'étendue de leur arrondissement, jouiront du privilége des *bals masqués*.

2° Les directeurs des troupes permanentes, dans les villes de leur résidence, et les directeurs des troupes ambulantes, dans les communes de leur arrondissement où ils se trouvent exercer, auront droit de percevoir un cinquième (prélèvement fait du droit des pauvres) sur la recette brute des *spectacles de curiosités*, danseurs de corde, écuyers, physiciens et autres établissements du même genre.

Mesures particulières à prendre.

Dans les départements où il y a des troupes stationnaires, les préfets rendront compte, tous les trois mois, de la conduite des directeurs de ces théâtres.

Ils rendront compte également de la conduite des directeurs de troupes ambulantes, à chaque séjour que celles-ci auront fait dans les villes de leur département.

Aux mêmes époques, les préfets exigeront des directeurs, et feront passer au ministre, l'état des recettes et dépenses des troupes permanentes et ambulantes.

Telles sont les dispositions que j'ai cru devoir arrêter, et que je vous remets le soin de faire exécuter.

Nouvelle fixation de l'année théâtrale.

Paris, le 20 février 1815.

Le ministre de l'intérieur (abbé DE MONTESQUIOU), *aux préfets.*

(cccxxiv.) D'après les règles précédemment établies, l'an-

27

née théâtrale finissait le 20 avril de chaque année, et recommençait le 21.

Les engagements actuels sont faits en conséquence de ces règles, et en 1815 il faut encore que les choses restent sur le même pied, sauf à ce que vous suspendiez le spectacle dans la dernière quinzaine de mars, aux jours et selon que vous le jugerez convenable.

Mais à partir de 1816 et par la suite, l'année théâtrale finira le dimanche avant Pâques, et ne recommencera que le dimanche après cette fête.

Je vous prie de veiller à ce que les directeurs de théâtre se conforment à ces dispositions.

Les maires devront tenir la main à ce qu'elles aient leur effet.

Surveillance et action des préfets. — (Extrait.)

Le ministre de l'intérieur (Cte de Vaublanc), *aux préfets.*

(cccxxv.) Il est essentiel que le service des théâtres se régularise, et qu'on parvienne à faire exécuter les instructions données sur cette partie.

J'ai cru devoir, à l'approche du renouvellement de l'année théâtrale, fixer votre attention sur cette branche d'administration, qui, sans être une des plus importantes de celles qui vous sont confiées, ne laisse pas, toutefois, d'avoir son degré d'intérêt. Les théâtres, considérés sous le rapport de l'art, ne peuvent être indifférents à l'autorité. Bien dirigés, ils offrent les plus nobles délassements à la classe instruite de la société; surveillés avec soin, ils peuvent répandre de saines maximes et servir des vues utiles.

Malheureusement les agents de ces entreprises ne répondent que bien imparfaitement à ce qu'on a droit d'attendre d'eux, et ne s'efforcent guère de justifier la confiance qui leur est accordée : on les invite à former un bon répertoire, et à le renouveler de manière à tenir les villes des départements au courant des nouveautés; mais ils n'ont guère pour pièces nouvelles que les informes canevas ou les esquisses des petits théâtres de Paris. Ils prétendent qu'ils ne trouvent point de spectateurs quand ils donnent des représentations d'ouvrages de la haute comédie ; mais ils n'ajoutent pas que ces ouvrages sont par eux si mal montés , si mal joués, qu'il est impossible, en effet , que des hommes de goût se plaisent à les voir ainsi défigurés.

On aime partout en France les comédies de mœurs , les jolis opéras , la bonne musique , les bons vers ; mais il n'y a rien de tout cela , quand il n'y a pas de bons acteurs. Le choix de ceux-ci est un des points que le ministère recommande aux entrepreneurs. On dit que les sujets manquent ; j'ai des raisons pour croire que c'est le prix trop modique qu'on leur offre qui les empêche de s'engager dans les troupes des départements.

Les directeurs se plaignent de leurs recettes , et veulent prouver, par des états qui présentent toujours du déficit, qu'ils sont bien loin de pouvoir augmenter les appointements. Il faut que les préfets et les maires prennent la peine de faire vérifier ces états ; et , lorsqu'il y a réellement des pertes constatées , il est à souhaiter que l'on cherche le moyen d'améliorer le sort des comédiens. Tout cela doit se faire avec mesure , sans précipitation ; le bien qui vient lentement est le plus durable , et , avec de la constance , on finit par réussir dans tout ce qui est juste et sage.

Dans les précédentes notes adressées aux préfets , il a été question de l'acquisition des salles de spectacles par les communes , ce qui éviterait les discussions qui s'élèvent sans cesse entre les directeurs et les propriétaires ; mais cette mesure exige beaucoup de fonds , et il n'y faut penser que quand on a satisfait à des besoins plus pressants.

Les villes susceptibles d'avoir un spectacle sont en petit nombre ; la plupart des chefs-lieux mêmes de nos départements ne peuvent entretenir une troupe de comédiens que pendant deux, quatre, six ou huit mois ; il a donc fallu réunir plusieurs de ces villes sous un même directeur , et la nomination de celui-ci ne pouvant être faite, de préférence, par

27.

un maire ou par un préfet, plutôt que par un autre, le ministre se l'est réservée. Les directeurs capables sont en bien petit nombre; les directeurs fidèles aux instructions sont en plus petit nombre; les directeurs fidèles sont en bien plus petit nombre encore. On défend les *sous-traitants*, et cependant il y en a dans plusieurs arrondissements. On a tracé des itinéraires qui devaient assurer le spectacle dans les villes à des époques déterminées, et ces itinéraires sont peu suivis. Le plus souvent, ce sont les directeurs qui les ont enfreints d'eux-mêmes; quelquefois aussi ce sont les autorités locales qui ont retenu les entrepreneurs au-delà du temps fixé.

Je désire que tous les abus cessent dans cette partie, comme dans toutes les autres : s'il y a des modifications à faire aux itinéraires, elles s'opéreront sur les rapports qui me seront adressés; et quant aux directeurs d'arrondissements (ceux dont il est principalement question dans cette lettre), les renseignements donnés sur leur compte, et soigneusement réunis, me mettront en état de connaître ceux qui mériteront d'être conservés. Il ne faut point souffrir que les troupes de comédiens se multiplient, se divisent, se dispersent; une ou au plus deux troupes complètes par arrondissement suffisent. Il vaut mieux avoir moins de spectacle et l'avoir meilleur.

Je vous prie de prendre ces idées générales pour guides dans les dispositions que vous aurez à faire. Je suis persuadé que les résultats en seront avantageux.

Les nouvelles pièces ne doivent être représentées que selon le manuscrit censuré.

Paris, le 10 octobre 1822.

Le ministre de l'intérieur (comte Corbière), *aux préfets.*

(cccxxvi.) Sur le compte qui m'a été rendu que les auteurs dramatiques rétablissaient presque toujours, en imprimant leurs ouvrages, les passages supprimés par la censure, j'ai décidé qu'à l'avenir les exemplaires de pièces de théâtre représentées à Paris ne seraient envoyées aux directeurs des départements qu'après avoir été timbrées au ministère de l'intérieur, et que ce timbre ne serait apposé que sur les exemplaires conformes au manuscrit censuré.

Je vous recommande, en conséquence, de n'accorder d'autorisation pour la représentation d'ouvrages nouveaux dans votre département, que sur la production de ces exemplaires timbrés.

Défense de laisser jouer les troupes ambulantes non autorisées.

Paris, le 24 février 1823.

Le ministre de l'intérieur (comte CORBIÈRE), *aux préfets.*

(cccxxvii.) Je suis informé que des troupes ambulantes de comédiens non autorisées par le gouvernement parcourent certains départements, et donnent des représentations dans quelques villes, avec la permission des maires.

L'existence de ces troupes est illégale, puisqu'aux termes du décret du 8 juin 1806 (1), aucune troupe ne peut se former sans mon autorisation ; elle est préjudiciable aux droits des directeurs institués par le gouvernement, attendu que ces directeurs ont seuls le privilége de donner des représentations théâtrales dans leurs arrondissements respectifs ; enfin elle présente de graves inconvénients, sous le rapport de l'ordre et de la bonne direction de l'esprit public. Par exemple, le répertoire de ces troupes n'étant soumis à aucun contrôle, on peut y faire entrer des ouvrages dangereux, dont la représentation est défendue sur tous les théâtres réguliers ; ensuite, le directeur de ces comédiens, ne tenant point son privilége du gouvernement, échappe à sa dépendance, ne donne, par conséquent, aucune garantie de sa soumission aux lois ; il échappe de même aux instructions générales et particulières que des circonstances peuvent obliger l'administration de transmettre aux directeurs de théâtres ; il ne présente enfin aucune responsabilité pour la ré-

(1) *Bulletin des Lois*, n° 101, p. 236.

pression des désordres qui pourraient naître par le fait des comédiens qu'il salarie.

Cet état de choses ne saurait être toléré plus long-temps, et je vous invite à prendre des mesures pour que nulle troupe ambulante ne puisse jouer dans votre département, à moins qu'elle ne soit envoyée par le directeur privilégié de l'arrondissement théâtral.

Circulaire adressée aux directeurs de théâtres, qui règle le mode de remise des manuscrits à la commission de censure.

1er octobre 1829.

(cccxxviii.) Monsieur, j'ai l'honneur de vous informer que pour régulariser le service en ce qui concerne les théâtres de Paris, j'ai décidé qu'à dater de ce jour les manuscrits qui devront être soumis à la commission chargée de l'examen des ouvrages dramatiques, seront adressés directement à mon cabinet, avec une lettre signée des directeurs; et lorsqu'une décision aura été prise, ces manuscrits seront renvoyés du ministère aux administrations théâtrales elles-mêmes. Ils ne seront donc plus rendus à MM. les directeurs, ni aux auteurs sur leur demande verbale.

Je vous recommande d'ailleurs, Monsieur, dans votre propre intérêt, de faire l'envoi de ces ouvrages assez à l'avance pour que l'examen puisse avoir lieu avec toute la maturité convenable, et que ma décision vous soit connue aussitôt qu'il vous sera utile de l'obtenir. Faute par vous de prendre cette précaution, il me serait impossible d'accueillir aucune réclamation ayant pour objet de rendre plus prompt le rapport qui doit me mettre à même de statuer.

FIN.

TABLE

ALPHABÉTIQUE ET ANALYTIQUE

DES MATIÈRES.

— ◆◆◆ —

Le chiffre arabe indique les numéros du Traité, le chiffre romain ceux des Lois,
Réglements et Circulaires.

————

A

Abonnés. Ont les mêmes droits que les spectateurs payants,
320. — Quand peuvent réclamer leur place, 322. —
Quand leurs entrées peuvent être suspendues, 324. —
N'ont pas le droit de pénétrer sur la scène, 330.

Acteur. Peut être congédié si sa présence cause trouble, 92.
— Ne peut jouer en province sans congé, 95, CLIII, CCXLIV.
— Mineur ne peut s'engager, 212 et 213. V. Engagement.
— L'autorisation de s'engager doit-elle être affichée au tribunal de commerce, 214. — Déjà engagé ne peut valablement s'engager de nouveau, 216. — Le traitement de
l'acteur sociétaire peut-il être suspendu en cas de maladie,
234. — Peut-il contraindre le directeur à lui donner de
l'emploi, 237, 238. — Ses obligations, 241. — Doit prévenir le directeur en cas de maladie, 243. — Quid, s'il n'a
pas prévenu, 244. — Doit exactitude aux répétitions, 245.
— Doit soumission aux mesures d'ordre et de discipline intérieure, 246. — Des amendes, 247. — Des réglements,
248, 249. — Ne peut être astreint à jouer d'autres rôles
que ceux par lui stipulés, 251, 252. — Quid, en cas de
doute, 253. — Chef d'emploi peut être même remplacé,
254. — Peut-il être contraint de figurer dans les chœurs,
255. — Droits et devoirs de l'acteur à l'égard des rôles,
256, 257. — Dans quel cas peut être obligé à voyager;

force armée, 126, XIII, XV, CCCV. — Doit, préalablement à l'emploi de la force publique, avertir les citoyens, 136. — Premier juge compétent des discussions qui pourraient interrompre le cours de la représentation, 445, XII. *V.* Ordonnance de police, Clôture.

B

BAIGNOL (M. le directeur), 219.

BALS MASQUÉS. Attribués en 1806 exclusivement à l'Opéra, 70, CXX. — Permis à plusieurs autres théâtres, *id.* — Peuvent être donnés par les directeurs du théâtre principal en province, 71, CCLXV. — La jurisprudence a conféré ce droit aux directeurs des villes qui n'étaient pas chefs-lieux, 72, 73. — Le droit de donner des bals masqués ne comprend pas le droit de donner des bals non masqués, 74. — Donnés par les particuliers, ne sont point prohibés, 75. — Soumis au droit des pauvres, 155, LXIX, CXCIII, CCCXV. *V.* Opéra, Directeur.

BILLETS. Défense d'en distribuer un nombre supérieur aux places, 91, CCLXXXIV. — L'autorité n'a point le droit de prescrire leur forme, 94. — Le droit des pauvres doit-il être prélevé sur les billets gratis, 159. — Se prélève sur les billets d'auteur, 160. — Quand peuvent être rendus, 318. — Des droits de porteurs de billets de faveur, 327, 328, 329. — Des billets donnés à l'auteur, 444. *V.* Droit des pauvres.

BORDEAUX (théâtre de), 219.

C

CAUTIONNEMENT. Exigé des directeurs de province, 10, CCXXIII. — Disposition étrangère à l'administration, *id.*

CENSEURS. Leurs décisions ne sont soumises à aucun recours réel, 142. — A désirer qu'ils soient responsables, *id.* — Dépositaires publics ne peuvent être poursuivis pour communication du manuscrit ou indiscrétion notoire, sauf action civile, 145.

CENSURE, CCCXI, CCCXIV-CCCXXVIII. — Abolie en 1791, XII. — Son rétablissement, 139, LXIV, LXV. — Est-elle contraire aux libertés consacrées par la Charte, 140, 141. — Exercée par des censeurs et inspecteurs des théâtres, 142, 143, CCCXXVIII. — Peut être exercée par l'autorité municipale des départements, 144. — N'est point juge littéraire, 146. — Exercée sur les spectacles de curiosités et même les marionnettes. 192.

D

E

F

R

251, 252. — En cas de doute sur la nature du rôle, *quid*, 253. — Droits de l'acteur et du directeur, 256. — Peuvent-ils être retirés sans motifs, 410. *V.* Auteur, Acteur.

Rossini (M.), 476.

Roubeau (M. Frédéric), 182.

S

Salle de spectacle. Ne peut être construite à Paris sans autorisation, 56, cliv. Le prix de la location en province fixé par l'autorité administrative, *id.* et 58. — A Paris, l'autorité n'a point ce droit, 57. — Depuis la restauration, les tribunaux seuls sont reconnus compétents pour fixer le prix, 59. — Arrêts sur ce point, *id.* — Point de règle absolue pour la fixation de l'indemnité, 60. — La surveillance de la solidité appartient à l'autorité municipale, 90. *V.* Autorité municipale.

Semainier. Ses droits, 241.

Serment. A qui doit-il être déféré, et sur quels objets, 223, 224. *V.* Directeur.

Sieber (M.), 453.

Simonette Delamarre (Mademoiselle), 279.

Solidité. *V.* Salle de spectacle, Autorité municipale.

Sommation. Trois sont nécessaires avant l'emploi de la force publique, 136, xvi. *V.* Force armée, Autorité municipale.

Spectacles. Mot générique, 181.—Ne peuvent être élevés sans permission, *id.*—Par qui doivent-ils être autorisés, 182.—Il leur est défendu de représenter aucun ouvrage dramatique, 183. — Question sur le prélèvement du droit des pauvres, 184, 185, 186, 187.— Et la redevance au profit de l'Opéra, 190. — Censure indirecte exercée sur eux, 192. — Les entreprises de spectacle sont commerciales, 195. — Distinction, 196. — Conséquences du caractère commercial, 197, 198, 199, 200, 201. — Exception pour quelques théâtres, 202.

Spectacles de curiosité. Doivent redevance aux directeurs des troupes où ils sont exploités, 76. — Les entrepreneurs peuvent réclamer contre cette redevance illégale, 80. — Soumis au paiement du droit des pauvres, 153. — Leur caractère commercial, 358, 359. *V.* Directeur, Redevance, Opéra.

Spectateur. Doit obéissance aux officiers de police, 116. — Doit être conduit immédiatement devant le commissaire de police, 117. *V.* Arrestation. — A le droit d'applaudir ou

FIN DE LA TABLE ALPHABÉTIQUE.

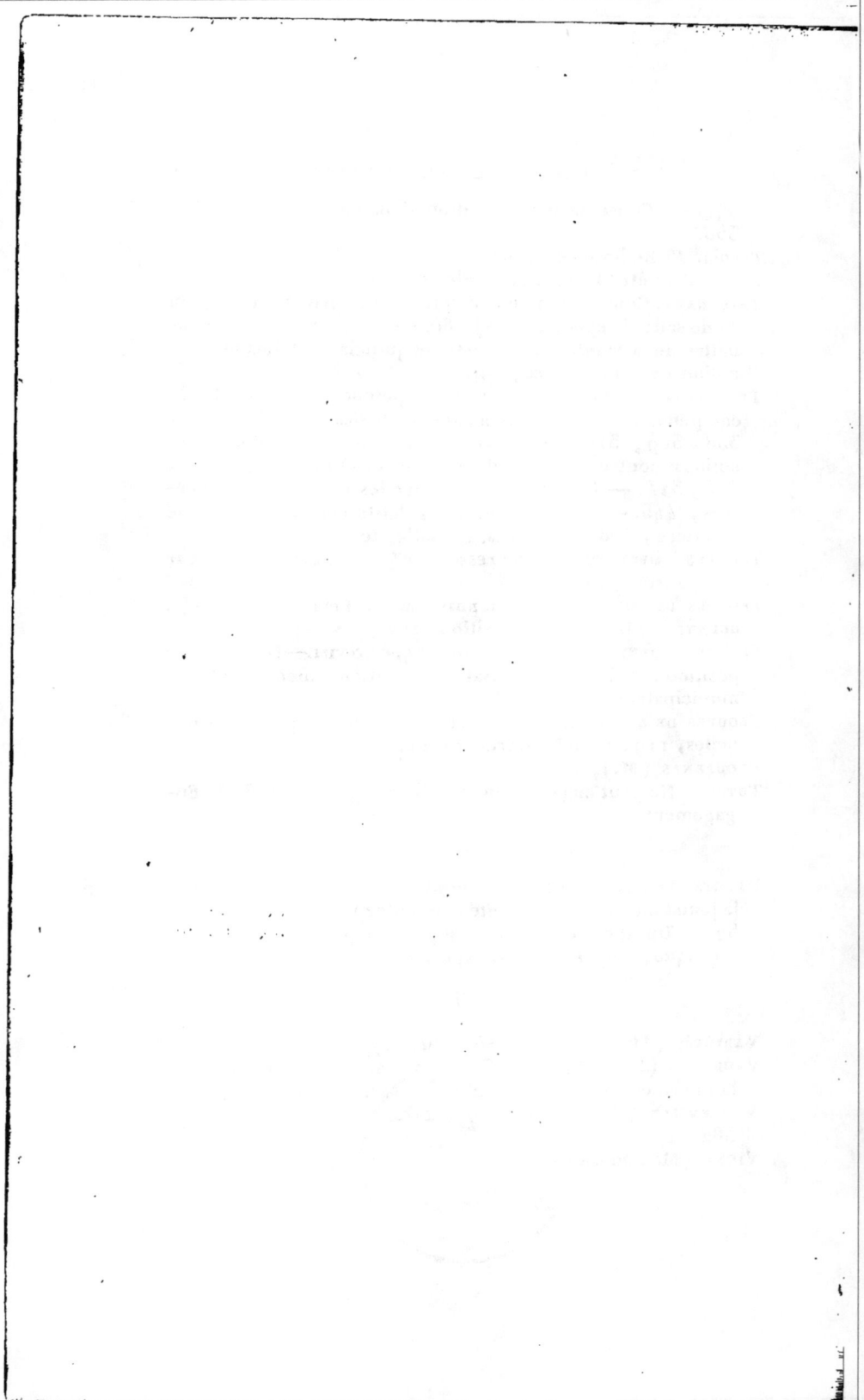

www.ingramcontent.com/pod-product-compliance
Lightning Source LLC
Chambersburg PA
CBHW060515220326
41599CB00022B/3330